向敬之 著

清史不忍细读

华文出版社
SINO-CULTURE PRESS

图书在版编目（CIP）数据

清史不忍细读 / 向敬之著. -- 北京：华文出版社，2019.10

ISBN 978-7-5075-5174-7

Ⅰ.①清… Ⅱ.①向… Ⅲ.①中国历史—清代—通俗读物 Ⅳ.①K249.09

中国版本图书馆CIP数据核字（2019）第192564号

清史不忍细读
QINGSHI BUREN XI DU

著　　者：	向敬之
出版策划：	陈红伟
责任编辑：	张　轶
出版发行：	华文出版社
社　　址：	北京市西城区广安门外大街305号8区2号楼
邮政编码：	100055
网　　址：	http://www.hwcbs.com.cn
电　　话：	总 编 室 010-58336239　　发 行 部 010-58336267　58336238
	责任编辑 010-58336195
经　　销：	新华书店
印　　刷：	固安县保利达印务有限公司
开　　本：	710×960　1/16
印　　张：	20
字　　数：	339千字
版　　次：	2019年10月第1版
印　　次：	2019年10月第1次印刷
书　　号：	ISBN 978-7-5075-5174-7
定　　价：	52.80元

版权所有　　侵权必究

目录

第一篇　辽东天命

努尔哈赤为何敢向大明朝挑战？　　002
努尔哈赤并不爱女真第一美人　　006
有个抗清名臣为褚英抱不平　　011
舒尔哈齐死于猜忌还是野心？　　016
皇太极称帝后以守灵还人情　　018
皇太极为何对阿敏兄弟有厚薄？　　023
皇太极不惜将爱妃送给表侄　　028
豪格斗不过小叔，丢了夫人要杀子　　031
代善杀子总想过把瘾　　038
阿济格"劳苦功高"的悲剧　　043

第二篇　定鼎中原

多尔衮一统中原无底气　　050
太后下嫁是伪历史　　054
多尔衮没被降将姜瓖斩于马下　　060
多尔衮死后做了二月皇帝　　063

济尔哈朗的复仇比顺治更疯狂　　　　　　067

多尔衮爱上了卖主的奴才　　　　　　　　072

多铎嗜杀好色，忙给摄政哥哥拆台　　　　077

顺治同博穆博果尔有过帝位之争吗？　　　081

顺治与孝庄说不尽的恩怨　　　　　　　　084

风水大师顺治帝　　　　　　　　　　　　087

太宗禁止后世乱伦，孝庄顶风作案　　　　090

顺治最爱的董鄂妃哪儿来的？　　　　　　095

顺治帝情迷董鄂妃背后有隐情　　　　　　099

第三篇　康雍迷局

康熙帝对假想敌利用后就折磨　　　　　　106

爱子如命的康熙不是个好父亲　　　　　　111

康熙为何最后选择了"天下第一闲人"？　116

雍正重用远房族侄的计中计　　　　　　　123

雍正钦定的铁案被翻了　　　　　　　　　128

雍正在中国穿西服戴假发破天荒　　　　　132

雍正暴卒，真是八贤王幽死引发的？　　　134

雍正重病两年不愈，是典型的讳疾乱求医　139

乾隆唯一的对手被雍正下了套　　　　　　144

雍正大张旗鼓密建皇储，首选未必是弘历　148

第四篇　乾嘉荣衰

谣传引发了"弘晳逆案"　　　　　　　　158

乾隆第一爱臣以巨躯看门　　　　　　　　162

奇葩王爷当朝殴打顾命大臣	165
乾隆坐观刘统勋叫板张廷玉	169
鄂尔泰和张廷玉不记教训的在劫难逃	174
乾隆的三眼花翎不是乱给的	177
上书房服务皇子教育,大臣建议多补肾	181
乾隆怒斩王亶望,钦差不是和珅	185
马戛尔尼佩服崇拜的和珅恃宠走了歪路	187
刘墉与纪晓岚哪是和珅的对手	191
只有他敢将乾隆的妃子当小妾	195
乾隆两选低级官员入值军机处,打脸和珅	199
史学领袖被一妇人拿出当反面典型	203
乾隆与几任皇后的恩恩怨怨	207
傅恒为人求情,乾隆说:你犯法怎么办?	214
巡抚给皇子送几条鱼,乾隆怒怼:找打!	218
乾隆选择继承者,有点儿"借尸还魂"	221
继皇后被废,废掉了理想储君的前程	231
乾隆暗定嘉庆为储,却因搬抄雍正泄了密	234
嘉庆即位背后的政治危机难公关	239
毒舌痛斥宗室枉法,嘉庆怒怼:你该下狱!	242

第五篇　帝国余晖

曹操后裔帮助道光帝毁了清朝	248
道光的立储朱谕伪装了一个假想敌	252
慈禧爱国的一面	256
狂人们的超级推销员胡林翼	259
幕僚画图说曾国藩忘恩负义	263

屡败屡战的曾国藩输给了一次教案外交　　267
赵烈文为何不劝曾国藩称帝？　　271
李鸿章为曾国藩捉刀"天下第一折"？　　276
"中国维新第一导师"翁师傅　　282
左宗棠是否与洪秀全密谋反清？　　286
郭嵩焘为何死后险遭开棺鞭尸？　　291
张之洞做了十七年冷板凳后一日升三级　　296
清代嫡长接班计划为何总落空？　　299
光绪为什么叫慈禧"亲爸爸"　　303
没落皇孙奕劻如何让慈禧走心？　　306
袁世凯接掌直隶和北洋无须李鸿章举荐　　310

第一篇

辽东天命

努尔哈赤为何敢向大明朝挑战？

努尔哈赤正式伐明是在天命三年（1618年）二月壬寅，他以"七大恨"祭告天地，宣布不承认对明朝的附属关系，率两万步骑向明朝发起进攻。努尔哈赤分兵两路，左四旗进攻东州、马根单二城，很快攻下；右四旗攻打抚顺，抚顺城以东诸堡大都为后金军所攻占。

明朝降清第一人李永芳，就是在抚顺正式臣服的。努尔哈赤欣喜若狂，将在明军中没有品级的游击李永芳任命为三等副将，并将自己的亲孙女、阿巴泰的长女许给李永芳做老婆。李永芳受宠若惊，誓死效命，以报恩赏，后来晋升三等总兵，还得了太祖"免死三次"的特权，荫庇子孙。此为后话。

后金军袭占抚顺、清河后，曾打算进攻沈阳、辽阳，但因力量不足，两翼受到叶赫部的威胁，同时探知明王朝已决定增援辽东，便于九月主动撤退。

1

"七大恨"不过是宣传书而已，但努尔哈赤早在万历十一年（1583年）以十三副遗甲起兵索报祖父仇时，就开始积蓄伐明的力量了。

努尔哈赤家族虽在关外，但从其六世祖孟特穆（即后来被追尊的肇祖原皇帝，明朝与朝鲜文书中写作"猛哥帖木儿"或"猛哥帖木尔"）起，就是明朝皇帝的臣民。猛哥帖木儿为女真斡朵里部首领，被蒙元朝廷封为斡朵里万户府的万户，明元大战时他率部东移，归附朝鲜王，仍为万户。明永乐帝继位后，大力招抚女真，设立卫所，并遣使朝鲜，强迫朝鲜新王放回猛哥帖木儿一部。朝鲜王恩威并施，也想留住猛哥帖木儿，怎料猛哥帖木儿见到永乐帝的收复敕谕和使节后，一面对监视的朝鲜官员说"我等不从朝廷招安"来麻痹朝鲜王，使其放松警惕，一面寻找机会随从明朝使臣王教化前往京师（应天府，今南京）觐见明朝"天皇帝"。天子坐明堂，封官又赏物。此后，猛哥帖木儿家族就世袭明朝建州卫指挥使、都督等职，掌管卫所事务，同时向朝廷进贡，并率部随明军征战。

努尔哈赤的祖父觉昌安是建州左卫枝部酋长，为明都指挥使，人少势弱，与其子塔克世早期依附建州"强酋"亲家王杲。努尔哈赤的父亲塔克世继任建州左卫指挥使，母亲喜塔腊氏为建州右卫都指挥使王杲（《清史稿·后妃传》作"都督阿古"，二者为同一人）的长女。

努尔哈赤十一岁、舒尔哈齐五岁时，生母去世，家事由继母纳喇氏主持。继母为人刻薄，对塔克世吹枕边风，与二子分居，且给的财产很少。无奈，舒尔哈齐便跟随哥哥离开家，寄居在外祖父王杲门下。

万历二年，明朝辽东总兵李成梁率军攻陷王杲的古勒寨，努尔哈赤和舒尔哈齐双双被俘，被充作幼丁，随军征战。每次作战，明军都让女真俘虏打头阵去玩命冲杀。几仗下来，大部分女真俘虏兵都战死，只有努尔哈赤兄弟侥幸活下来，并且练就了一身健壮的体魄和精湛的武艺。

万历十一年，努尔哈赤的祖父觉昌安和父亲塔克世被建州左卫图伦城主尼堪外兰诱杀，死在明朝的乱军之中。努尔哈赤兄弟悲痛欲绝，一起离开明军，决定为死去的亲人报仇。此仇，后来被努尔哈赤写进了反明檄文《七大恨》："我之祖父，未尝损明边一草寸土，明无端起衅边陲，害我祖父，此恨一也。"（《清太祖高皇帝实录》卷五，天命三年三月壬寅）

但是，努尔哈赤势孤力薄，远不能与拥兵百万的大明"天皇帝"交锋，乃诿过于尼堪外兰，指责其唆使明兵杀害父祖，奏请明臣执送。不料这一要求竟惹恼了骄横跋扈的明朝边将，被视为无理取闹而一口拒绝，明将并宣称要于甲版（今抚顺东甲邦）筑城，令尼堪外兰为"建洲国主"，因而尼堪外兰威望大升，"于是国人信之，皆归尼堪外兰"，甚至连亲族子弟也"对神立誓"，欲杀努尔哈赤以归之。尼堪外兰则乘机逼努尔哈赤"往附"，俨然以建州国主自居。

努尔哈赤只好向李成梁低头，同时以建州右卫指挥使长子的身份向朝廷臣服，得"敕书三十道，马三十匹，封龙虎将军，复给都督敕书"。努尔哈赤重整父祖旧部，又得额亦都、安费扬古等一批能臣猛将归附，于是制定了优遇女真（满洲）、联合蒙古、"豢养尼堪"三项既定策略（后被称为国策）。

努尔哈赤不敢正面叫板明朝辽东守军，而是主动屈膝示弱，同时阳尊明帝，向朝廷进贡。与此同时，他玩阴谋，首战打掉了杀父仇人、图伦城主尼堪外兰的势力，选择时机征服了浑河部、董鄂部、苏克素浒部、哲陈部、完颜部、朱舍里部、讷殷部，统一了建州女真。

对于尼堪外兰及叶赫部与努尔哈赤的恩恩怨怨，蔡东藩在《清史通俗演义》中说："图伦城主尼堪外兰，与叶赫部主纳林布禄，名为满洲之仇敌，实皆满洲之功臣。自古英雄豪杰，不经心志之拂乱，未必能奋发有为，故敌国外患之来，实磨砺英豪之一块试金石也。"

2

努尔哈赤征战女真，明朝总兵李成梁也没坐观虎斗，而是支持另一个强大的叶赫部联手乌拉部，与努尔哈赤不时火拼。

努尔哈赤与叶赫部本有联姻关系，其第三任大福晋是叶赫部首领纳林布禄的妹妹孟古哲哲。纳林布禄和努尔哈赤后来水火不容，但纳林之父、叶赫部老首领杨吉砮却对努尔哈赤青眼有加，将只有八岁的孟古哲哲许配给了努尔哈赤，说等到孟古哲哲长到出嫁的年龄，一定把她送往建州完婚。当时，努尔哈赤很乐意与叶赫部联姻，以壮大自己的势力。六年后，孟古哲哲嫁给了努尔哈赤，并为他生了后继之君皇太极。

孟古哲哲生下皇太极第二年，即明万历二十一年（1593年）九月，叶赫部首领布斋（杨吉砮之侄）纠集了海西女真扈伦其他三部的哈达部、乌拉部和辉发部，长白山二部的珠舍里部、纳殷部，以及蒙古科尔沁部、锡伯部和瓜尔佳部，集结三万兵力，组成九部联军，分三路进攻努尔哈赤的建州女真。面对汹汹强敌，努尔哈赤表现出了卓越的军事才能。激战的结果是，努尔哈赤以少对多，完胜九部联军，叶赫首领布斋被杀，乌拉部贝勒布占泰被擒。

四年后，叶赫部为了向努尔哈赤示好，曾以布斋之女（即传说中的叶赫老女）许婚努尔哈赤，但又反复另配他人，激怒了努尔哈赤，努尔哈赤说："此女之生，非同一般者，乃为亡国而生矣！以此女故，哈达国灭，辉发国亡，乌拉国亦因此女而覆亡。此女用逸挑唆诸申国，致启战端。今唆叶赫勾通明国，不将此女与我而与蒙古，其意使我为灭叶赫而启大衅，借端构怨，故与蒙古也！我即得此女，亦不能长在我处，无论聘与何人，该女寿命不会久长。毁国已终，构衅已尽，今其死与将至也。我纵奋力夺取此女，亦不能留于我处。傥我取后迅即殒命，反流祸于我矣！"（《满文老档》"太祖皇帝"第四册《叶赫以努尔哈齐所聘女改适蒙古》）

电视剧《太祖秘史》将叶赫老女虚构成东哥，与努尔哈赤爱得死去活来、天荒地老，这不符合史实。在历史上，努尔哈赤对此女并不感兴趣，他们甚至缘悭一面，努尔哈赤只是将叶赫老女写进了伐明的"七大恨"："明越境以兵助叶赫，俾我已聘之女，改适蒙古，此恨四也。"（《清太祖高皇帝实录》卷五，天命三年三月壬寅）

3

李成梁在大力资助努尔哈赤对手的同时，也在积极挖他的墙脚。努尔哈赤的得力助手和主要战将为其亲弟舒尔哈齐。在长期的征战中，舒尔哈齐的军功越来越多，声望越来越高，成为威望和受礼与努尔哈赤不分伯仲的二号人物，但他和努尔哈赤的关系也越来越微妙。原来兄弟俩平起平坐，后来君臣有别。尤其舒尔哈齐两次代表努尔哈赤进京朝贡、述职，大开眼界，故而生出了取代努尔哈赤成为女真之主的野心。

明王朝统治者似乎看中了舒尔哈齐的野心，也不停地抬高他的地位。明政府先是给他都指挥使的正二品武职，与努尔哈赤的都督品级相等。后来明辽东左都督李成梁又让儿子李如柏娶舒尔哈齐的女儿为妾，在当时有歌谣"奴酋女婿作镇守，未知辽东落谁手"。又有明朝遗臣黄道周留下记载，连努尔哈赤的长子褚英都对明朝十分忠诚。这是抗清名臣的反间计，还是李成梁也对其玩攻心计？这没有真实记载，权作猜测而已。

外忧未除，内患又起。努尔哈赤在灭掉乌拉、叶赫二部后，又因杀亲弟，诛杀长子。万历四十四年，努尔哈赤在赫图阿拉称"覆育列国英明汗"，建国"大金"（史称后金），改名天命。此时的努尔哈赤，已经攻占了大部分女真部落，决意和明朝撕破脸。

两年后，即后金天命三年（明万历四十六年，1618年）正月，大汗努尔哈赤对诸贝勒宣布："吾计已决，今岁必征大明国！"（《清太祖高皇帝实录》卷五，天命三年正月丙子）继而，他以"七大恨"告天，起兵伐明。当时的努尔哈赤起兵，总兵力不过数万，必然自知远远不足以撼动强大的明军，但他仍然敢以身涉险，无疑是抓住了明朝廷天子昏聩、宦官乱政、将相争权等弱点。当然，他当时的心态，也许只是向长期压制在自己头上的"太上皇"、辽东都督李如柏发出抗议。

李成梁在万历四十三年已经死了，而其子李如柏与努尔哈赤的后金大军在萨尔浒大战，引军防懿路，出鸦鹘关，甫抵虎拦路，未遇敌即溃，死者千余，被弹劾还京，最后无法承受世人非议，于天启元年（1621年）九月十三日于宅中自杀。

努尔哈赤并不爱女真第一美人

1

后金天命三年正月，大汗努尔哈赤对诸贝勒宣布："吾计已决，今岁必征大明国！"（《清太祖高皇帝实录》卷五，天命三年正月丙子）四月十三日以"七大恨"告天，起兵反明。

无疑，"七大恨"是努尔哈赤冠冕堂皇的讨明檄文。

《清太祖实录》记载，努尔哈赤以后金国主的身份，对皇天后土起誓。其中写道："明越境以兵助叶赫，俾我已聘之女，改适蒙古，此恨四也。"（《清太

祖高皇帝实录》卷五，天命三年三月壬寅）

在满文档案《金国汗攻卢龙誓师安民谕》中，此"恨"写得更明确："北关老女，系先汗礼聘之婚，后竟渝盟，不与亲迎。彼时虽是如此，犹不敢轻许他人，南朝护助，改嫁西虏。似此耻辱，谁能甘心？所谓恼恨者五也。"

不管是四恨还是五恨，这一条，努尔哈赤都是指责叶赫部在明朝驻辽东守将的支持下，背弃盟誓，玩联姻游戏，一女许多家。

尤小刚的秘史系列，似乎要为史上的争议事件寻找一条合理解决的路径，《太祖秘史》以努尔哈赤与叶赫女东哥的情爱纠葛贯穿始终。

努尔哈赤在父亲塔克世、祖父觉昌安遭尼堪外兰设陷阱诛杀后，疯狂复仇，来到骑兵强大的叶赫部求援，遇到了东哥和失散的亲弟弟舒尔哈齐。

一场惊心动魄的虐心三角恋，就这样开场了。最初，舒尔哈齐与东哥是两情相悦，努尔哈赤是横插一杠。

努尔哈赤向叶赫贝勒纳林求援不得，反向明朝辽东总兵李成梁屈膝，发毒誓效忠，以质子担保，终于成功袭任建州都督。后来，发妻佟佳氏带来的五兄弟和众家丁，追随姑爷，不断壮大，反击尼堪外兰成功。

强大后的努尔哈赤不忘东哥，逼婚叶赫部。孟古代姐出嫁，努尔哈赤仍爱旧人，最终得到了东哥的心。

戏是演的，史是实的。东哥有原型，孟古是真人，只是孟古早在1603年就死了，当时她就是努尔哈赤的大妃，其子皇太极已经十一岁。努尔哈赤为了满足孟古临终前想见其母一面的愿望，派人至仇敌叶赫部求情，遭孟古的哥哥纳林布禄拒绝。十三年后，努尔哈赤称汗，还对孟古进行了追封。

纳林布禄死于1609年，是病死的，不是电视剧所演的被努尔哈赤的追兵射杀而亡。

2

秘史中的东哥，最初不爱努尔哈赤，甚至很讨厌他的专横嗜杀，但努尔哈赤爱得很疯狂很霸道。尤其经马景涛歇斯底里的一番演绎，仿佛爱东哥成了努尔哈赤最大的人生追求。

努尔哈赤对发妻佟佳氏说，东哥是他今生最心爱的女人。

努尔哈赤和孟古滚床单时，睡着妹妹的肉体，喊着姐姐的名字。

努尔哈赤与阿巴亥（阿济格、多尔衮、多铎生母）相伴二十年，此女通世故，暗抢但不明争。

努尔哈赤守着德泽因（庶福晋），只是把她当作东哥的画像，留给她爱而不给的遗憾。

所以，剧中的"七大恨"，被演绎为以东哥未嫁给狂爱的努尔哈赤为核心的内容。

虽然最终东哥未嫁给努尔哈赤，只给他留下假墓变真坟的现实，但她的心里有了努尔哈赤，甚至把初恋舒尔哈齐也清除出去了。

但是，东哥在剧中的两个哥哥纳林和金台吉，只是把她作为政治联姻的工具。纳林先是把她许给尼堪外兰当小妾，经努尔哈赤强大后一逼，又答应改嫁建州。孟古替姐出嫁成功，却引发叶赫联军攻打建州，努尔哈赤完胜，让纳林死在孟古还未生皇太极之前。

剧中纳林的死，让孟古不计后果地杀夫复仇。金台吉为了复仇，不惜设计下药，再次将东哥强制婚配乌拉部贝勒布占泰，以换取乌拉部兵权和招兵买马的财物。

女真第一美女东哥，就这样为了满足领导人的政治需要，三次成为联姻工具。

当然，男人们都很爱她，爱得发疯，爱得发狂，爱得发烫。舒尔哈赤不避刀兵之险，布占泰不怕亡族灭城之祸，而努尔哈赤一次次挑起血腥厮杀，最后还险被儿子皇太极用一个心爱的赝品来套取汗位。

权力之下，女人到底是什么？

3

在历史上，所谓的东哥到底叫什么名字，并未见记载，但她的确存在，被记载在《满文老档》中："六月，据闻聪睿恭敬汗所聘叶赫贝勒妹，布杨吉之欲改适蒙古贝勒巴噶达尔汉之长子莽古尔岱台吉。诸贝勒、大臣曰：'今叶赫若将已送牲畜行聘之女改适蒙古，尚有何恨更甚于此？应于该女子嫁与蒙古之前，兴师前往。若已许嫁，则乘其未娶之前，围攻其城夺取之。此非其他小贝勒所聘之女也！既闻汗所聘之女改适蒙古，我等安能坐视他人娶去耶？请兴兵讨之。'群情激愤而力谏之。汗遂曰：'若有其他大事，自当问罪致讨，仅因将女许给他人之故而与师，则未可也。此女之生，非同一般者，乃为亡国而生矣！以此女故，哈达国灭，辉发国亡，乌拉国亦因此女而覆亡。此女用逸挑唆诸申国，致启战端。今唆叶赫勾通明国，不将此女与我而与蒙古，其意使我为灭叶赫而启大衅，借端构怨，故与蒙古也！我即得此女，亦不能长在我处，无论聘与何人，该女寿命不会久长。毁国已终，构衅已尽，今其死与将至也。我纵奋力夺取此女，亦不能留于我处。倘我取后迅即殒命，反流祸于我矣！'诸贝勒、大臣仍再三坚请出兵。汗曰：'倘我以怒而欲兴师，尔众贝勒、大臣犹当谏止矣！我直已为中人劝阻尔等，尔等为何如此以事主为敌，坚请不已，令我生怒？我所聘之妻，为他人所取，我岂不恨？然绝不可因怨恨即听从尔等之言而兴不时之兵。娶女之主我尚无怨，尔等为何深以为憾？我以旁亲者之身劝尔等作罢。'遂令将为出征已调集之马匹尽行撤回。诸贝勒、大臣又曰：'该女子许配与汗，已二十年矣！因明万历帝出兵驻守叶赫，叶赫锦泰希、布扬古方才倚仗明帝之势，将受聘二十年之久、年已三十三岁之女嫁与蒙古。故我宜往征明国也！'夫汗仍不允，曰：'明兵出边，援守叶赫，但愿上天鉴之，任其久长。叶赫与我皆乃另一语言之诸申国也。明自称彼国为天下各国之主，主者乃各国共主，因何独对我称主耶？不辨是非，不加思量，仗势横行，犹如抗天，以兵助守天谴之叶赫。听其守之，尔等勿急。今若征明，义在我方，天祐我也！天既祐我，或有所得。即有所得，则其所得人畜何以养之？我等尚无粮库，养其阵获之人畜，则我等原有之人均将饿死矣！乘此间暇，宜先收我国人，固我疆土，整修边关，垦种农田，建仓库以积粮。'故此于是年未曾兴兵。"

这段文字，可见努尔哈赤与这名叶赫女子有婚约，而且是在她十三岁时订立的。

然而她三十三岁时还没有成为努尔哈赤的女人，而是被蒙古喀尔喀部贝勒巴嘎达尔汗之子莽古尔岱看中，向她的哥哥布扬古求娶成功。当时有些女人三十岁已为祖母，故而此女在史书上被称为"叶赫老女"，即努尔哈赤"七大恨"中的"北关老女"（明朝时称叶赫部为北关）。

如上面《满文老档》所言，努尔哈赤并未见过她一面，对她不感兴趣，甚至很憎恨："此女之生，非同一般者，乃为亡国而生矣……"

古代奇女子出生，总是伴随有所谓的宗教预言。《旧唐书·方伎传》记载武则天还在襁褓中，道士袁天罡一见，大为震惊，说她"龙瞳凤颈，极贵验也"，但又遗憾地说："必若是女，实不可窥测，后当为天下之主矣！"《孝庄秘史》安排一喇嘛说大玉儿生了大贵之相："将嫁一国之君，母仪天下。"而被《太祖秘史》取名为东哥的叶赫美女，也被部落大萨满预言："此女可兴天下，可亡天下。"

似乎是天意！

叶赫部的奇女九岁时，被许嫁哈达部贝勒歹商（又作"岱善"），但在迎亲的路上，歹商惨遭叶赫部伏兵和哈达部的孟格布禄算计身亡，她未嫁过去便成了寡妇！

孟格布禄为夺取哈达部贝勒地位而算计歹商，随后他向叶赫求娶此女，订下婚约。不料，万历二十五年，叶赫部纳林布禄与努尔哈赤结盟，两年后对哈达开战，随后将其灭了。

叶赫部老大又将此女许配给乌拉部贝勒布占泰，诱使他参与"九部之战"。布占泰在这场战争中成了努尔哈赤的俘虏。当布占泰四年后被释放打算迎娶时，此女却早被许给了努尔哈赤。

叶赫女许配努尔哈赤，努尔哈赤一直未娶。当初努尔哈赤请求岳母赴建州见孟古最后一面，被纳林布禄拒绝后，两家死磕到底。努尔哈赤后来在纳林布禄死后，娶过一任侧妃，即孟古的妹妹，生了第八女聪古伦。细心的读者会发现努尔哈赤的第八子（皇太极）、第八女，分别为孟古姊妹所生。

万历三十五年，辉发部贝勒拜音达理与那位传奇的叶赫女订婚，背弃了原来与努尔哈赤之女的婚约。努尔哈赤大怒，出兵扈尔奇城，没费多大力气，就把辉发部给灭了。

叶赫部决定将此女重新嫁与乌拉部布占泰。布占泰满以为终于抱得美人归，立即把自己与努尔哈赤六度联姻、七度盟誓的事情抛诸脑后。同时，布占泰派重兵伏击岳父舒尔哈齐及堂舅子褚英与代善，被击败后又以鸣镝（响箭）射杀了舒尔哈齐嫁给他的女儿娥恩哲，彻底激怒努尔哈赤再次兴兵，于万历四十年九月亲率大军攻打乌拉。第二年正月，乌拉灭亡，布占泰欲逃往叶赫遭拒，郁郁而终。

万历四十三年，超大龄叶赫女嫁往蒙古，不到一年就死了，努尔哈赤再次借机向叶赫部宣战，十年后灭掉了叶赫部。

4

其实，战争不该归罪于一个无辜的女人，她的存在无所谓兴亡。

但那位著名的叶赫奇女，却似乎成为努尔哈赤开疆拓土的旗帜和借口。

当努尔哈赤向还很强大的朱明王朝挑战时，也没有忘记拿此女来说事。

至于叶赫部的决策者拿着一个无可奈何的女人到处许婚，作为政治联姻的牺牲品时，未必考虑过明朝统治者的意见。

一个在血腥杀戮中生存的女人是无助的，无法主宰自己弱如飘絮的命运，无法躲过后世关于红颜祸水的指责，更无法享受后来电视剧凄美绝恋的虚构。

西施被强迫成弱敌的玩物，王昭君被强逼成和亲的天使，貂蝉被强改成内斗的焦点，杨玉环被强制成马嵬坡的冤魂。

妲己还好，虽被弄作狐狸精附体，但还留了一个真实的名字。而这位叶赫女呢？只是在《太祖秘史》中叫了一回"东哥"的名字。

有个抗清名臣为褚英抱不平

1

电视剧《太祖秘史》中的舒尔哈齐，是亲哥哥努尔哈赤的第一战将和强劲情敌。

在战场上，舒尔哈齐是最勇猛的先锋，敌人谈之色变。努尔哈赤起兵，他骁勇善战，冲锋陷阵，屡立战功，是努尔哈赤不可缺少的臂膀。

在情场上，他是女真第一美女东哥初恋的白马王子，痴爱着东哥，又怯于努尔哈赤的淫威而不得不让出爱人，接受哥哥抢来的仇敌小妾那齐娅做福晋。

在官场上，他是建州女真的二号人物，地位仅次于努尔哈赤，明朝加封他为副都督和虎威大将军。

然而，舒尔哈齐的结局不好，最心爱的女人爱上了哥哥，哥哥帮他抢来的媳妇一直深爱着哥哥，最后被迫还给了她的前夫。

秘史，其实就是虐心的情史，更是悲剧英雄无可奈何的哀歌。

舒尔哈齐最疼爱努尔哈赤的长子褚英，褚英却担心叔叔日后成为权位最强大的竞争者，索性来一招离间计，先让叔叔离群制造其自立的假象，以便努尔哈赤将其关押，紧接着将离间计升华，利用东哥的死，引发舒尔哈齐找努尔哈赤干仗。

剧中给这一幕安排的场景是舒尔哈齐不想离开努尔哈赤，努尔哈赤抱住他——你不想走就留下吧。正在这时，门外窥探的褚英见计失败，以狡诈的孝心遮掩阴谋的贼心，大喊有刺客，几个护卫破门而入，剑一齐向舒尔哈齐刺去，褚英趁机补刀。

一位可爱的大英雄，就这样死在了奸险小人的手里。

2

褚英离间努尔哈赤和舒尔哈齐，使他们兄弟反目成仇，虽然不见于正史记载，但还是很有这种可能的。

褚英自视为努尔哈赤的接班人，但他最大的敌手却是舒尔哈齐。舒尔哈齐年长褚英十六岁，论军功和实力，只稍逊于努尔哈赤，远强于后起之秀褚英，这就难免有兄终弟及的可能。

褚英后来的性格和作为表现得自私自利，毫无公正之心。舒尔哈齐死后，努尔哈赤让褚英统兵外征，并参与主持军政事务。褚英不但对为他们父子打江山的五大臣（费英东、额亦都、扈尔汉、何和礼、安费扬古）进行排挤和打压，而且在分配掠夺的土地、兵丁、奴隶和财货时，抢占属于四贝勒（代善、阿敏、莽古尔泰、皇太极）的份额。褚英狂妄至极，损害了诸兄弟的利益，还强迫他们对天盟誓不向汗父告密，甚至扬言："吾即汗位后，将杀与吾为恶之诸弟、诸大臣。"

褚英对建州柱石五大臣缺乏谦恭亲近之礼，还未正式接班就有了严格的君臣之别；对诸弟不加笼络而是欺压，公然侵占他们的财富和权力，若其成功上位，岂有诸贝勒的活路！

建州没有立嫡以长的传统，诸贝勒不堪于褚英主政无仁义、分配无原则、欺辱无亲情的做法。五大臣早年追随努尔哈赤，威望高，权势重，历战阵，建殊勋，也不满于褚英专军机、裁政事的作为。四贝勒告发恐有夺嗣之嫌，而五大臣起首似为二心之举。于是，五大臣和四贝勒腹诽之余多共愤，决计"将吾等难以生存之苦告汗后再死"，内亲外臣联手扳倒褚英。

努尔哈赤素知"长子自幼心胸褊狭，并无治国宽大之心怀"（《满文老档》第三册"努尔哈齐嘱诸子众臣直言进谏"。努尔哈齐，即努尔哈赤），而今群起攻之，反复权衡利弊，一方是元妃所生的长子，一方是必须倚重的诸子大臣，于是疏远褚英。尔后努尔哈赤两次进攻乌拉都没有派褚英出征，而是让他在家留守，并派代善、莽古尔泰监视。努尔哈赤这样做，也是为了保住爱子，但褚英非但没有从中吸取教训，反躬自省，暗自韬晦，反而对努尔哈赤期待的"举用长子，使专主大国，今执掌大政，彼将弃其偏心，为心大公"的良苦用心保持怨恨。

《清史稿·褚英传》记载："褚英意不自得，焚表告天自诉，乃坐咀呪。"咀呪，即诅咒。努尔哈赤以背盟、囚妻、送人质于叶赫等理由，率代善、阿敏及五大臣等三万大军再征乌拉时，褚英行使萨满教巫术作书诅咒努尔哈赤和诸弟大臣大败而归，以便归来时将他们拒之城外。孰料，努尔哈赤大获全胜，归来不久，于万历四十一年三月二十六日，命将长子褚英幽禁在高墙之中。

褚英仍不思悔改，两年后被处死。褚英之死，距努尔哈赤称汗建国不足半年。至于褚英怎样不思悔改，都是监视者们的报告，不一定是努尔哈赤身历目睹、亲耳所闻。

当初，五大臣和四贝勒告发褚英罪状时，有一条是离间计，但被离间者是五大臣和四贝勒，而不是努尔哈赤与舒尔哈齐。

3

明人黄道周《建夷考》却将舒尔哈齐的死完全归罪于努尔哈赤，反而褚英成了救叔的受害者："酋疑弟二心,佯营壮弟一区,落成置酒,招弟饮会,入于寝室,锒铛之,铸铁键其户,仅容二穴,通饮食,出便溺。弟有两名裨将,以勇闻,酋恨其佐弟,假弟令召入宅,腰斩之。长子数谏酋勿杀弟,且勿负中国,奴亦囚之。其凶逆乃天性也。"

明人称努尔哈赤为"酋""奴",有"凶逆"天性,无疑是民族偏见使然。这段文字中的"弟"即舒尔哈齐,"长子"为褚英。

努尔哈赤幽禁舒尔哈齐,用铁水浇注牢门,仅露出专供吃喝拉撒的两个孔穴,足见努尔哈赤对舒尔哈齐的恨到了怎样强烈的程度。

努尔哈赤不但杀了舒尔哈齐手下两员勇将,以及舒尔哈齐两个儿子(长子阿尔通阿、三子扎萨克图),还准备将他腰斩。

褚英多次向努尔哈赤求情,晓之亲情大义,甚至拿努尔哈赤期待入主中原的雄心壮志、宏图大业来劝阻努尔哈赤,以免让讲究兄弟手足情意的中原人士看笑话。

这时的褚英,不但军功卓著,而且是努尔哈赤拟定的接班人,说话还是有分量的。他的话,也说到了努尔哈赤的心里。但在黄道周看来,后来褚英被努尔哈赤幽禁两三年后痛下杀手,与他为舒尔哈齐求情有关,而且"明人以为谏上毋背明,忤旨被谴"(《清史稿·褚英传》)。

黄道周为明天启二年(1622年)进士,在天启、崇祯年间先后任翰林院编修、经筵展书官、侍讲学士。崇祯十一年(1638年),黄道周因指斥大臣杨嗣昌等私下妄自议和,崇祯帝召开御前会议,黄道周"与嗣昌争辩上前,犯颜谏争,不少退,观者莫不战栗"。崇祯帝袒护杨嗣昌,斥责黄道周:"一生学问只办得一张佞口!"黄道周高声争辩:"忠佞二字,臣不敢不辩。臣在君父之前独独敢言为佞,岂在君父之前谗谄面谀者为忠乎?"他还厉声直逼皇上:"忠佞不分,则邪正混淆,何以治?"

这场有名的辩论之后,黄道周被连贬六级,调任江西按察司照磨(掌管宗卷、钱谷的属吏)。

黄道周以直谏闻名、忠孝于世,被江西巡抚解学龙认为"我明道学宗主,可任辅导(相)"。崇祯一听大怒,下令逮捕二人入狱,以"伪学欺世"之罪重治。由于几位大臣力谏,改为廷杖八十,永远充军广西。此番杖谪,使黄道周声名愈重,"天下称直谏者,必曰黄石斋"。

崇祯十四年,杨嗣昌暴亡,崇祯回想起黄道周当初的预言,下旨将黄道周复官入京。此时,河南已被李自成农民军攻占,关外大明领土皆被清军占领,黄道周见朝廷昏庸无道,国运已尽,遂告病辞官,回到老家福建漳浦,结庐于先人墓侧,专心著述。

明亡后,黄道周出山抗清,出任南明弘光朝吏部侍郎、礼部尚书,"严冷方刚,不偕流俗"。弘光亡后,隆武帝封黄道周为武英殿大学士兼吏、兵二部尚书,但兵权落入大将郑芝龙手中。时清廷颁布剃发令,江南人民求救于隆武朝廷,海盗出身的郑芝龙养兵自重,不发一兵一卒。黄道周返乡筹兵筹粮,对抗清兵,甚至主动发起进攻。

隆武元年十二月,黄道周被徽州守将张天禄俘获,送至南京狱中。清廷派洪承畴劝降,黄道周写下这样一副对联:"史笔流芳,虽未成功终可法;洪恩浩荡,不能报国反成仇。"将史可法的以身殉国与洪承畴的输诚叛国对比。洪承畴羞愧不已,上疏请求免道周死刑,清廷不准。黄道周于隆武二年(1646年)三月就义,头断而身"兀立不仆"。死后,人们从他的衣服里发现"大明孤臣黄道周"七个大字。百年后,清乾隆帝为褒扬黄道周忠节,改谥"忠端"。

黄道周虽是当时大学者、儒学大师,但写关外的满洲权斗,未必不夹私造假,以泄国恨家仇。于他而言,努尔哈赤是造反犯边的带头大哥,背叛明朝,对兄弟、嫡子冷血无情如野兽一般。故而,他反将野心家舒尔哈齐、褚英视作通好明朝而遭血腥杀戮的牺牲品。

民族仇恨下的原始叛乱,一旦成为一种杀戮文化,无论是历史进退中的新陈代谢,还是皇权裂缝中的真实行为,在站在不同山头的人看来,都会有不一样的理解和判断。

舒尔哈齐死于猜忌还是野心？

1

舒尔哈齐是兄长努尔哈赤的得力助手和主要战将，他不但帮助努尔哈赤灭掉了杀父仇人、图伦城主尼堪外兰的势力，还征服了浑河部、董鄂部、苏克素浒部、哲陈部、完颜部、朱舍里部、讷殷部，统一了建州女真。

难兄难弟，情意甚笃，各部贝勒拜见他们时，两兄弟同时受贺，分南北落座。金梁《满洲秘档·太祖责弟》曰："太祖弟舒尔哈齐贝勒为太祖同母弟也，笃念手足之情，待遇优厚，服御玩好，悉拟宸居。"

《满洲秘档·太祖责弟》继续说："然尤不自厌足，临阵退缩，时有怨言。上乃责之曰：'弟之所以资生，一丝一缕，罔不出自国人，即罔不出自我，而弟反有怨我之意何也？'舒尔哈齐终不悟，出语人曰：'大丈夫岂惜一死，而以资生所出羁束我哉？'遂出奔他部居焉。"

在长期的征战中，舒尔哈齐的军功越来越多，声望越来越高，成为威望和受礼与努尔哈赤不分伯仲的二号人物，但他和努尔哈赤的关系也越来越微妙。原来兄弟俩平起平坐，后来君臣有别。尤其舒尔哈齐两次代表努尔哈赤进京朝贡、述职，大开眼界，故而生出了取代努尔哈赤、成为女真之主的野心。

明王朝统治者似乎看中了舒尔哈齐的野心，也不停地抬高他的地位。明政府先是给他都指挥使的正二品武职，与努尔哈赤的都督品级相等。后来明辽东左都督李成梁又让儿子李如柏娶舒尔哈齐的女儿为妾，在当时有歌谣"奴酋女婿作镇守，未知辽东落谁手"。

舒尔哈齐主动进行部落之间的政治联姻。万历二十四年，他娶了乌拉部贝勒布占泰的妹妹为福晋，第二年他又将自己十二岁的长女额实泰嫁给了舅哥布占泰。

万历三十五年三月，蜚悠城一小部落不堪邻近的乌拉部的奴役，想依附努尔哈赤。努尔哈赤派舒尔哈齐为统帅，领兵三千，前往蜚悠城收编该部。舒尔哈齐行至半途，找借口要退兵，遭随行的褚英、代善反对才作罢。收编成功，归途遭布占泰派遣大将博克多率万众大军拦截，两军在乌碣岩对阵，舒尔哈齐率本部退在一边观战，留下褚英、代善等英勇奋战，打败了乌拉骑兵。归来，努尔哈赤准备将舒尔哈齐手下二将常书、纳齐布以临阵脱逃的罪名处死，舒尔哈齐不但不认错，反而说："诛二臣与杀我同。"最后，努尔哈赤为避免公开冲突，做出让步，只罚了常书一百两黄金，夺了纳齐布所属人马，并且剥夺了舒尔哈齐的兵权，不再派他领兵外征。

舒尔哈齐不甘心变成一个有名无实的"二老爷"，于是，他与长子阿尔通阿、三子扎萨克图商议"吾岂以衣食受羁于人哉"（《清史稿·舒尔哈齐传》），图谋另立门户，与努尔哈赤分庭抗礼。这就有了舒尔哈齐率诸子和亲信部众移居邻近明朝军事重镇铁岭的黑扯木，开辟根据地。李成梁看到这一分化女真的大好机会，立即上奏朝廷册封舒尔哈齐为建州右卫首领。这是明朝在辽东地区设立的最高地方军事长官。

努尔哈赤责令舒尔哈齐放弃自立为王，劝说无效，于是采取强硬措施，于万历三十七年诛杀舒尔哈齐二子阿尔通阿、扎萨克图，将舒尔哈齐下狱。

《满洲秘档·太祖责弟》记载："上怒，籍收舒尔哈齐家产，杀族子阿萨布，焚杀蒙古大臣乌勒昆，使舒尔哈齐离群索居，俾知愧悔，舒尔哈齐果愧悔来归，上以所籍收之产返之。然舒尔哈齐仍怀缺望，越二年，辛亥八月十九日，遂抑郁而卒。"

努尔哈赤没有杀舒尔哈齐，也没有放舒尔哈齐。万历三十九年八月十九日，舒尔哈齐在囚牢中死去，时年四十八岁。

2

舒尔哈齐死了，但努尔哈赤和皇太极、多尔衮都不愿为他做一些追封的表示，直至顺治十年（1653年）福临亲政后才给这位开国大元勋一顶和硕庄亲王的帽子，此时距舒尔哈齐死已有四十二年之久。这个追封，应该是由于其子济尔哈朗参与清洗多尔衮势力，有大功于顺治帝而得，然而舒尔哈齐的和硕庄亲王爵位并未让其子继承。

清初撰《开国诸王公诸大臣传》、乾隆年撰《宗室王公功绩表传》，始终未给舒尔哈齐立传，而《清太祖实录》中没有记载的太祖兄弟、通达郡王雅尔哈齐和太祖叔叔、武功郡王礼敦、慧哲郡王额尔衮、宣献郡王斋堪，反而被补充立传。

清朝官方文书对舒尔哈齐的记载多为丑化、贬抑，《满文老档》记载："聪睿恭敬汗之弟舒尔哈齐贝勒，因系同父同母所生之弟，虽无才能，因系汗之唯一亲弟，诸凡物品皆同样给与养之。"这与史实形成了巨大反差，直至民国初修《清史稿》时才给了他一个列传，但只说乌碣岩一战和移居黑扯木二事。

可以说，舒尔哈齐的死，是死于自己对权势的欲望与野心，也死于努尔哈赤对功臣的猜忌与无情。

虽然金梁称舒尔哈齐被幽禁时"抑郁而卒"，但在不少明朝文人看来，他是被努尔哈赤杀死的。沈国元《皇明从信录》云："奴儿哈赤杀其弟速儿哈赤，并其兵。"（速儿哈赤即舒尔哈齐）茅瑞征《东夷考略》称："奴酋忌其弟速儿哈赤兵强，计杀之。"张鼐《辽夷略》记载："奴儿哈赤杀其弟速儿哈赤，复耀兵侵乌拉诸酋。"

明人所言，难免为民族仇恨所致。但不论舒尔哈齐死于何因，都与努尔哈赤有关。故孟森在《清太祖杀弟事考实》中一语中的："是其二子遭戮，身复还锢，由此而遂死。则纵非剚刃而终，亦可称由太祖杀之，非诬传也。"

剚刃，就是用刀剑刺杀。

究竟是为何而杀，各有理解。

皇太极称帝后以守灵还人情

1

在辽宁省本溪市区太子河南岸明山附近，有一处遗址，旧称东坟，现为东芬。这里曾埋葬着一位清朝开国名臣，只是世事变迁、战争破坏及新时期的造城运动，造成名寝不在，只留下一方高大的墓碑，碑头雕刻四龙，碑周浮雕云龙图案，满汉文字刊刻着康熙帝对墓主评价："自古帝王创业垂统，必懋建本枝以作藩屏，故生隆显爵，殁锡丰碑，典甚重也。尔萨哈廉贝勒负姿忠亮，中外所推，肤功屡建，甲胄躬擐，努力行间，职司邦礼，尽心典则，益著寅清，洵百代所当瞻仰者也。拟封多罗郡王，忽焉长逝。太宗文皇帝眷尔勋劳，追封为和硕颖亲王，以示隆眷。于康熙二年特赐恤典，敕建丰碑。肤今追念前徽，另谥曰'毅'，重勒贞珉，用传不朽，以示敦睦懿亲之意云尔。"

按制度拟封郡王不成，却被越级追封为和硕亲王，足见太宗对其重任及早逝的痛惜。墓碑建于康熙二年，被纪功歌颂者为太祖次子代善的第三子萨哈廉。按辈分，康熙帝得尊称萨哈廉一声皇堂伯。

萨哈廉，又名萨哈璘。他出生于明万历三十二年，至太祖建国时，年方十岁。他出生后，很得父亲代善喜爱，所分得的财产要比两个异母哥哥岳托、硕托多得多。然而，萨哈廉并未因含着金钥匙出生和成长而骄纵，慢慢成为代善诸子中最杰出的一个。只可惜天妒英才，崇德元年（1636年）正月，萨哈廉患病卧床，死于五月二十三日，享年三十三岁。

为何说萨哈廉为英才？这个根据，可由太宗对他的追封分析得出。太宗对兄弟子侄叙功行赏，准备给萨哈廉多罗郡王，他的死，让太宗决定直接追为和硕颖亲王。

对于萨哈廉的死，太宗是悲痛的，除了辍朝三日、亲奠痛哭外，还在回宫后"于中庭设幄坐，不御饮食"（《清史稿·萨哈璘传》）。如此举止，无疑太宗要做另一种守灵人。论关系，他们是君臣，是叔侄，于公于私太宗都不在守灵之列。然而太宗仍坚持数日，足见对萨哈廉的情感非同一般。

2

太宗"诏褒萨哈璘明达敏赡，通满、汉、蒙古文义，多有赞助，追授颖亲王"（《清史稿·萨哈璘传》），让其兄代善世系，有了三个和硕亲王的爵位，即礼亲王代善、成亲王岳托和颖亲王萨哈廉。即便萨哈廉英年早逝，也算是以功绩创造了仅次于太宗世系（一个皇帝和一个亲王）的尊荣。

太宗如此尊崇代善父子，并非因为二哥是曾经的大贝勒，而是因为岳托和萨哈廉两个侄儿对自己忠心耿耿，建功不少。

单论萨哈廉，除了天命十年蒙古察哈尔部林丹汗攻打科尔沁部，萨哈廉领精骑五千前往救援为科尔沁部解围外，此后并没有统率大军独自出征的殊勋奇功。

萨哈廉虽没有参与满洲开国的系列战争，但他在后金扩展的战事中，都有英勇的表现。太祖天命十一年，他跟从代善征讨喀尔喀巴林部、扎鲁特部，以战功受封贝勒。太宗天聪元年（1627年），太宗率军攻袭锦州、宁远时，萨哈廉同十叔德格类等率护军精骑为前锋，又同五叔莽古尔泰等率偏师护卫塔山粮运，大败明军两万人。在攻打宁远明总兵满桂时，萨哈廉力战受伤。天聪五年十一月，太宗亲征林丹汗，萨哈廉与皇长子豪格为前锋，将林丹汗逼至青海打草滩，萨哈廉等率右翼兵两万，攻占归化城。虽然每战不是萨哈廉挂帅，但他都在前驱主将的位置上，足见太宗对这个侄儿很是看重。

3

在太宗诸多侄儿中，萨哈廉是极其受宠的一个。这是有原因的。

天命十一年八月，太祖病逝。如实行汗位继承由八和硕贝勒共同推举制，四大贝勒代善、阿敏、莽古尔泰、皇太极以及掌握太祖亲率的两黄旗阿济格、多尔衮、多铎兄弟，都手握重兵，都怀有夺取汗位的打算。论整体实力和个人威望，代善是元妃次子、原定储君，虽曾被汗父严责革除储位，但仍位列四大贝勒之首，辖正红、镶红二旗，实力强大，且长期辅佐太祖治国理政有成绩，诸子都是能征惯战、军功累累。另外，其胞兄褚英长子杜度，掌镶白旗，屡建军功，却对二叔马首是瞻。

八旗之中，阿敏、莽古尔泰、皇太极各占其一，多尔衮兄弟占其二，而代善独占其三，有着最强的实力争夺汗位。然而，萨哈廉主导，岳托协同，力劝其父代善全力支持实力一般而能力超群的皇太极："国不可一日无君，宜早定大计。四贝勒才德冠世，深契先帝圣心，众皆悦服，当速继大位。"代善自知硬抢或能胜出，但从诸兄弟的性格、抱负、才干、势力及当时明军紧逼、蒙古挑衅和朝鲜敌视的复杂环境来看，唯推出有胸怀韬略的皇太极，才能解决内忧外患的国情，于是说："此吾素志也。天人允协，其谁不从？"（王先谦《东华录·太宗》）

代善出手支持皇太极，诸执政贝勒只能"皆称善"。皇太极坐上汗位，萨哈廉立了首功。

萨哈廉是一个懂得太宗鸿志、具有远见卓识的青年贵胄。天聪三年，太宗亲征明朝，代善与莽古尔泰秘密准备回师，萨哈廉、岳托等少壮派贝勒"力赞进取"，支持太宗继续进军，"遂由洪山口，克遵化，进逼明北京"（《清史列传·萨哈璘传》）。萨哈廉驻守永平期间，秉承太宗恩养汉人的旨意，录用明朝归降道员、革职汉官等共管地方军政事务，并将造谣后金意欲屠城的明降臣李春旺斩首示众，保得永平一方安定不说，还迅速招抚了周边地区，显示出了卓越的管理才干。

天聪五年三月，太宗命诸贝勒评议时政，萨哈廉说："图治在人。人主灼知邪正，则臣下争尚名节，惟皇上慎简庶僚，任以政事。遇大征伐，上亲在行间，诸臣皆秉方略。若遣军，宜选贤能者为帅，给符节，畀事权，仍限某官以下干军令，许军法从事。"（《清史稿·萨哈璘传》）他直言不讳地指出人事和军事有问题，满洲亲贵中有许多无能之辈身居高位，且八旗旗主分权，与君权矛盾，主张改变所用大臣"未必尽得其人"和八旗各行其政的局面。

萨哈廉特别强调，遇到大规模作战，大汗坐镇指挥，诸贝勒大臣都听从调遣。如若调兵遣将，最好选择贤明能干的人为帅，赐给兵符，让他全权办理。这在军事管理上，唯有兵权平时归上承汗意、总理各旗之兵部，凡出征则重新授予主帅以军衔印绶。此举一改太祖以来八旗贝勒各主山头的旧俗，有利于巩固最高领导者的核心权力与持久威权，对于八旗旗主贝勒奉行山头主义、各自为政，有着很好的制约和规定，使军权从根本上掌握于大汗一人而无他人掣肘之虞。

他的建议得到了太宗的首肯，并延续至清末，对清朝军政长期稳固具有无法替代的历史意义。单凭此点，萨哈廉功在太宗，利在清朝，影响了清朝后来推行大将军制，有暂时性实权而非常态化实职。即便不时地出现大将军王，也不能威胁到皇帝对军权的绝对掌控。

此言一出，对于结束四大贝勒同理军政、开启大权集中太宗一人，起到了很大的作用。不久，阿敏事发，代善主动提出同莽古尔泰位居次位，分坐左右。

天聪九年，诸贝勒大臣屡请太宗改汗称帝，太宗暂时不允或做客套性假辞，萨哈廉命内院大臣希福等再奏太宗："不受尊号，咎在诸贝勒不能殚竭忠信，展布嘉猷，为久之大计。今诸贝勒誓改行竭忠，辅开太平之基。"（《清史稿·萨哈璘传》）萨哈廉重提军政大权要收归太宗一人，实行皇帝集权，为太宗"受尊号"准备了最好的理由。果然，太宗说："善。萨哈璘为朕谋，开陈及此，实获我心。"

早在天聪五年，太宗初设六部，以萨哈廉掌管礼部，负责典章制度与外交事宜。他前往蒙古诸部宣示后金国之诸项法律礼仪。天聪六年，后金大军击败林丹汗，萨哈廉贯彻执行太宗的部署，整顿归附后金的蒙古诸部，重建蒙古秩序，从而达到了削弱蒙古势力的目的。

4

萨哈廉的才干，不仅在于对外征战、对内制礼，他还拥有敏锐的战略眼光。天聪七年六月，太宗诏问诸贝勒对外战略思想，萨哈廉提出"当宽朝鲜，拒察哈尔，而专征明"（《清史稿·萨哈璘传》），并提出具体的对明作战指导方针。这一条，也是集中优势财力和兵力，对抗最强大的明朝，威慑另外二敌。

正因萨哈廉有着他人不能企及的拥戴、集权、劝进之功及经常性献计献策，故而太宗将他引为良辅。崇德元年萨哈廉患病时，太宗经常去探望，并告诉希福等人："群子弟中，整理治道，启我所不及，助我所不能，惟尔之赖。尔其静心调摄，以副朕望！"

太宗对萨哈廉寄予厚望，但天不假年，让他过早辞世。"明哲先萎，孰能助朕为理乎"，萨哈廉的死，对于太宗打击很大，甚至以梦境开启了"亲王薨，初祭以牛"的清朝惯例。梦由心生，太宗白日梦见有人请奏"颖亲王乞赐牛一"，其实在太宗心里，萨哈廉就是一个勤恳忠诚的拓荒牛，而且这头牛近乎完美，政治履历中未有过错受罚的记载。这是罕见的，即便是他那同样被太宗引为左膀右臂的大哥岳托，也曾被论罪受罚降爵。可惜的是，崇德八年八月，太宗驾崩，顺治新立，萨哈廉的长子阿达礼"坐与硕托谋立睿亲王，谴死"，至于阿达礼是否真在谋立多尔衮，还是成为平抑多尔衮意欲另立阴谋的牺牲品，不得而知。按理，萨哈廉的忠诚，应该会影响其子。

对于太宗和清朝，萨哈廉居功阙伟，但他没有等到真正封王的那一天就病逝了。其次子勒克德浑于受阿达礼案牵连，被罢黜宗室，但不久即恢复宗籍，封贝勒，顺治二年被任命为平南大将军，顺治五年封顺承郡王。乾隆四十三年（1778年），清高宗借为睿亲王多尔衮平反之机会，恢复诸王最初封号，并将爵位世袭罔替的制度明确颁行，将萨哈廉世系纳入清开国史上八大铁帽子王体系，传十世十五王。

皇太极为何对阿敏兄弟有厚薄？

1

关于舒尔哈齐为何死在努尔哈赤之手中，蒋良骐《东华录》中记述，天聪四年议阿敏之罪状十六款，其中第一款为："贝勒阿敏，怙恶不悛，由来久矣。阿敏之父，乃叔父行也，当太祖在时，兄弟和好。阿敏唆其父，欲离太祖，移居黑扯木，太祖闻之，坐其父子罪，既而宥之。及其父既终，太祖爱养阿敏，与己子毫无分别，并名为四和硕大贝勒。及太祖升遐。上嗣大位，仰体皇考遗爱。仍以三大贝勒之礼待之，此其一也。"

皇太极给舒尔哈齐次子阿敏定的首罪，就是太祖原来和舒尔哈齐手足情深、兄弟和睦，是阿敏唆使其父离开努尔哈赤，企图在努尔哈赤改变"兄终弟及"的继承制中铤而走险，移居黑扯木阴谋自立，分裂后金或阴谋取代努尔哈赤。因而导致太祖大怒，要惩罚舒尔哈齐父子。

此事在《清太宗实录》卷八天聪五年正月壬寅也有记载："己酉岁，我国当宁谧之时，二贝勒父子欲擅离我国，往据一方自立。我皇考劝之不听，法难宽宥，衹以亲弟之故，宥而不诛，将以其罪，罪二贝勒。我诸兄弟力为谏止，仍收养之，夺所属人民之半，此其旧恨一也。"

这个二贝勒，就是阿敏。

2

黑扯木事件后，努尔哈赤最初有杀舒尔哈齐父子的打算，在杀掉舒尔哈齐长子阿尔通阿、三子扎萨克图后，还要将其第二子阿敏杀掉。

代善、皇太极等人劝谏，最终努尔哈赤"以亲弟之故""宥而不诛"，将舒尔哈齐幽禁，放过阿敏，不再追责其家人子女，并将其子女等同于自己的子女一般对待。

努尔哈赤将舒尔哈齐幽禁至死，但不对其子女赶尽杀绝，甚至优待重赏，这无疑是一种忏悔式补偿，也是一种恩怨分明的帝王风度。

舒尔哈齐死于努尔哈赤之手，但努尔哈赤并未将其分裂之罪扩大化，故而有了舒尔哈齐诸子的荣辱成败。

天命六年正月，努尔哈赤率四大贝勒及王公大臣，祝告天地，焚香设誓言："吾子孙中纵有不善者，天可灭之，勿令刑伤，以开杀戮之端。如有残忍之人，不待天诛，遽兴操戈之念，天地岂不知之？若此者，亦当夺其算。昆弟中若有作乱者，明知之而不加害，俱怀礼仪之心，以化导其愚顽。"（《清太祖武皇帝实录》卷三）

杀子幽弟，是已贵为大汗的努尔哈赤的锥心之痛。后来，其次子代善听信继妻谗言构陷，要诛杀前妻所生二子，被努尔哈赤制止而给予夺储的惩罚。再后来，代善与继母阿巴亥勾勾搭搭，努尔哈赤又恨又恼，捏造罪名将阿巴亥放还娘家，而未加罪代善。

这也影响了天聪四年，皇太极对阿敏案的处理。皇太极最后给阿敏定了十六条罪状，将其囚禁至死，将其子爱尔礼论罪处死。但他其余五个儿子皆得了爵位。

3

阿敏被免于一死，被努尔哈赤接到宫内抚养，初封贝勒，多有战功。明万历三十五年，阿敏与褚英攻取乌拉宜罕山城。四十一年，阿敏随努尔哈赤征讨乌拉部。四十三年，太祖创建八旗制度时，阿敏任镶蓝旗旗主贝勒。

后金天命元年（1616年），阿敏受封和硕贝勒，与努尔哈赤三子代善、莽古尔泰、皇太极并称四大贝勒，参预国政。

阿敏在最早执政的四大贝勒、后来的八和硕贝勒共治国政中排名第二（这个贝勒相当于亲王），俗称二贝勒。阿敏也算是了不起的虎将，先是破明兵于萨尔浒山、尚间崖及栋鄂路，不久参加灭叶赫部之战，从太祖攻克沈阳、辽阳，入朝鲜袭明将毛文龙所部，征讨喀尔喀巴林部及扎鲁特部。

皇太极继位之初也很善待阿敏，凡国人朝见，皇太极与三大贝勒代善、阿敏、莽古尔泰同坐受礼。天聪元年，阿敏与贝勒岳托等征朝鲜，连陷定州、安州、平壤，朝鲜王被迫请和，订"江都之盟"。他后从太宗征明锦州、宁远。四年，入山海关，克水平、滦州、迁安等地。直至天聪四年，明将孙承宗率兵反击，监军道张春等围困滦州，他怯不增援，反杀降人逃出关外。皇太极借对阵明将孙承宗一战弃城杀降而幽禁阿敏，处罚莽古尔泰，改由其一人"南面独坐"。

皇太极成功继位，除了代善的谦让，阿敏也算是合谋逼殉先汗大妃阿巴亥的主要人物，为何清太宗皇太极要扳倒阿敏呢？

这是有原因的。电视剧《孝庄秘史》中的阿敏形象，似乎可以作为一种合理的解释：

一、阿敏自恃拥戴皇太极有功，加之可以与皇太极同坐高台议政受礼，自然不把皇太极当作真正的大汗。

二、阿敏的格局太小，目光短浅。皇太极志在破关经略中原，而阿敏只想到攻城略地后疯狂抢货屠城，罔顾国家大局和民心向背。他的存在，必然是皇太极统一大业的一大阻碍。

三、阿敏虽在舒尔哈齐一案中幸免于难，反得了安抚，但他未必不仇恨努尔哈赤父子。舒尔哈齐谋叛案中，阿敏已长大成人，是知情者甚至参与者，他是支持父亲谋叛分裂的。在皇太极治下，他也是不断积蓄力量，不甘久居人下。他在征讨朝鲜时，就向皇太极要求自立为王，这是当年舒尔哈齐父子移居黑扯木的故伎重演。归根结底，阿敏是一个赳赳武夫，懂得蛮干，也有权欲，对皇太极不顺从，却想着分权。

4

舒尔哈齐事发那年，其第六子济尔哈朗十岁。济尔哈朗自幼由努尔哈赤接至宫中抚养，与努尔哈赤的儿子们关系很好，尤其是与皇太极的关系更是非同一般。这样，他才会在父兄反叛后依旧受到信任和重用。济尔哈朗从青年时代起就追随努尔哈赤南征北讨，因军功受封为和硕贝勒。他是努尔哈赤时期共秉国政的八大和硕贝勒之一。

阿敏的六弟济尔哈朗忠诚地追随皇太极，屡建功勋，拿捏准了皇太极的雄心壮志。

天聪五年七月，皇太极让诸贝勒大臣直言时政。济尔哈朗上奏：过去出现了很多冤狱，主要是官员造成的。现在应选择贤良，谨慎处理司法事务。皇太极初设六部，济尔哈朗受命掌管刑部事务。

忠诚是不会受亏待的。皇太极外征察哈尔、朝鲜，都是放心地把京师交给济尔哈朗留守。崇德元年四月，济尔哈朗军功累积，晋封为和硕郑亲王，成为皇太极时代四大铁帽子王之一。

皇太极死后，济尔哈朗在新的皇位争夺战中，先是支持皇长子肃亲王豪格。但他在豪格身上看不到传承皇太极雄才大略的希望，转而接受幼主福临上位，受命同多尔衮一起辅政。他先后被封为信义辅政叔王和叔和硕郑亲王，成为清朝历史上除多尔衮外唯一一位受"叔王"封号的人，后入享太庙。

阿敏死于自己的贪心不足、格局狭隘，而济尔哈朗则谨小慎微、位极人臣，成为舒尔哈齐后世最兴盛的一支、清初诸王中最幸运的一人。他对皇太极父子的忠诚，换得了殊荣终身，却险些因多尔衮的排挤而被论罪处死。

多尔衮当政，大权独揽，对堂弟济尔哈朗多次排挤，顺治四年二月，他称济尔哈朗建筑府第逾制，擅自使用铜狮、铜龟、铜鹤，处以罚银二千，罢免辅政职务，将他挤出了决策机构。顺治五年三月，贝子屯齐、尚善、屯齐喀等，诬告济尔哈朗在太宗初丧时不举发两黄旗大臣谋立肃亲王豪格，以及扈从入关，擅自令两蓝旗越序立营前行。多尔衮罗织十多条罪状，兴起大狱，将其定为死罪。最后因牵涉甚广，济尔哈朗免于一死，却由和硕亲王降为多罗郡王，被罚银五千两。直到多尔衮去世，憋屈的济尔哈朗才在政治上得以解脱。

多尔衮死后，济尔哈朗反戈一击，拉拢巽亲王满达海、端重亲王博洛、敬谨亲王尼堪三王联名，追论多尔衮的罪状。此三王深知多尔衮一党大势已去，就顺水推舟，在伯父济尔哈朗主持下联名向福临举发多尔衮，对多尔衮追夺一切封典，毁墓掘尸。清算多尔衮一派，暂停皇室内斗，还大权于皇帝，是济尔哈朗一生最大的贡献，对后世影响不小。

王先谦撰《东华录》还记载，顺治十二年正月，吏科副理事官彭长庚、一等子许尔安分别上疏，称颂多尔衮的功勋，就事论事，几乎句句在理，但被济尔哈朗骂了个狗血喷头，流放宁古塔充军。在济尔哈朗的心里，称多尔衮功高，就是震慑幼主。

亲政后的顺治帝，以济尔哈朗年老，免去朝贺、谢恩行礼。济尔哈朗病逝，顺治帝悲痛不已，休朝七天（仅有济尔哈朗享此殊荣），赠祭葬银万两，置守陵园十户，并为他立碑纪功。

明清史料记载济尔哈朗："亲历战阵，躬冒矢石，决策于万众之中，制胜于千里之外"，"处忧患而不惊，肩弘钜而不乱"，"忠冠当时，功昭后世一云"，"有贞臣之节，有良将之风"。

历史学家萧一山在《清代通史》中说："福临以冲龄践祚，奠定中原，征服华夏，其所以能成大业者，皆群臣襄赞之力也。当时宗室懿亲，僇力行间，栉风沐雨，勤劳佐命者：如豫亲王多铎、肃亲王豪格、英亲王阿济格、郑亲王济尔哈朗、敬谨亲王尼堪、端重亲王博洛、顺承郡王勒克德浑等，其殊勋茂绩，诚可为开国之大人物。"

济尔哈朗无疑是清朝从龙入关、经略中原的元勋功臣之一，这也得益于努尔哈赤的手下留情、补救善待，而最起码的是他对皇太极的知遇之恩予以了忠诚的回报。

皇太极不惜将爱妃送给表侄

1

女真人、蒙古人有早婚的习俗。天聪九年三月庚申,皇太极发出最高指示:"凡女子十二岁以上者许嫁,未及十二岁而嫁者罪之。"(《清太宗实录》卷二十三)这一道命令,有纠偏努尔哈赤赋予女儿早婚使命的嫌疑。明万历十六年,栋鄂部首领、二十八岁已婚男何和礼前来归附,努尔哈赤特将年仅十一岁的东果格格嫁之。

皇太极不好归罪乃父,但对努尔哈赤曾责令他将侧妃叶赫纳喇氏休弃,未必不耿耿于怀。纳喇氏见努尔哈赤及阿济格不下轿,被努尔哈赤视为侮慢,勒令休弃。

这是努尔哈赤在世的事情,皇太极即便再有不舍,也只能作罢。满人入关前,儿子为了取悦父亲,不但可以休妻,而且有人像豪格那样主动杀妻,极其野蛮。他们没有汉族王朝后妃唯处女是选的观念,努尔哈赤的继妃富察氏原是其堂兄的老婆。皇太极的崇德五妃中有三人曾为他人妻:关雎宫宸妃嫁与皇太极时已二十六岁,麟趾宫贵妃和衍庆宫淑妃是皇太极大胜察哈尔后娶的林丹汗的两个遗孀。

天聪汗多次将己妻改嫁他人或娶他人妻为妻,反映了女真传统婚姻习俗和价值观。他们牺牲女人作为政治交易品,以达到部落联盟或君臣齐心的政治目的。

皇太极喜欢娶蒙古博尔济吉特氏的女人,崇德五妃都来自这个姓氏。但另一个扎鲁特博尔济吉特氏,命运却是不幸的。

她是天聪六年二月嫁给皇太极的,初封东宫福晋,至天聪九年十月被责令改嫁大臣。三年零七个月里,她给皇太极先后生下第六女、第九女,是这一时期生育后代最多的(正宫皇后、永福宫庄妃各生一女,其他后妃概无生育),可见皇太极对她一度宠爱有加。

天聪九年十月初七,皇太极突然以东宫福晋"不遂汗意,改适叶赫部德勒格尔台吉之子南褚"(《天聪九年档》)。这时这位博尔济吉特氏生下第九女仅十一天。

2

南褚之父德勒格尔，为皇太极母舅金台吉长子。皇太极对表侄很器重，天聪九年正月免除诸功臣丁役，南褚排名前三，且受命专管正黄旗两牛录。当年五月征讨察哈尔，南褚再立殊功，皇太极将东宫福晋作为特殊的礼物奖给了表侄。

后金与察哈尔的敌对，源于努尔哈赤起兵壮大之时。明朝围剿努尔哈赤，不断增兵辽东的同时，邀约驻牧宣化、张家口一带的察哈尔部林丹汗共同抗御努尔哈赤。

天命元年，努尔哈赤建国称汗，林丹汗进攻科尔沁、扎鲁牧蒙古诸部。由于蒙古诸部有后金的重兵援助，林丹汗失败。林丹汗被迫西移，至宣化府长城外以西以北地域，并把土默特、鄂尔多斯等部控制在手中。

为了争夺蒙古统治权，天命五年正月，努尔哈赤派人给林丹汗送书信，斥责他的傲慢。林丹汗将使臣关押。天命汗大怒，杀了林丹汗的使臣。

皇太极即位后，决意先征服漠南的察哈尔。天聪八年，林丹汗被逼西走大板申过黄河，后入青海，病死。

第二年二月，皇太极命多尔衮等率精兵万人，前往招抚察哈尔部众。五月，多尔衮的大军抵达林丹汗长子额哲驻地附近，"恐惊其部，乃停止不前"（《清初内国史院满文档案译编》上册），命南褚率其族人前去谈判，宣读皇太极的谕旨，通知满洲诸贝勒率大军前来受降，秋毫不犯。

额哲为林丹汗八大福晋之三福晋苏泰太后所生。苏泰是德勒格尔之女，南褚的胞姐。

苏泰听到来使是叶赫人时很震惊。当听说首席谈判为乃弟南褚，她喜极而泣，赶紧亲迎，并命儿子额哲率众前往后金大营迎接满洲诸贝勒，并向多尔衮奉上了元朝遗留的传国玉玺。

皇太极得到了察哈尔的玉玺和臣服，也得到了林丹汗的囊囊太后和窦土门福晋（即后来的麟趾宫贵妃与衍庆宫淑妃）。出于对表妹苏泰的客气，皇太极将她改嫁给心腹大臣济尔哈朗做第三任嫡福晋。济尔哈朗本是苏泰的姐夫，正好亡妻。

对于建有大功的南褚，皇太极自然少不了要奖励，于是干脆将自己的女人送了过去。

3

让人疑虑的是，这位不幸的女人，在刚刚生产不久便被作为奖品送给大臣，一定事出有因。

此事发生的前一月，后金宗室发生了一件大事。

王先谦撰《东华录》记载，皇太极同父异母的姐姐莽古济路过大贝勒代善营帐，被代善邀入款待、馈赠。

兄妹之礼节性往来，惹怒了防患心极重的太宗。

代善虽对皇太极有拥立、让贤之功，但二人也有权力之争。

三年前，皇太极借重多尔衮等少壮派崛起的第三股势力，废除了"与三大贝勒，俱南面坐"共理朝政的旧制，终于成为南面独坐的汗。独尊的他，先后将二贝勒阿敏、三贝勒莽古尔泰处罚出局，又借题发挥对代善大加挞伐，将莽古济削除封号为民，并禁止其与亲戚往来。

莽古济为太祖继妃富察氏所生，也是努尔哈赤、皇太极政治联姻的牺牲品。其第一任丈夫哈达首领吴尔古代死后不久，蒙古敖汉部首领琐诺木杜棱不堪察哈尔欺凌前来归附，皇太极强将孤寡的她嫁给早已妻妾成群的琐诺木杜棱。

莽古济的胞兄莽古尔泰，也是皇太极的异母兄、四大贝勒中的三贝勒，拥立皇太极有功，但他也对汗位虎视眈眈，与太宗不时冲突。天聪五年，莽古尔泰跟从大军围攻大凌河，向太宗上奏所率正蓝旗部队被明军重创，两人发生了言语冲突。莽古尔泰手握佩刀，数次怒视皇太极。他的胞弟、贝勒德格类怒斥莽古尔泰犯了悖逆之罪，并用拳头打他。莽古尔泰更加愤怒，将佩刀抽出刀鞘。皇太极怒骂莽古尔泰亲手弑母邀宠的事情。其后诸贝勒商议莽古尔泰"谋上"之罪，夺去和硕贝勒爵位，降为多罗贝勒，削五牛录，罚银万及甲胄、雕鞍马十、素鞍马二。一年后，莽古尔泰气愤暴卒，年四十六。

胞兄之死，让莽古济心中对皇太极充满愤懑。三年后，莽古济的胞弟德格类病逝。

莽古济的家奴冷僧机，出身贫寒，但圆滑狡黠，善于钻营取巧，在莽古尔泰、德格类相继死后，告发莽古尔泰、德格类和莽古济等曾跪焚誓词，密谋篡位。冷僧机本参与密谋，众议以自首免坐，亦无功，但太宗一反常态，力排众议,嘉奖冷僧机世袭三等梅勒章京。

不论莽古济是否真有心密谋,都使皇太极心生芥蒂。

天聪九年,太宗将林丹汗的伯奇福晋赐予儿子豪格为侧福晋,引起身为豪格岳母的莽古济极为不满,流露怨言:"吾女尚在,何得又与豪格贝勒一妻也?"豪格的嫡福晋,为莽古济与吴尔古代之女,莽古济的抱怨直指皇太极。

皇家的恩怨情仇,是寡情冷酷的。莽古济与皇太极宿怨日多,皇太极对莽古济恨之入骨,找了一个理由将其处死,削了宗籍,使之成为清朝唯一被处死的公主。

皇太极无情不免遭人非议。倘若曾深得皇太极宠爱、后惨遭抛弃送给大臣的东宫福晋与莽古济有过接触,抱有同情,恃宠相劝,势必让皇太极恼羞成怒。不然,她或能入列崇德五妃。

豪格斗不过小叔,丢了夫人要杀子

1

崇德八年(1643年)八月,壮志未酬的清太宗皇太极驾崩。他的死,《清史稿·太宗本纪》写得简单:"庚午,上御崇德殿。是夕,亥时,无疾崩,年五十有二,在位十七年。"这是根据《清太宗实录》崇德八年八月庚午条"是夜,上无疾,端坐而崩"撰写的。

清代正史都说太宗无疾而终,说他忙碌了一天政务后,晚上九十点钟端坐在清宁宫南炕上突然死去。但他死在中年,如同暴卒,确实很蹊跷,故而留下了种种争议:一是无疾而终,二是忧劳暴卒,三是痰疾致死,四是明朝遗老制造的多尔衮害死说。

最可信的该是忧伤引发的暴卒。太宗很痴情，自娶了寡妇海兰珠后，封关雎宫宸妃，独宠后宫。宸妃命薄，生子有立储之兆，但不满周岁夭折。宸妃因丧子之痛而病亡。太宗正在松山前线指挥作战，闻宸妃病重，不惜丢下紧要军务，星夜兼程赶回盛京，但为时已晚，宸妃已逝。是时为崇德六年九月。

太宗困于情伤，忽而昏迷，忽而减食，常常"圣躬违和"。据《清太宗实录》崇德六年十月初二日记载，太宗对诸王说："山峻则崩，木高则折，年富则衰，此乃天特贻朕以忧也。"

《清史稿·太宗本纪》记载，虽然太宗说"天生朕为抚世安民，岂为一妇人哉？朕不能自持，天地祖宗特示谴也"，但还是悲痛不已，就是王公大臣陪他外出打猎散心，他经过宸妃墓时也要独自去大哭一场。

这是太宗暴卒的一个重要因素。《清太宗实录》记载，崇德五年始，太宗便多次"圣躬违和"，崇德五年七月到鞍山温泉疗养。若说这与因宸妃子幼殇、使其立储失望有关，但幼子已逝两年半，自然有些勉强。六年，清军发起对明战争，前线告急，皇太极原定八月十一日亲征，却因鼻衄推迟三天。七年，因"圣躬违和"，在大清门外大赦人犯。八年又"圣躬违和"，正月初一免了庆贺礼，再次大赦，并向各寺庙祷告，施白金。

太宗早有痼疾在身，宸妃之死激化，日益严重，而致突然亡故。

2

太宗暴卒，再次为大清政权遗留了未立接班人的现实。满人奉行幼子守灶旧俗，但当时是非常时期，虽已征服东面的朝鲜，以多重联姻暂时稳住了西部蒙古，但南面的朱明王朝重兵压境，独立称帝的大清王朝，亟须一个强有力的权力核心。

太宗在天聪年间，将最初同坐受礼的其他三大贝勒即代善、阿敏、莽古尔泰逐次加罪弄下了台，自己独在帝座南面受礼。但他为了自己的宏图，积极起用年轻贝勒如岳托、多尔衮、济尔哈朗、多铎、豪格等后起之秀，这些人成为天聪—崇德朝的精英分子。

太宗的灵柩被安放在崇政殿，举哀三天，而在崇政殿外，大清帝位之争的呼声，盖住了殿内的哭声。

太宗长子、和硕肃亲王豪格和太宗小弟、和硕睿亲王多尔衮，都是太宗生前赋予重任的柱国亲王，各自形成了强大的阵营。

太宗虽有十一子，此时尚存七子。皇四子叶布舒、皇五子硕塞虽有十六七岁，但为庶妃或侧妃所生，太宗生前也没给他们立功的表现机会；皇六子高塞、皇七子常舒都只七岁，皇十子韬塞五岁，他们的生母出身也卑贱。

皇十一子博穆博果尔，其母为麟趾宫贵妃，是仅次于哲哲皇后的第二尊贵女人，但她嫁太宗之前，是察哈尔末代可汗林丹汗的遗孀囊囊太后。幼子丧父时还不到两岁，其母作为被俘入宫的有夫之妇，并不为满洲贵族所重视。

六岁的皇九子福临，其母博尔济吉特氏十三岁嫁给皇太极做侧福晋，太宗称帝后封为永福宫庄妃。这对孤儿寡母的背后，是蒙古科尔沁大领主世家和庄妃的亲姑姑、皇后哲哲。虽然无多少史料记载哲哲的功绩，她只生下了三位公主，但从她稳居中宫十七年，以及主持后宫事务、满蒙联姻来看，她是深受太宗和诸王公大臣敬重的。

豪格作为皇太极长子，此时已有三十三岁，年长多尔衮三岁。其母既不是皇后，也不属四宫贵妃之列。但论功绩，他不比多尔衮逊色多少。太祖年间，豪格随父征战，初封为贝勒。太宗在位时，豪格先后被封为和硕贝勒、和硕肃亲王，掌管户部事务，随太宗亲征朝鲜，同多尔衮进攻明朝。他虽于崇德六年三月，因过失被降为郡王，但很快因军功重新晋封为亲王。

按理，豪格有足够的条件成为太宗的接班人：一、他是太宗长子，正值壮年。太宗诸子，唯其具备理政、拥兵且不需辅政的年龄和能力。二、史称其"容貌不凡，有弓马才"，"英毅，多智略"，这是一个成熟君王所必需的。太祖遗诏中有其名。三、他深得太宗重用和磨炼，曾在松山指挥大军深夜竖梯破城擒获明将洪承畴，以军功而封铁帽子王。四、太宗似乎也对他很用心，让他累积军功，管理财政，并不时加强其所率正蓝旗的实力。

清史名家孙文良、李治亭在《清太宗全传》中写道："豪格作为太宗的长子，按照中国传统的嫡长子继承制度，他在太宗死后当皇帝是顺理成章的。他本人条件也不差，当时已成年，有才能，有战功。他从太祖以来就在文治武功中做出了贡献，在群臣中，也有一定威信。"

3

对于豪格的争权失败,孙文良、李治亭也说得很有道理:"他没有当上皇帝的根本原因是清朝势力比较分散,诸王拥重兵,他们自己要保持权力,不愿绝对听命于皇帝。"

而埋下这个祸根的,则是皇太极本人。

太宗继位之初,阿敏出征朝鲜图谋自立,莽古尔泰拔刀威逼太宗,都是因为他们所率各旗势力强大,足以与太宗抗衡。后来,太宗成功地翦除阿敏、莽古尔泰之后,也曾导致了其率领的镶蓝旗、正蓝旗部众闹事。即便像莽古尔泰的正蓝旗,被太宗纳入自己的两黄旗之后,还不服帖,引发过反抗之后的大厮杀。

各旗主在长期统领旗兵之后,形成了旗主的绝对权威,使旗兵只知旗主而不知皇帝。阿敏统兵攻入朝鲜时,其他各旗大臣回师,而镶蓝旗大臣顾三台等附和他,要留在朝鲜,拥兵自尊。

这些足以给太宗敲警钟,于是太宗自即位之初起,就不断地在调整八旗的势力分割。

镶白旗原来隶属褚英之子杜度,皇太极继位后,寻机夺了镶白旗给豪格。为了使继汗位名正言顺,太宗将正白旗、镶白旗改名为正黄旗、镶黄旗,称原来的两黄旗各有主旗贝勒,他不好夺过来,别的旗主也不会同意。原来最强大的两黄旗,也因为太宗的政治需要,变为了新的两白旗。

太宗扳倒镶蓝旗主阿敏和正蓝旗主莽古尔泰后,将正蓝旗和自己的正黄旗混编后再一分为二,组成新的正黄、镶黄旗,由自己亲率,从中还分出一部分牛录给豪格壮大实力。豪格原率的镶黄旗改名为正蓝旗。

为了巩固帝位,太宗对新的两白旗采用分化的办法,先是废掉年长战功高的阿济格的旗主地位,用自己选拔的多尔衮作镶白旗主。当多尔衮和多铎长大成人后,又借机将两白旗混编,以多尔衮作正白旗主,多铎作镶白旗主。

至太宗死时,他留下的两黄旗和豪格的正蓝旗共有117个牛录,是八旗的第一大势力;多尔衮兄弟的两白旗则有98个牛录,为八旗的第二大势力;代善家的两红旗和济尔哈朗的镶蓝旗则有96个牛录,为中间势力。

正蓝旗和两黄旗大臣,以图尔格为首,索尼、谭泰等,誓立豪格,不惧赴死。两白旗主张推举多尔衮，但各自阵营还是有所松动。

两黄旗大臣在王公大臣议立嗣皇帝时，于大清门张弓搭箭，环立宫殿。当多尔衮征询索尼等意见时，索尼说："先帝有皇子在，必立其一，他非所知也。"众将意见是："吾属食于帝，衣于帝，养育之恩与天同大，若不立帝子，则宁死从帝与地下而已。"两黄旗死忠的对象，不是豪格，而是太宗，他们誓立的是先帝之子，不一定是豪格，这也为后来多尔衮推出福临、自己摄政，创造了先决条件。

多铎虽是多尔衮的同母弟弟，但二人关系并非电视剧《孝庄秘史》描述的那般融洽，多铎反而对侄儿豪格更为亲近。多铎也是有野心的，他先劝多尔衮去抢。《清史稿·索尼传》曾记载了他们兄弟对帝位觊觎的一段对话："英亲王阿济格、豫亲王多铎劝睿亲王即帝位，睿亲王犹豫未允，豫亲王曰：'若不允，当立我。我名在太祖遗诏。'睿亲王曰：'肃亲王亦有名，不独王也。'豫亲王又曰：'不立我，论长当立礼亲王。'"由此可见，多尔衮宁愿推肃亲王豪格，也不情愿给弟弟多铎。多铎也不再力劝多尔衮，反而推出年过花甲的老代善。

代善不傻，先是认为豪格当承大统，豪格做样子礼让。代善继而推多尔衮，逼退多尔衮学豪格风度。多尔衮公开表态"无继统之意"。代善马上一句："睿亲王若允，我国之福。否则当立皇子。我老矣，能胜此耶？"说得轻，落得重，让大家把储君的目标锁定了豪格之外的福临。《孝庄秘史》为福临的登基，以代善与哲哲皇后唱了一段双簧戏。

郑亲王济尔哈朗虽然支持豪格，但不坚定，后来多铎跟豪格说："和硕郑亲王初议立尔为君，因王性柔，力不胜众，议遂寝。"

强劲的对手争衡，得利的往往是第三方。当时，哲哲皇后力挺侄女庄妃所生的福临，但是她除了有皇后这份尊荣，并无实际兵权。只有在众王实力消抵时，她力挺的优势才显露出来。

4

多尔衮和豪格断然想象不到，自己争了半辈子，权倾朝野，拥兵不少，却败给了一个六岁的娃娃。

但是，多尔衮却胜了豪格一筹。

就军政而言，太宗多次起用多尔衮为征明大将军，豪格副之，无疑是给了多尔衮练兵和壮大的机会，使他成为众多王公大臣之首。

在辅政上，崇德三年，太宗更定部院官制，把六部之首的吏部交给多尔衮统摄。文臣武将的袭承升降甚至管理各部的王公贵胄，都需经他之手任命。他举荐希福、范文程、鲍承先、刚林等文臣，被太宗分别升迁。根据他的建议，太宗又对政府机构做了重大改革，确定了八衙官制。在统辖六部的过程中，多尔衮锻炼了自己的行政管理能力，为他后来的摄政准备了能力条件。

顺治登基，多尔衮按协议，与济尔哈朗一同辅政。但多尔衮先以奉命大将军的身份挥师入关，问鼎燕京，逐鹿中原，打败了李自成和明军，夯实了他摄政王的煊赫权威。然后，多尔衮授意贝子吞齐告发济尔哈朗与豪格图谋大事，打击济尔哈朗。

此时，豪格也累积战功，被授为靖远大将军出征四川，荡平最难啃的张献忠政权。本来此功可与多尔衮击溃李闯义军相提并论，但多尔衮为了压他一头，强迫幼主加封自己为皇叔父摄政王。这个位置，豪格是不能得到的。

在多尔衮心里，若非豪格争夺，他已是帝座上的主人。尤其是他以摄政王主政之后，虽没有享受皇帝的称号，却享受着皇帝的实际优越条件。越是如此，他越是恼怒豪格当年的夺位之谋，使其名不副实。

《清史稿·豪格传》记载：顺治"五年二月，师还，上御太和殿宴劳。睿亲王多尔衮与豪格有夙隙，坐豪格徇隐部将冒功及擢用罪人扬善弟吉赛，系豪格于狱。三月，薨"。

顺治五年二月，豪格西征大军班师回京，顺治帝在太和殿设宴慰劳豪格。稍懂事而不堪多尔衮压制的顺治帝，对大哥过于亲近。多尔衮不久就以豪格隐瞒其护军参领希尔根冒功、起用罪人之弟的罪名将其下狱，三月豪格死于狱中，年仅四十岁。

豪格西征厥功至伟，而回京至死，不足一月。不难猜想，多尔衮对这个亲侄儿的恨到了何等地步。看多尔衮给豪格罗列的罪证，微末而不至死。但多尔衮还是用尽了手段。《清世祖实录》卷三十七有言，豪格被囚禁狱中，曾对来看自己的阿济格、尼堪、苏拜说："将我释放则已，如不释放，勿谓我系恋诸子也，我将诸子必以石击杀之。"多尔衮的折磨何妻惨厉，已让昔日铁汉豪格心理扭曲，出现了一种报复性的逆变心态，要以石头砸死自己的诸多孩子，以免诸子遭到多尔衮的虐杀。

这样权欲较量下的人伦悲剧，在豪格父子中没有酿成，但在崇祯十七年李自成攻陷北京城时，崇祯帝逼皇后贵妃自缢后，拔刀砍断十五岁的长平公主的左臂，又挥剑刺死了年仅六岁的昭仁公主。

最是无情帝王家。

《清史稿·豪格传》记载："睿亲王纳豪格福晋，尝召其子富绶至邸校射。何洛会语人曰：'见此鬼魅，令人心悸，何不除之？'锡翰以告，睿亲王曰：'何洛会意，因尔不知我爱彼也。'由是得全。"

豪格死后不到两年，多尔衮因元妃过世，将原嫁给豪格做侧福晋的姨妹兼侄媳强娶进府做王妃。从豪格阵营背叛过来的何洛会，构陷豪格谋逆之后，力劝多尔衮对豪格斩草除根。还好，多尔衮这次没有对侄孙痛下杀手。

亲政后的顺治帝手足情深，对叔叔多尔衮却不客气了，除了追回爵封平毁墓葬外，还将多尔衮铁定的豪格案推翻，称豪格无辜被害予以昭雪，追复肃亲王，次年建墓立碑表之。顺治十五年九月，世祖再为豪格立碑，称"和硕肃亲王豪格系太宗文皇帝长子，朕亲兄也。智略超群，英雄盖世"，"四川大定，建此奇功，宜膺上赏。墨尔根王摄政，掩其拓疆展土之勋，横加幽囚，追协之惨，忠愤激烈，竟尔沦亡。朕念手足之渲，不胜凄怆"。"墨尔根"汉译"睿"。天聪二年二月，太宗征服察哈尔多罗特部，赐号多尔衮"墨尔根代青"，后来在新爵位中做了保留。

豪格被追谥曰武，为清代亲王谥之始。

代善杀子总想过把瘾

1

俗话说得好,虎毒不食子。然而在清开国之初,接连出现了父亲要杀儿子的人伦悲剧。

1615年,也就是努尔哈赤称汗建国的前一年,其长子褚英被处死。此前,褚英被圈禁了两年。

褚英是否真的该死?被洗干净的清朝史料,说他恃功骄纵,与努尔哈赤非常倚重的五大臣、"爱如心肝"的四贝勒争权。五大臣和四贝勒为了所谓的自保,联手进言,迫使努尔哈赤将原定的接班人褚英拉下马。

褚英失势,铤而走险,在努尔哈赤率五大臣和诸贝勒攻打乌拉时,请萨满巫师诅咒努尔哈赤兵败而返,然后进行截杀。

褚英对家国不忠,对君父不孝,对诸弟不仁,对臣下不义,结果死于非命。这些虽见诸《清太祖实录》《满洲老档》及《清史稿》之类,但这些史书要么是修撰成书于清太宗年间,要么是根据太宗朝的记载而撰写。就是说,褚英之死,死于其祸,但对这个祸的描述,却是要根据太宗及其后世皇帝的意见完成。

史料所述,未必是真实的历史。古往今来,无数聪明的君王,对关于自己的帝王起居录和先帝实录,都是很重视的。他们绝对不会留下对自己不利的材料。

当然,敌国的记载,也未免公正。前明遗老黄道周等人就认为,褚英之死,死于他多次劝止其父努尔哈赤不要叛明自立。黄道周是一个反清名臣,在他的眼里,努尔哈赤就是一个恶魔。

2

努尔哈赤杀子,无论在清宫史料中还是明人笔记里,都是不争的事实。

努尔哈赤后来也悔恨不已。《清太祖实录》记载,天命六年正月,努尔哈赤率四大贝勒及王公大臣，祝告天地，焚香设誓言："吾子孙中纵有不善者，天可灭之，勿令刑伤，以开杀戮之端。如有残忍之人，不待天诛，遽兴操戈之念，天地岂不知之？若此者，亦当夺其算。昆弟中若有作乱者，明知之而不加害，俱怀礼仪之心，以化导其愚顽。"

太祖以天地为证，对其曾经囚弟杀子懊悔，并说以后出了不肖子孙，都不得以刑法处死，而是让天来灭之。言下之意，是囚禁在高墙之内，任其自生自灭。果然，清朝后世确实出现了不少窥视储位而相互倾轧的皇子，但大都是按太祖盟誓执行祖制。即便是雍正帝斥责其八弟、九弟为"阿其那""塞思黑"，也是圈禁起来，至于此二人死于非命，有雍正授意毒杀的传闻，也有下臣妄为邀宠的记载。《清史稿》记载，允禟死前，"上闻胡什礼与楚宗中途械击允禟"。

但是，太祖继褚英之后所立的储君代善，却是一个要杀儿子穷追不舍的主。

3

岳托、硕托分别是代善的长子和次子，母为代善之嫡福晋李佳氏。他们自幼丧母，继母和父亲代善对待二子很刻薄。

岳托稍微幸运些，自幼被太祖接进宫，交由大妃、皇太极生母孟古哲哲，与皇太极一同抚养。皇太极与岳托，名为叔侄，近乎手足，关系一直要好。

天命五年三四月间，太祖准备从界藩城迁居萨尔浒城，视察并指定各贝勒兴建府邸的宅地。代善看到岳托修整好的宅地比自己的好，就先后请莽古尔泰和阿敏向太祖请命，说大贝勒所居之地狭小，意欲霸占岳托的宅地。

同年九月初三日，硕托因无法忍受代善的虐待而突然失踪，有人说其密谋投明。代善不做调查，也不听硕托辩白，一口咬定硕托有叛逃之心，向太祖跪下五六次请斩硕托。

努尔哈赤派人调查代善与岳托、硕托的矛盾，发现早年代善分家产时，将富裕的属人都留给了继妻所生的萨哈廉等诸幼子，却把贫困的属人分给岳托和硕托。

这引发了太祖的心事。太祖和弟弟舒尔哈齐幼年丧母，深受继母虐待、父亲冷落，且只分得他们很少的财产，迫使他们寄居到外祖父家，后连遭厄运，沦为明朝总兵李成梁充当炮灰的俘虏兵。后来，他在元妃佟佳氏早逝的情况下，虽然长期征战，但对幼年丧母的褚英、代善的待遇格外优厚，即便立储也是先后选定二子。

长子不争气欲弑父而被处死，而今次子听谗言要杀子，更是让太祖痛心不已。

太祖怒斥代善：你也是前妻的儿子，为何不想我是如何对你更亲近的？你怎么就被继妻蒙蔽得虐待已长大成人的儿子呢？何况我待你一直是特选良好的部民让你专管，你为什么就不能像我一样将优良的部民赐给岳托、硕托呢？由于代善多有不善，太祖宣布废除其储位，并监督岳托、硕托与代善再次分家。

4

在太祖、太宗二朝，岳托和硕托驰骋沙场，拼军功，封贝勒，进王爵。

天命八年四月，岳托同七叔阿巴泰出兵征讨喀尔喀扎鲁特部。岳托疾驰八日，直捣敌军驻扎地，出奇制胜，斩杀了敌军贝勒昂安及其儿子。凯旋时，太祖率众迎接，对岳托的善战、智谋予以肯定。

天命十一年八月，太祖病逝，没有指定接班人选。诸贝勒争夺汗位。关键时刻，岳托协同三弟萨哈廉劝代善放弃登位，向二贝勒阿敏、三贝勒莽古尔泰及贝勒阿巴泰、德格类、济尔哈朗、阿济格、多尔衮、多铎、杜度、硕托、豪格等提议，以八和硕贝勒共同推举的形式，拥立四贝勒皇太极为新汗。皇太极登基之初，与三大贝勒仍然平起平坐。岳托积极协助皇太极加强中央集权，打击、削弱三大贝勒的势力。崇德元年四月，称帝后的太宗封岳托为和硕成亲王。

在诸亲王贝勒中，岳托是太宗最为亲近的一个。然而厄运也随之而来。问题就出在岳托的嫡福晋身上，她是努尔哈赤第三女莽古济的长女。

莽古济与太宗是同父异母的兄妹，但是宿怨极深。莽古济的胞兄莽古尔泰，虽拥立皇太极有功，但他自己也对汗位虎视眈眈，与太宗不时地冲突。《清史稿·莽古尔泰传》记载，天聪五年，莽古尔泰跟从大军围攻大凌河，向太宗上奏所率正蓝旗部队被明军重创。太宗诘问他："闻尔所部兵每有违误。"莽古尔泰生气地说："宁有是耶？"太宗说："若告者诬，当治告者；果实，尔所部兵岂得无罪？"说完，皇太极将要乘马而去。莽古尔泰说："上何独与我为难？我固承顺，乃犹欲杀我耶？"说罢，莽古尔泰手握佩刀，数次怒视皇太极。他的胞弟、贝勒德格类怒斥莽古尔泰犯了悖逆之罪，并用拳头打他。

莽古尔泰更加愤怒，将佩刀抽出刀鞘。皇太极怒骂莽古尔泰亲手弑母邀宠的事情。其后诸贝勒商议莽古尔泰"谋上"之罪，夺去和硕贝勒爵位，降为多罗贝勒，削五牛录，罚银万及甲胄、雕鞍马十、素鞍马二。一年后，莽古尔泰气愤暴卒，年四十六。

又三年后，德格类病逝。《清史稿·德格类传》云："逾月，莽古尔泰既卒，为冷僧机所讦，以大逆削爵，德格类坐同谋，追削贝勒。"冷僧机为莽古济的家奴，出身贫寒，但圆滑狡黠，善于钻营取巧，在莽古尔泰、德格类相继死后，告发莽古尔泰、德格类和莽古济等曾跪焚誓词，密谋篡位。冷僧机本参与密谋，众议"以自首免坐，亦无功"，但太宗却一反常态，力排众议，嘉奖冷僧机世袭三等梅勒章京。世袭未成，顺治帝以冷僧机附逆多尔衮，挑拨皇帝与两黄旗大臣的关系，在多尔衮死后，将其作为党羽斩首。这是后话，算作奴婢告主不得善终的一个说明。

太宗对莽古济的恨，不仅仅在于其被冷僧机告发参与密谋。天聪九年，太宗将归顺的蒙古察哈尔汗的伯奇福晋赐予儿子豪格为侧福晋，引起同为豪格岳母的莽古济不满："吾女尚在，何得又与豪格贝勒一妻也？"后来，莽古济路过代善营帐，被代善邀入亏待馈赠，兄妹之正常礼节也惹怒了太宗。（王先谦《东华录》）

足见，太宗对姐姐莽古济恨之入骨，找了一个理由将莽古济和她的儿子额必伦处死。岳托为莽古尔泰、德格类抱不平，太宗责备他"偏听哈达公主"，即莽古济。莽古济也是一个政治联姻的牺牲品，最初嫁给哈达部贝勒孟格卜卤为妻，故称哈达公主，后孟格卜卤被杀，太祖又将她嫁给孟格卜卤的儿子吴儿户代。吴儿户代死后，又嫁给蒙古敖汉部长琐诺木。

太宗处死姐姐之后，豪格将妻子（即莽古济的女儿）杀死，但岳托没做这等权斗之下变态的蠢事，而是向太宗求情："豪格既杀其妻，臣妻亦难姑容。"太宗制止，但不久又为岳托娶了一个蒙古女为福晋。第二年，蒙古女向刑部控告莽古济女"摘其额上一发，似是魔魅之术"。大福晋辩白无效，群臣议罪定斩不赦。太宗下旨免死，但责令岳托与之分居，不得往视。其实，又是一起圈禁案。

崇德三年，被重新起用的岳托在征明之战中连克十九城，但第二年正月攻陷济南时，岳托因染天花病逝。多尔衮率领满载而归的远征军回到盛京，汇报战绩时，没有岳托的名字。太宗惊问为何，才知其早在济南去世，悲痛万分，辍朝三天，以示哀悼。等到岳托灵柩运回，太宗亲至盛京城外的沙岭遥奠；还宫后，再次辍朝三日。诏封岳托为克勤郡王，赐骆驼五匹、马二匹、白银万两。

岳托刚刚下葬还不足两月，其原来的部下、蒙古人阿兰柴等说岳托生前曾将岳母莽古济的第三任丈夫琐诺木召入内室密语良久，给过琐诺木"刀一口，弓二张"，琐诺木则送岳托一匹马。本是翁婿之间的礼尚往来，却被告发为谋逆之举。

此事上奏后，岳托生父代善为首，联合济尔哈朗、多尔衮奏称："当按律惩治，抛其骨，戮其子。"太宗说他早年对岳托"爱而抚之"，即使其萌生"不轨之心"，他亦不忍心对岳托施以身后之刑，这才避免了对岳托毁尸灭门的惨剧。

5

代善对长子岳托没有毁尸灭门成功，但在太宗死后，他还是弄死了次子硕托和一个孙子。

崇德八年，皇太极暴崩，皇家内部又因皇位继承问题爆发了尖锐的矛盾。豪格与多尔衮成为强劲的竞争对手。迫于两黄旗和代善的压力，多尔衮最初同意立太宗第九子福临继位，由他与济尔哈朗辅政。

代善的次子硕托和第三子萨哈廉之子阿达礼在拟定新君的形势下，还是力挺多尔衮继位。阿达礼先往睿王府，告诉多尔衮："王如坐大位，我当从王。"硕托派亲信告知多尔衮："内大臣图尔格及御前侍卫等，都赞同我的谋划，王可自立为君。"

硕托与萨哈廉同往代善家，借探视足疾，寻求支持："今立幼儿，国事可知，请速做决断。众人已决定立和硕睿亲王，王为何还默不做声？"

代善却不为他们的劝说所动："既然已对天立誓，为什么又说这话？不要再改变主意！"二人见代善不从，又前往豫王多铎家，多铎闭门不见。阿达礼、硕托吃了闭门羹，不得已返回礼王府重申前意。

代善决定拿子孙开刀，称硕托、阿达礼"扰乱国政"，以叛逆罪论死。

这个情节，出现在电视剧《孝庄秘史》中，硕托与阿达礼参与多尔衮自立密谋。此举被深恨多尔衮的豪格察知，用计从代善处拿到多尔衮亲笔书信，证明了硕托与阿达礼确实鼓动多尔衮称帝。豪格趁机威胁多尔衮。庄妃得知此事将牵动大清将来，跪地求代善，代善为顾全大局，沉痛答应大义灭亲，杀了硕托与阿达礼，让事情有个交代，也让多尔衮打消称帝念头。

《孝庄秘史》把代善塑造成了一心为了大清朝的大忠臣形象，甚至死前还威逼多尔衮对天盟誓效忠幼主，不得谋逆，动不动就说他不能让他的儿子和孙子白死。但是，他却曾反复跪求太祖诛杀其次子硕托，在其长子岳托死后还要将他挫骨扬灰、诛灭其子。

阿济格"劳苦功高"的悲剧

1

《清史稿》诸王传序说："国初开创，栉风沐雨，以百战定天下，繄诸王是庸。"清朝开国，太祖兄弟子侄及诸孙，无疑是领兵打天下的主要战将。这较之于前面历朝开国，都是一种独特的景象。

阿济格，太祖第十一子，也是嫡子，虽然没入同治国政的四大贝勒，也不如胞弟多尔衮那般盛名煊赫，但他对于清初的建国战事而言，仍是一位所向披靡、战功卓著的常胜大将。阿济格十多岁便骁勇善战，被授为台吉，二十岁时跟从三贝勒莽古尔泰征伐察哈尔部，追杀得其首领林丹汗望风而逃。

天命十一年，阿济格同侄儿硕托讨伐喀尔喀巴林部，再从哥哥代善征战扎鲁特部，都有战功，封为贝勒，颇受太祖宠爱。皇太极的继妃乌拉纳喇氏即豪格的生母，就是因为见太祖和阿济格不肯下轿，被下令休离。

天聪年间，阿济格随阿敏战朝鲜，连克五城；从太宗伐明朝，战绩斐然。大军会师锦州，逼近宁远，遇到明朝总兵满桂出城列阵，太宗想进击，诸贝勒以距城太近而进谏不可攻，唯阿济格认为未必，他迅速出击，大败明朝骑兵追至城下，激发畏缩的诸贝勒，不及披甲就上前冲杀，杀得明军死伤大半。

崇德元年，阿济格同饶余贝勒阿巴泰及扬古利讨伐明朝，从雕鹗堡进入长安岭，越过保定，接连攻克十余县，五十六战全部获胜，擒总兵巢丕昌等，俘获人畜十余万。

顺治元年，阿济格跟从摄政王多尔衮在山海关之战中大败李自成大顺军，封英亲王。又受命为靖远大将军，领兵三万，自山西入陕，追击李自成大顺军至湖广，"八战皆胜，克城四，降城三十八"（《清史稿·阿济格传》）。

《清史列传·阿济格传》记载："自成走时，携贼十三万，并湖广襄阳、承天、荆州、德安守御贼七万"，二十万众被阿济格一路追击，丢城失地，最后的结果是："自成仅以步卒二十人遁，斩其两叔父及伪汝侯刘宗敏于军，伪军师宋献策、总兵左光先等皆就俘。是役十三战，皆大捷。"

阿济格转战南明，乘胜追击，招降明宁南侯左良玉的儿子左梦庚、总督袁继咸部的马步兵十万，相继占领河南、湖广、江西、江南的六十三城。

《清史稿·阿济格传》记载，顺治二年闰六月，皇帝下诏："王及行间将士驰驱跋涉，悬崖峻岭，深江大河，万有余里，劳苦功高。"

2

阿济格胜仗上百次，获城百余，顺治帝赞其劳苦功高，但顺治之父太宗却对他是一边任用一边敲打。

天聪二年，太宗拿阿济格擅自主持其胞弟多铎的婚礼为由削去其爵位，并将镶白旗的主旗贝勒由阿济格易为多尔衮。

多尔衮给太宗打下的胜仗和城池未必有阿济格多，但阿济格从太宗那里得到的优待却比多尔衮少得多。崇德元年，太宗改元称帝，叙兄弟子侄军功，多尔衮受封和硕睿亲王，以瘸马给太宗当元旦贺礼、狎妓歌欢作乐与太宗对抗的多铎，也被"考核功罪,虽无大功于国家,以父皇太祖之少子封为和硕豫亲王",而阿济格被封武英郡王。亲王本来要比郡王高一等,而多尔衮与多铎的亲王爵前加"和硕"二字,这比他们一奶同胞的哥哥阿济格高了两个等级。

阿济格进爵为英亲王,则是顺治元年即多尔衮摄政之后的事情了。多尔衮给胞兄进位,一是感激阿济格在太宗死后拥立自己;二是多尔衮初摄国政还需胞兄多帮衬,毕竟他还要面对来自肃亲王豪格、礼亲王代善、郑亲王济尔哈朗甚至是胞弟豫亲王多铎等各个阵营的明枪暗箭。

就拿顺治帝嘉奖阿济格"劳苦功高"的诏书来说,虽是幼主的名义,但也是多尔衮对阿济格的拉拢。幼主继位,济尔哈朗同多尔衮辅政,济尔哈朗谕诰诸大臣,凡事先请示多尔衮,书名也以多尔衮为首。多尔衮独自专政。

3

在权力争斗面前,只有欲望的膨胀,没有亲情的温暖。即便是同父同母的亲兄弟,也是厚此薄彼。阿济格、多铎与多尔衮同母,多铎与多尔衮有矛盾,反与多尔衮的政敌豪格、济尔哈朗亲近,但多尔衮仍对多铎厚待,超过了对阿济格的感情。

多尔衮大权独揽、杀死豪格之后,构陷济尔哈朗与之谋反,罢黜其辅政,改授多铎。《清史稿·多尔衮传》记载:"多尔衮独擅威权,不令济尔哈朗预政,遂以母弟多铎为辅政叔王。"

多尔衮对阿济格,同太宗一般,也是边用边打。李自成逃遁,阿济格谎报已死,并不候旨班师。多尔衮要对其论罪,让大胜归来的阿济格直接回家候旨。

有人向多尔衮密报,阿济格在军营称侄儿皇帝为"孺子"。多尔衮给随征都统谭泰等传话,要他们收集阿济格的罪行。谭泰何人也?他原为拥立豪格的正黄旗大臣,后得多尔衮信任,日益纵恣专横,与昔日战友索尼、鳌拜变成了仇敌。

谭泰不敢妄动,不敢像何洛会诬陷故主豪格那般对待阿济格,毕竟人家和新主子是亲兄弟。谭泰也为自己打算,此次出征大获全胜,如果主帅受罚,自己搞不好弄一个连坐,也是有功反受累。骑墙派和投降派虽无原则和情义可言,但为了自己的那点儿蝇头微利,也会锱铢必较。

谭泰不报，但多尔衮有办法，给阿济格弄了一个出师贻误战机、谎报军情罪，将其降为郡王。阿济格的亲王还没过两年瘾，就被摄政王弟弟罢免了。其爵位降级，俸禄减少，还被处罚白银五千两。

当然，多尔衮还得充分利用哥哥的军事才能，毕竟打虎亲兄弟，只有兄弟们在前线浴血杀敌，才有利于自己在朝廷擅政独专。不久，多尔衮就恢复了阿济格的亲王爵位。顺治五年，阿济格被封平西大将军，出兵镇压天津、山东曹县一带的抗清队伍。在这一年冬天，原来向他投降的大同总兵姜瓖，趁多铎病故、多尔衮患病，倒戈反清。阿济格带红衣大炮急赴大同，围剿的同时，对姜瓖劝降，若能悔罪归诚，仍将"照旧恩养"，却不奏效。阿济格遇到了难啃的骨头。多尔衮率端重亲王博洛、承泽亲王硕塞、多罗亲王满达海，连同阿济格继续作战。

六亲王战一降将，孤城困守大半年，最后是诸王荡平了山西大部，阿济格围困大同，大同城内已经没有吃的了，"兵民饥饿，死亡殆尽，余兵无几"，守将杨振威等斩杀姜瓖及其兄弟首级，献城投降。这一战，成为常胜将军阿济格战史上的尴尬。他入城后，恨城内兵民固守，下令屠城，除杨振威的官兵家属外，"官吏兵民尽行诛之"，"隳其城睥睨五尺"，邻近各府、县等亦遭屠戮。阿济格索性将大同城墙毁后才还师。这一事件，史称"大同之屠"。

战大同时，阿济格家中两妃病逝，多尔衮命他先回，阿济格谢绝："予不希富贵，但丈夫重名誉，欲佐命效力。俾后世垂名史册耳。顾以妻死弃大事而归乎？"（《清史列传·阿济格传》）

阿济格真的是不求富贵而重名誉吗？大同一破，阿济格便以军功盖世，向多尔衮提出，要济尔哈朗、多铎的"辅政叔王"的位置。《清史列传·阿济格传》记载："辅政德豫亲王征流寇至望都，潜身僻地，破潼关、西安，不歼其众；追腾机思，不取其国。功绩未著，不当优异其子。郑亲王乃叔父子，不当称'叔王'；予乃太祖之子，皇帝之叔，当以予为'叔王'。"

孰料，多尔衮并不因为阿济格已是自己仅存的同胞兄弟为念，反而斥责其狂妄："德豫亲王薨不久，何忍出此言？曩者令尔征流寇，德豫亲王征江南，尔逗遛边外。德豫亲王乃破流寇克西安，平定江南、河南、浙江，追腾机思，败喀尔喀二汗兵，功较尔甚多，且原系亲王，尔原为郡王，其一子吾养为子，一子袭王爵，何为优异？郑亲王虽叔父子，原系亲王，尔安得思越分，自请为叔王？"

阿济格请封叔王遭拒，于是提出扩建王府，又被多尔衮警告，称他在外征战时擅给官员晋级、私授职官，还与其他郡王私赠财物，因功而"姑免治罪"。结果阿济格扩建王府不成，反被多尔衮禁令："嗣后勿复预部务、接汉官。"阿济格有功未受赏，反被削权。

4

阿济格的军功大，但"剽悍少谋"，是一个遇事不考虑、有权欲却不谙权谋的赳赳武夫。太宗在世，睿王摄政，都是利用他四处征战，攻城略地，但只要他有微末罪过时，便马上给他一记狠狠的耳光。阿济格却记不住教训。

萧一山在《清代通史》中强调："福临以冲龄践阼，奠定中原，征服华夏，其所以能成大业者，皆群臣襄赞之力也。当时宗室懿亲，僇力行间，栉风沐雨，勤劳佐命者：如豫亲王多铎、肃亲王豪格、英亲王阿济格、郑亲王济尔哈朗、敬谨亲王尼堪、端重亲王博洛、顺承郡王勒克德浑等，其殊勋茂绩，诚可为开国之大人物。"但是，他还写道："阿济格举动荒谬，犹欲摄政，其死宜也。"

顺治七年十二月，阿济格乘多尔衮病死之机，欲谋乱夺政。《清史列传·阿济格传》记载："摄政王薨于喀喇河屯，王赴丧次，即归帐。其夜，诸王赴临，王独不至，而私遣人至京召其第五子郡王劳亲以兵迎胁摄政王所属人附己。诈言摄政王悔以多尔博为子，曾取劳亲入正白旗；又怨摄政王不令豫亲王子多尼诣己，诘责豫亲王旧属阿尔津、僧格，且讽端重亲王博洛等速推己摄政。至石门，上迎丧，王不去佩刀；劳亲兵至，王张纛与合队，左右坐举动甚悖。摄政王近侍额克亲、吴拜、苏拜等首其欲为乱，郑亲王等即于路监守之。"

阿济格精心谋划，急欲摄政，却是误入网中不得脱。顺治帝好不容易摆脱被摄政的折磨，而济尔哈朗等亲王不再愿受摄政王排挤，自然不会让新的武夫当国。阿济格虽有彪炳军功，但已不是拥有重兵的主旗亲王，对顺治和济尔哈朗而言，在多铎、多尔衮相继死去之后，他只是一个隐患，却构不成绝对的威胁。

顺治七年十二月，议政王大臣会议给阿济格夺爵定罪，将其幽禁，籍其家，诸子皆黜为庶人。阿济格不仅没有收敛，反而益加狂暴无礼。

《清史列传·阿济格传》写道，阿济格被幽禁后，顺治帝赏了他三百妇女服侍，还有不少僮仆、牲畜、金银和其他物品。但是王大臣们报告，说他在监房内私藏四口大刀，暗掘地道，准备越狱。这是真是假，都是其他政敌王爷们的报告。对手们要敦促顺治帝对自己的亲叔叔痛下杀手，自然会挠着皇帝心头痒痒："阿济格前犯重罪，皇上从宽免死，复加恩养"，而阿济格不思悔改，"罪何可贷？"骨肉伤残，亲情浇薄，早已成为了权力场上血色的常态。

第二年十月，诸王以阿济格在狱中举火要烧监牢，奏请应立即处死。顺治帝令阿济格自尽，赐死劳亲，除宗籍。至乾隆四十三年，才下旨阿济格的后裔皆恢复宗籍。皇权争斗的现场只有血色的较量，没有血脉亲近的温情，其背后更是阴冷的虐杀。顺治帝迅速处理完阿济格的密谋事件，无疑是即将清算多尔衮（包括多铎）所谓摄政罪行的一次练兵和公开预演。

第二篇

定鼎中原

多尔衮一统中原无底气

1

顺治元年（1644年）四月，大清国摄政睿亲王多尔衮受奉命大将军印，统率大军，借占领紫禁城的李自成东征吴三桂的机会，以敕封亲王、世袭罔替等形式，迫降据守山海关的明朝宁远总兵官吴三桂。

多尔衮代行皇权，有决定一切赏罚的便宜行事大权，所以不经请示顺治帝，便可以承诺可归附的对手，当然也可以与敌对阵营的主要人物进行媾和。

他曾给李自成送过一份求和信，以"大清国皇帝"的名义，向"西据明地之诸帅"表达结盟的意愿："朕与公等山河远隔，但闻战胜攻取之名，不能悉知称号，故书中不及，幸毋以此而介意也。兹者致书，欲与诸公协谋同力，并取中原。倘混一区宇，富贵共之矣。不知尊意如何耳。惟望速驰书使，倾怀以告，是诚至愿也！"（《明清史料》丙编第一本《清帝致西据明地诸帅书稿》）

信是这年正月二十七日写的，多尔衮派工作人员迟起龙送信。

当信送至陕西榆林时，刚刚建国大顺的永昌皇帝李自成，已经率领大军东渡黄河，大举进攻山西，大张旗鼓地向明廷的京师进军。榆林守将王良智接待了迟起龙，并写了回信，承诺会向上禀告李皇帝。但是，他将多尔衮表示友好的原信退给了送信人。

当时没有复印机，也没有扫描仪，迟起龙回禀王良智"奏知他主上去了"，其实是口说无凭。此等大事，仅凭王良智一张嘴，能说服李自成吗？

王良智把原信退回，无疑是不重视多尔衮寻求帮手、趁火打劫、联合攻明的结盟信息。没有证据,他也怕落一个与清谋和、私通外敌的罪名。

王良智在李自成开国御封的五等爵位中,为七十二伯爵之一——确山伯,属于高级干部,但并非位高权重,不像汝侯刘宗敏、泽侯田见秀、亳侯李锦及左辅大丞相牛金星、开国大军师宋献策那般举足轻重。即便他把消息及时传递,也未必能影响到势头正盛的李自成。

就在大顺军兵临京师即将破城的前一天,李自成派投诚的明廷太监杜勋,给危坐在太和殿龙椅上的崇祯帝捎去一封信。

只要崇祯帝许诺他自立做西北王,送给他一百万两银子劳军,他就可以马上调转枪头,奔赴辽东灭了不安分的大清国。

此事,可见已胜券在握的李闯王并无灭明的帝王气魄,临了临了,还在为一些蝇头小利打算盘。这是不是真实的历史且不好说,毕竟记载此事的史料《小腆纪年附考》,为晚清咸丰文人徐鼒所写。

在徐鼒的文字里,李自成就是十恶不赦的"闯贼"。

徐氏说,杜勋传信"闯人马强众,议割西北一带分国王并犒军银百万,退守河南",只要崇祯答应兑现,"闯既受封,愿为朝廷内遏群寇,尤能以劲兵助剿辽藩"。(《小腆纪年附考》卷四)

"辽藩",指的就是多尔衮的大清。

无疑,李自成没有收到多尔衮的和谈计划,当然也没有考虑多尔衮"协谋同力,并取中原"的联合攻明建议。

就在吴三桂屈膝降清的同时,多尔衮与曾经的假想盟友李自成第一次交锋。

吴三桂的老父亲吴襄被李自成杀了示威,他的美姬妾陈圆圆被刘宗敏掳去陪床,他的崇祯帝朱由检在万寿山悲壮自缢。国仇家恨,激怒了吴三桂,他请为前驱,领引着多尔衮的清军,一路向西,逼得李自成不断地进行战略性转移。

如果不是吴三桂开关襄助,多尔衮未必进得了紫禁城。

进了紫禁城的多尔衮发号施令,接受曾力劝崇祯帝南迁的前明东宫大秘李明睿的建议,为崇祯举哀三日。

这是招抚明朝遗老和官员的政治用心。

多尔衮紧接着推行民族压迫政策——剃发改制。

剃发令下,京师大震。久受儒家礼教观念熏染的明朝臣民强烈抵制。

有人力劝多尔衮，这不是"一统之策!"

多尔衮说："何言一统？但得寸则寸，得尺则尺耳。"（张怡《謏闻续笔》卷一）

初入关内的多尔衮，对于一统中原是没有底气的。他能够进入紫禁城，并非全赖八旗军之力，所以他在此前制定进攻明朝方略时，第一时间想到了还很陌生的反明义军。

由于消息闭塞，他甚至连李自成已改元建国称帝都不知道，甚至还不知道"西据明地之诸帅"的"带头大哥"是谁。

他想联合攻明，"富贵共之"，却没料到李自成的手下并没有重视他的提议，没有及时传递他的意思。

2

多尔衮意欲联合李自成被拒后，审时度势，于是出兵在吴三桂的带领下，赶跑李自成后，他又担心新成立的南明政权和李自成抱团反击清军。

所以，多尔衮并没有第一时间将远在盛京的顺治小皇帝迎进关内，而是在不久，即顺治元年六月初一日，颁诏江南，大骂李自成和大顺军弑君篡国，并将自己鸠占鹊巢虚功夸饰一番。

他在追忆自己家族与朱明王朝渊源甚远，而不说对大明皇帝的背叛。

他在自许义师，不杀无辜，不抢财物，不烧房屋，却强制推行剃发、圈地等霸王条款。

他当前最想干的是联合明朝残余势力，对势重人多的义军进行二打一。

所以，他在鼓动那些"不忘明室"的"河北、河南、江淮诸勋旧大臣，节钺将吏及布衣豪杰之怀忠慕义者，或世受国恩，或新膺主眷，或自矢从王，皆怀故国之悲，孰无雪耻之愿？"（谈迁《国榷》卷一百〇二）

他寄望支持南明政权的各方势力，能看到他打出的为明帝复仇讨贼的旗号。

贼喊捉贼！

为了进一步推动南明的积极响应，多尔衮想到了致书南明弘光政权的督师大学士史可法，先大肆表功，称自己统兵入京后，首先尊崇崇祯帝后谥号，以最高规格安葬山陵，对前明王公勋戚和文武大臣封赏如昔，重用依旧，做到了"耕市不惊，秋毫无犯"（多尔衮《致史可法书》）。

紧接着，多尔衮通报最近的作战计划："方拟秋高气爽，遣将西征，传檄江南，联兵河朔，陈师鞠旅，戮力同心，报乃君国之仇，彰我朝廷之德。"

他致书史可法，主要是要说动史可法联合剿闯。他又担心遭到南明督师、兵部尚书兼东阁大学士史可法拒绝，故而采取了激将法："岂意南州诸君子，苟安旦夕，弗审事机，聊慕虚名，顿忘实害，予甚惑之！"并盛气凌人地威逼道："我国家不惮征缮之劳，悉索敝赋，代为雪耻。孝子仁人，当如何感恩图报？兹乃乘逆寇稽诛，王师暂息，遂欲雄据江南，坐享渔人之利。……今若拥号称尊，便是天有二日，俨为敌国。予将简西行之锐，转旆东征；且拟释彼重诛，命为前导。"

威逼利诱！

所谓威，莫过于八旗兵赶走了打进紫禁城、逼死崇祯帝的李自成及其大顺军。

所谓利，就是多尔衮打出的旗号："为尔等复君父仇！"（萧一山《清代通史》第一卷）

3

虽然曾任崇祯朝南京兵部尚书的史可法，与南京掌管户部、吏部、都察院的张慎言等人最初支持的是"贤良而且聪明"的潞王朱常淓，而非集中了"贪、淫、酗酒、不孝、虐待下属、不读书、干预官吏"七大缺点的福王朱由崧，但最后迫于凤阳总督马士英联合诚意伯刘孔昭及江南四镇总兵的压力，不得不拥立无能的朱由崧作为新明朝的弘光皇帝。

作为南明名义上的军事统帅史可法，驾驭不了镇将刘泽清、刘良佐、高杰、黄得功及镇守武昌的宁南侯左良玉，他一直忙碌于调解诸将之间的矛盾。

他也明白清军将是南明复国的最大祸患，但此时他想得最多的还是"借虏平寇"，即与多尔衮合作，联合围剿李自成以及其他义军势力，当然也包括已经建立大西政权的张献忠。

他主动向政敌马士英示好，联合力主联清剿闯，怂恿弘光皇帝向多尔衮派出以左懋第、陈洪范、马绍愉为首的议和团。

史可法在《请遣北使疏》中说："先帝以圣明之主，遭变非常，即枭逆闯之头，不足纾宗社臣民之恨。是目前最急者无逾于办寇矣。"（史可法《史忠正公文集》卷一）

史可法积极响应多尔衮，主导南明政府和大清王朝缔结具有可能性的盟约。他认为清军西向剿闯，就是为南明复仇，所以在清军大举西征李自成时，他希望弘光皇帝授权，命其统率四镇精锐，直指秦关。

多尔衮终于借力打力成功，被清室宗亲昭梿当作经典案例，写进了《啸亭杂录》，声称"致书察时明理"，"足以传千古"。

乾隆帝翻阅多尔衮传略，决意为已成百年铁案的睿亲王平反，称赞他"奉世祖车驾入都，成一统之大业，厥功最著"（《清史稿·多尔衮传》），还将没有写进的多尔衮致书史可法一事，重新从内库中翻出原稿，"补行载入，以备传世"。

清廷皇家奉为传世经典的离间政策，实为南明大忠臣史可法的战略失策所致。但南明君臣始终仇视义军，即便义军多次真诚地联合反清，南明也是一以贯之地严防孤立、掣肘倾轧，结果损人害己，成就了清朝并无把握的"一统"。

太后下嫁是伪历史

1

凡同时涉及多尔衮与孝庄太后的影视剧，如《孝庄秘史》《大清风云》，都安排了二人爱得天荒地老、死去活来的虐恋戏。这个虚构在历史上，似可找到足够的证据。

一、南明遗老张煌言的《建夷宫词》说："上寿觞为合卺尊，慈宁宫里烂盈门。春官昨进新仪注,大礼恭逢太后婚。"太后再嫁,皇帝敬酒,抗清名臣按南朝礼制,嘲笑入主中原的满洲人,大嫂嫁小叔,下臣娶太后,违背和亵渎伦常。有人认为清军入关,搬来了八旗的政治统治,征战之时营造高压态势,民间自然不敢妄传宫闱秘事。

张煌言为南明兵部尚书,他该有北京密探窥察新朝敌情。为了对敌军进行攻心战,他自然会想尽一切办法,打造最有力度的宣传书,哪怕是捕风捉影而未必考虑君子有所为有所不为,即便是谤书也要震慑敌心。

二、顺治八年二月,世祖与郑亲王济尔哈朗对已死后追封成宗义皇帝的多尔衮,反戈一击,整出十四款大罪,其中有"自称皇父摄政王""又亲到皇宫内院"云云,似乎坐实了摄政睿亲王逼太后下嫁,故而有了皇父摄政王的身份,也可以随意出入太后居处。

关外旧俗,小叔娶寡嫂并不少见,太祖继妃富察氏就原为其堂兄遗孀。但已入关接受汉化的世祖,显然对叔叔的强迫是不情愿的。与顺治帝有些交情的意大利传教士卫匡国,曾在《鞑靼战纪》中写道:"发现自己的叔叔活着的时候怀着邪恶的企图,进行暧昧的罪恶活动,他十分恼怒,命令毁掉阿玛王华丽的陵墓,掘出尸体。这种惩罚,被中国人认为是最严厉的,因为根据宗教的规定,死人的坟墓是备受尊重的。他们把尸体挖出来,用棍子打,又用鞭子抽,最后砍掉脑袋,暴尸示众。"这个阿玛王即多尔衮。世祖严惩死了的多尔衮,真的是因太后被逼迫下嫁吗?

三、康熙二十六年十二月二十五日,孝庄太后崩逝,遗嘱圣祖:"我心恋汝皇父及汝,不忍远去"(《清圣祖实录》),故而没有被运回盛京与太宗合葬于昭陵。她的灵柩浮厝于"暂安奉殿"近四十年,直至雍正三年,才在暂安奉殿原处就地起建陵园,葬入地宫。其陵在昭陵西,故称昭西陵,与昭陵遥相呼应,实乃一而二。昭西陵碑文上刻有"念太宗之山陵已久,卑不动尊,惟世祖之兆域非遥,母宜从子"。所以,有说法称孝庄因下嫁过多尔衮,无颜去见前夫太宗。

2

关于太后下嫁之说,无疑,因张煌言的《建夷宫词》是当事人写的,很有说服力。但是他在南方，当时征战激烈，又相距千里，难免捕风捉影而臆断成说，加之又深恨之，不免酒后起兴，口占一绝，即便误传而来，正好一泄心中巨大的憎恨并送上礼教的挞伐。此诗一出，通俗易懂，正好流传。今日流行的营销炒作术，虚实掩映，又何尝不是从古代这样的攻心术、舆论战中学来的呢？

乾隆年间国史馆纂修蒋良骐在《东华录》中写到多尔衮的罪状，并未将多尔衮"自称皇父摄政王"与"擅到皇宫内院"弄作一款，而是分别胪列为两条，一是"自称皇父摄政王"，二是"又亲到皇宫内院以太宗文皇帝之位原系夺立，以挟制皇上"。多尔衮到皇宫内院，并非夜宿太后居住的慈宁宫，而是散播太宗继位不合法，重提太祖遗言要传位多尔衮，故而使顺治帝再次因继位不正当而极度惶恐。

明崇祯十六年，天主教耶稣会意大利籍传教士马尔蒂诺·马尔蒂尼，历经千辛万苦从海上来到中国杭州，开始系统学习中文，并给自己起了一个中文名字：卫匡国，还弄了一个号——济泰，意在卫护、匡救明国，帮助中国康泰。不久，他来到北京，却遭遇李自成攻打北京城、八旗军赶跑大顺军。明朝覆灭后，卫匡国曾觐见顺治帝，参加过顺治帝的大婚，得到了朝廷的善待。卫匡国对多尔衮也有很好的印象，他认为："他具有超人的谋略和精明，并以勇武和忠实著称。他的聪明才智使最有学识的中国人都钦佩不已，他的公正仁慈赢得平民百姓的爱戴。"而对其身后荣辱巨变很是同情："阿玛王使鞑靼获得了中国，由于他的贤明公正仁慈和军事才能，鞑靼人和汉人都对他很敬畏。这个当权者的死给朝廷带来很大的麻烦。"（《鞑靼战纪》）

《清史稿·多尔衮传》载有济尔哈朗等给多尔衮列的罪状："昔太宗文皇帝龙驭上宾，诸王大臣共矢忠诚，翊戴皇上。方在冲年，令臣济尔哈朗与睿亲王多尔衮同辅政。逮后多尔衮独擅威权，不令济尔哈朗预政，遂以母弟多铎为辅政叔王。背誓肆行，妄自尊大，自称皇父摄政王。"多尔衮"自称皇父摄政王"，应该不是已有的"报功"或"渎伦"之说，而是为了高居在诸和硕亲王甚至两位辅政叔王济尔哈朗、多铎之上弄出的"清初亲贵之爵秩"（郑天挺《多尔衮称皇父之由来》）。

多尔衮原为叔父摄政王，按顺治帝的称呼，多尔衮与济尔哈朗、多铎皆为皇叔父，同等称呼，并无区别。多尔衮将济尔哈朗排挤出局，另择胞弟多铎为辅政叔王，但他自知多铎对他并不顺从，而是多有拆台，自己自然要高多铎一等。

如何表示高一等，除掉"叔父"或"皇叔父"那是不可能的，在除自己亲率的正白旗外，其他七旗环伺之下，他唯有改加法为减法，厚着脸去掉"叔"字才是唯一解决的办法。《朝鲜仁祖实录》中有记载，顺治六年二月，仁祖"曰：'清国咨文中有皇父摄政王之语，此何举措？'金自点曰：'臣问于来使，则答曰：今则去叔字，朝贺之事，与皇帝一体也。'"这样的去法，未必不是一种实情。

多尔衮为了"凡批票本章，一以皇父摄政王行之。仪仗、音乐、侍从、府第，僭拟至尊"，故强迫顺治帝下旨，承认他是皇父摄政王，俨然以"二帝"之一自居，而不是做太上皇。

多尔衮何其聪明，难道不知道太上皇只是虚荣，而未必是皇帝？汉高祖称帝后，就曾封了其父太公一顶太上皇的帽子。精通权谋的多尔衮，定鼎中原独揽大权后，要的是诸王与天下臣民对他的臣服，而非象征性的尊崇。这也与他到皇宫内院散播太宗继位不正的事情吻合，他对帝位还是有热切欲望的。

3

世祖被迫下旨，封多尔衮为皇父摄政王，是在顺治五年十一月，有诏为证："叔父摄政王治安天下，大有勋劳，宜加殊礼，以崇功德，尊为皇父摄政王。凡诏疏皆书之。"论功劳，清军入关，多尔衮总调度，先后肃清崇祯帝的大明军、李自成的大顺军和张献忠的大西军，只剩下南明小政权在强大的八旗大军与明朝降军的重围下，危于累卵，垂死挣扎。多尔衮当居首功，诚如后来乾隆帝所言："分遣诸王，追歼流寇，抚定疆陲。创制规模，皆所经画。寻奉世祖车驾入都，成一统之业，厥功最著。"（《清史稿·多尔衮传》）

值得注意的是，多尔衮晋级皇父摄政王，始于顺治五年十一月。是时，多尔衮大福晋博尔济吉特氏还在。她于顺治六年十二月病逝，还被"以册宝追封为敬孝忠恭正宫元妃"。若以多尔衮"自称皇父摄政王"，作为太后下嫁的一大证据，那么太后下嫁之后，是给多尔衮做妾吗？即便多尔衮与太后两情相悦，不计名分，或只做露水夫妻，但顺治帝与清朝皇族再庸懦也断然不会答应太后纡尊降贵，居于多尔衮原配大福晋之下。

大福晋过世，多尔衮授意朝廷"以册宝追封为敬孝忠恭正宫元妃"，这是昭告天下这个博尔济吉特氏尊大，自然不是以障眼法去扇那个下嫁的太后博尔济吉特氏一个大大的耳光。如果太后还是太后，只是拔高多尔衮为皇父摄政王来匹配成婚，那又何来"太后下嫁"一说？就是多尔衮与太后玩了不合法的婚外情，那太后还是太宗的妻子，而多尔衮有自己的正宫元妃，就没有了嫁娶之说。宫闱秘史，多为茶余饭后的谈资罢了。

　　《清史稿·多尔衮传》还记载："七年正月，王纳肃王福金，福金，妃女弟也。复征女朝鲜……五月，率诸王贝勒猎于山海关，朝鲜送女至，王迎于连山，成婚。"这句话暴露了多尔衮好色的本性。原配刚死不到一月，多尔衮就从已故侄儿、肃亲王豪格的遗孀中，将自己的姨妹强娶过来，同时派人到朝鲜王族征集秀女。五月，多尔衮在外行猎，闻讯朝鲜女到，急不可耐地迎上去，当夜成婚。

　　如果这段史料属实，那么置下嫁的太后于何地？难道说太后下嫁多尔衮后，不论情爱所系，还是情势所迫，多尔衮未必在顺治帝已蓄势争权、诸王贝勒也虎视眈眈下，还能如此疯狂妄为。要么，这段史料是为了掩盖太后下嫁多尔衮丑闻而弄出的烟幕弹，让后世读者甚至研究者因为多尔衮的极度好色而不理会太后下嫁一说。要么，太后下嫁就是子虚乌有。

4

　　多尔衮成为皇父摄政王时，孝庄太后还只有三十五岁，从情欲和身心上都有对异性的需要，若其真的下嫁，断然不会容许多尔衮再接连强娶、征调其他年轻女人进入情场。

　　从孝庄成功地辅佐顺治、康熙两任明君的功绩来看，她是一个懂得坚忍的伟大女性。她为何不愿意与太宗合葬，而留遗言另葬于遵化，未必不是她哀痛独子英年早逝、牵挂孙儿独撑大厦的真实情结。一位在长期激烈权斗下历练出来的成熟的政治家，绝非自缚于小我情长不得脱。她在支持顺治帝主动接触中原文化的同时，自然受过汉人礼制的一些影响。至于接受了多少，只有天知道，只有顺治、康熙的政治事业中渗透着点点滴滴。但从服侍了她一辈子的侍女苏麻喇姑终身不嫁、终年不浴、终生不服药等奇特事来看，作为主子的她，也该更有常人不可比拟却鲜为人知的历史。否则，她怎会容忍一个怪女子并倚为第一心腹。毕竟，历史对苏麻喇姑的记载也不是很详细。

当然，孝庄也知道，自己在太宗的后妃之中，虽是少女初嫁，却还不如几个半路杀入的寡妇从丈夫那里得到的疼爱和尊重多。虽然当时满人礼教观念还很粗糙，但清朝皇家初入关内、如何置身汉人世俗构建新的威仪，未必容许她去追爱其他男人。她在面对多尔衮的淫威委曲自守时，守护得更多的当是她儿子顺治帝的帝位和江山，甚至是皇帝的尊严和声誉，而不是自己的情爱和欲望。

文史大家金性尧在《太后下嫁案》中，强调"《朝鲜李朝实录》于康熙二十七年正月，记朝鲜闻孝庄逝世，却秘不发丧，朝鲜大臣感到奇怪"，认为"这是因为圣祖已感染汉化，越发感到其祖母下嫁之不光彩，故有秘不发丧、灵柩浮厝等措施"。康熙帝接受汉文化，重用汉文人，甚至他的血管里留着一半汉人的血液，但他的骨子里还是坚守满族中心论，以"自古得天下之正莫若我朝"，贯穿康熙盛世及其帝王心术。

圣祖为了彰显其母身份，用政治手段玩了一回抬旗的族群修饰。他虽生于关内，受了中原礼教观念的影响，但不深切。他妻妾成群，有四对亲姐妹，还有一位慧妃为其远房表姑。他深得祖母孝庄的宠爱和扶持，对其只有强烈的感恩之情，"忆自弱龄，早失怙恃，趋承祖母膝下，三十余年，鞠养教诲，以至有成。设无祖母太皇太后，断不能致有今日成立，同极之恩，毕生难报"。即便其祖母有下嫁史，他也未必心怀芥蒂，而会打出更加堂皇的幌子。

《朝鲜李朝实录》记载康熙二十七年正月，朝鲜才知孝庄逝世，认为秘不发丧，而《清史稿·圣祖本纪》对于康熙二十六年十二月，孝庄病重，记载圣祖"亲制祝文，步行祷于天坛"。《清圣祖实录》写得更感人，称圣祖"亲制祭文，词意恳篤，字字皆天性至情，极其真切"，祷告上苍，请求折损自己生命，增延祖母寿数："若大数或穷，愿减臣龄，冀增太皇太后数年之寿。"（《康熙起居注》康熙二十六年十一月二十九日）孝庄病逝，"上哭踊视殓，割辫服衰，居慈宁宫庐次。甲戌除夕，群臣请上还宫。不允"，情深意切，真实流露，无须遮掩。如朝鲜官方史料为实，揣测接到信息迟缓而认为有隐情而秘不发丧，那么清朝官方记载，还有多少是没有被修饰透过的呢？当然，史料哪怕是实录，也未必是史实，但未必数千里之外的朝鲜记载没有水分。

多尔衮没被降将姜瓖斩于马下

1

电视剧《孝庄秘史》中的多尔衮，死在第31集，死在前明降将姜瓖的刀下。

一代英雄，就这样死了？

姜瓖趁豫亲王多铎患天花而亡，摄政王多尔衮得怔忡之症，带领旧部据守重镇大同起义。

反复之人，也无好结果。二人冲杀，两刀相接，双双丧命。

多尔衮之死，应征了盟誓："誓报吾皇，不生异心。如有违誓，短折而死。"

果然，姜瓖一刀，划在多尔衮的肚子上。

剧中的多尔衮，始终认为皇位是他的，庄妃是他的，天下是他的。即便是他与豪格争位势均力敌，拥立福临继位，他做了摄政王，对天盟誓，但对皇位还是一直在玩小动作。

他不甘心做半个皇帝的实权派摄政王。为了在诸王之上，他逼两宫皇太后承认他是皇叔父摄政王。为了让顺治服从，他命小皇帝改称他为皇父摄政王。做了皇帝的皇父还不打紧，他又强迫太后下嫁。

一招接一招，一场换一场。若非性情男人遇到了聪明女人，多尔衮早就结果了顺治小皇帝。八旗对阵，多尔衮未必能胜，但他破关逐鹿中原之后，皇权的诱惑成就了他最大的追求。

正因如此，曾对他有恩情的代善、范文程、两宫皇太后，纷纷站到了他的对立面。甚至连最后受宠陪睡的小霓子，睡觉时也在窥视他的一举一动。

电视剧名曰秘史，玩的是情感路线，让多尔衮爱哭爱疯、爱醉爱愁，就连醉酒的醒药，还是一件何洛会私制的八团龙袍。

何洛会是反复之人。多尔衮也是反复之人。姜瓖也是反复之人。

只可惜，多尔衮注定了是个悲剧英雄，也被电视剧悲催地安排死在姜瓖的一刀之下。

2

然而历史上的多尔衮,却不是死在姜瓖刀下。

多尔衮之死,《清史稿·多尔衮传》写得很简单:"十一月,复猎于边外。十二月,薨于喀喇城,年三十九。"《清史列传·多尔衮传》稍稍详细些:"十一月,王以疾率诸王贝勒猎边外。十二月,薨于喀喇河屯,年三十有九。"

顺治七年十一月,多尔衮带病出猎古北口外。行猎时坠马跌伤。十二月初九,多尔衮薨于古北口外喀喇城。

姜瓖倒是死在多尔衮征讨大军阵前,但不是多尔衮杀的,那时距多尔衮病逝还有一年多。

据《朔州志》记载,姜瓖家世代皆明将,传至姜瓖这一代,老大姜让是陕西榆林总兵,老弟姜瑄为山西阳和副总兵,而姜瓖以镇朔将军挂大同总兵官。崇祯十七年三月,李自成攻克太原,姜瓖投降大顺政权。第二月,清军大将吴顺华率兵来攻,姜瓖守了一个多月,就杀了大顺军守将张天琳,投降阿济格,帮助阿济格进兵征伐山西、陕西,被封为统摄宣化、大同诸镇兵马的将军。顺治五年,姜瓖得知多铎病故、多尔衮染病,十二月初三于大同起义归南明,以割辫为标志,遵用永历正朔。

多尔衮获悉,亲自带军征讨,还对姜瓖进行劝降,希望他能悔罪归诚,仍将"照旧恩养"。清将参战者,除了多尔衮外,还加派了端重亲王博洛、承泽亲王硕塞、多罗亲王满达海,连同阿济格一同作战。

《清史稿·多尔衮传》记载:"六年(顺治六年)二月,自将讨大同叛将姜瓖,拔浑源。闻豫亲王病痘,先归。谕瓖降,未下,以师行在外,铸行在印。禁诸王及内大臣干预部院政事及汉官升降,不论所言是非,皆治罪。七月,复征大同,瓖将杨振威斩瓖降。"

姜瓖是被自己的部将杨振威杀死的。当时,多尔衮因为多铎患天花出痘,提前回京,把指挥权交给了胞兄英亲王阿济格。

顺治六年六月,清军攻克了山西部分州县,阿济格围困大同数月,大同城内已经粮尽,"兵民饥饿,死亡殆尽,余兵无几",守将杨振威等于十月斩杀姜瓖及其兄弟首级,献城投降。

阿济格入城，恨城内兵民固守，下令屠城，除杨振威的官兵家属外，"官吏兵民尽行诛之"，"隳其城睥睨五尺"，邻近各府、县等地区亦遭屠戮，史称"大同之屠"。

3

多尔衮与姜瓖一战，不但没死，甚至应该没受伤。

镇压姜瓖之后，多尔衮迅速移师转战喀尔喀，攻城略地，一直杀到喀屯布拉克。

当年十二月，他的王妃博尔济吉特氏病逝。

《孝庄秘史》中，多尔衮的王妃小玉儿不是病逝，而是多尔衮移情别恋忧愤自焚。小玉儿一死，多尔衮就要太后大玉儿下嫁。哪知，顺治帝找来的洪承畴带来一首诗——上寿觞为合卺尊，慈宁宫里烂盈门。春宫咋进新仪注，大礼恭逢太后婚，制止了多尔衮不敢与天下为敌。大玉儿为了保护儿子顺治帝，再生一计，让代善临死之前逼着多尔衮再次盟誓，立书为证。

皇位不得，情人不得，天下不得。多尔衮不是病，就是醉酒，还有一个侍女（吴尔库霓），临了又是胞弟多铎熬过天花，故而，多尔衮垮了。

史书没有记载多尔衮与庄妃的情感纠葛，却写到多尔衮在王妃博尔济吉特氏死后，忧伤致病，似乎还不轻。《清史列传·多尔衮传》记载："王寻以悼妃故有疾（请假不上朝理政）……锡翰（贝子）与内大臣席讷布库等诣第，王怨曰：'顷予罹此莫大之忧，体复不快。上虽人主，念此大故，亦宜循家人礼，一为临幸。若谓上方幼冲，尔等皆亲近大臣也。'"

虽然多尔衮是在演戏，希望顺治帝亲临王府慰问。但还是能说明一个问题，多尔衮对王妃有感情，最起码在外面没有电视剧设计的夫妻不和的非议。

4

也许多尔衮是一个真情之人，但他未必是秘史中专情之人。他在满洲、蒙古和朝鲜先后弄了十多个妻妾，这还是有名分的。

一个娇妻死了，多个美妾来了。

王妃死后不到一月，他又把原来嫁给侄儿、睿亲王豪格做侧福晋的姨妹子，强抢过来做小老婆。他弄死豪格之后，抢了侄媳妇来陪床，还一次性弄了两个。

此外，他还派人到朝鲜选美，选中了十六岁的李氏，见面就成婚。

《清史稿》和《清史列传·多尔衮传》还专门讲了此事：顺治七年五月，多尔衮率诸王贝勒在山海关打猎，朝鲜送美女至，多尔衮亲自到连山迎接，当日成婚。

至于是否还有其他美人入帐，史书未载，但未必没有。

据蒋良骐《东华录》记载多尔衮的罪状中，不仅有其自称"皇父摄政王"，还有"又亲到皇宫内院"。顺治帝不傻，未必是写其母与多尔衮有交合的丑行，但写多尔衮自恃是太上皇，定然是淫乱后宫，强迫宫女行云雨之事。

半年后，多尔衮行猎，坠马跌伤，死时还不到四十岁。这不得不让人怀疑，他的身体可能已经因为疯狂纵欲而被掏空了。

多尔衮是出身于半个马背上的民族，是一个在马背上打天下的英雄，如果不是身体原因，又何来从马上跌落，很快就死了呢？当然，《北游录》说他出猎之前，膝盖受伤，打了不该打的石膏，感染未愈，打猎时，寒风刺骨，导致跌下快马，重伤而死。这算是一种解释得过去的说辞。

多尔衮死后做了二月皇帝

1

顺治七年十一月，摄政王多尔衮率诸王公贝勒，出猎边外古北口。不料，时值壮年的多尔衮，弯弓立马不住，跌落受伤，十二月初九在喀喇城病逝，享年三十九岁。死因有多种，一是他刚从侄儿豪格家夺回姨妹子，又从朝鲜王室纳了一房公主美少女，纵欲太多，体力超支，此说正史都有证明。二是他前不久膝盖受伤，打了不该打的石膏敷治，感染加剧，遇冷风受寒而剧痛难忍，此说见谈迁《北游录》。三是有人认为多尔衮擅权，激怒诸王而死于预谋，那也是权斗的猜测。

多尔衮死讯传入京师，年仅十四岁的少年天子顺治帝窃喜，他虽对皇父摄政王积怨在胸，但没有喜形于色，仍诏令天下臣民易服举丧。顺治帝率诸王、贝勒、文武百官俱缟服，迎灵柩于东直门五里外，跪奠三爵，哀天恸地。《清史稿·世祖本纪》记载："丙申，丧至，上亲奠于郊。己亥，诏曰：'太宗文皇帝升遐，诸王大臣吁戴摄政王。王固怀撝让，扶立朕躬，平定中原，至德丰功，千古无二。不幸薨逝，朕心摧痛。中外丧仪，合依帝礼。'庚子，收故摄政王信符，贮内库。甲辰，尊故摄政王为懋德修道广业定功安民立政诚敬义皇帝，庙号成宗。'"

下诏之日，为十二月二十日，顺治帝大加褒奖多尔衮"至德丰功，千古无二"，成就大清入主中原，大义让位先帝幼子，今薨，依"中外丧仪，合依帝礼"。第二年元月，顺治帝再次强调"追尊故摄政王多尔衮为成宗义皇帝，祔于太庙"。同时，将多尔衮元妃博尔济吉特氏追封为敬孝忠恭义皇后，以其嗣子多尔博袭爵和硕睿亲王。

孰料，事情再过一月，荣辱巨变。《清史稿·世祖本纪》又记载："己亥，暴多尔衮罪于中外，削其尊号及母妻追封，撤庙享。"

多尔衮的身后荣辱，都发生在"己亥"这一天，前后共计六十天。

2

生于皇家且久在最高权力中心，多尔衮即便再有周公辅政之志，也曾是两度帝位的主要竞争者之一，自然对帝位有觊觎之心、不甘之念。其在摄政期间的种种表现，也证明了他专横擅权，虽不在帝位却紧握实权，这必然招致诸多王公贝勒和一天天长大的皇帝的非议和猜忌。

幼主登基，以郑亲王济尔哈朗、睿亲王多尔衮辅政。济尔哈朗告诫群臣，凡事要先请示睿王，上书要以睿王为首，这是济尔哈朗的一种客气，却被多尔衮视为退让，以摄政王之尊独掌"刑政拜除，大小国事"（《沈阳状启》），后来又提出"盈庭聚讼，纷纷不决，反误国家政务"，一改太宗朝的诸贝勒管部院事务制，各衙门办事须先奏摄政王制，彻底架空排名其前的济尔哈朗。后来，多尔衮以何洛会计，将济尔哈朗与豪格扯在一起，罗列罪名，将济尔哈朗降爵为郡王，真正退居其下，外出领兵。

为了整垮最大的政敌肃亲王豪格，多尔衮先派其追剿最强悍的张献忠义军，原本是设个陷阱，不料豪格过关斩将，建立奇功。多尔衮索性以几个微末事件，小题大做，给豪格弄了一个谋逆大罪，先幽禁，再折磨致死，最后霸占了肃王府的财产，强娶了豪格的妻子做王妃。

为了在诸王之上，多尔衮拟好叔父摄政王的名号，强迫顺治承认。为名义上的一人之下后他仍不满足，打起了凌驾于皇帝之上的主意。先是逼封皇叔父摄政王，后是干脆要做皇父摄政王，同时将胞弟多铎也封叔王德豫亲王。如此一来，最高领导者不再是皇帝，而是他摄政王多尔衮。多尔衮高居皇父摄政王的尊位，发号施令，弄得顺治帝后来回忆："于时睿王摄政，朕惟拱手以承祭祀。凡天下国家大事，朕既不预，亦未有人向朕详陈者。"（《清世祖实录》卷八十八，顺治十二年正月）

君主专制的政体，可怜的皇帝却只是名义上的元首，职事坐朝听政、祭天祀地。摄政王除了临朝执政外，主宰一切，甚至出行的护卫、仪仗、车舆、宫室，都与皇帝御用规格相当。这自然让日益懂事、成熟的顺治帝心有不甘。当然，按幼主尚未亲政、亲王暂代摄政的分工而言，多尔衮并不全算违规操作、违法乱政。只是多尔衮摄政日久，贪恋皇权，欲望膨胀，让少年天子敢怒而不敢言。

3

一旦巨石被搬开，顺治帝虽然还在喊"朕之初心，本欲于摄政王归政之后，优礼酬报，不意王中道捐弃，未遂朕怀"（《清史列传·多尔衮传》），但他已摩拳擦掌，充分展现出在折磨中历练出的权谋之术，甚至主动对多尔衮势力以退为进，安排亲政释权的诸多事情，以备不久以喷薄之势来清算多尔衮的罪行。

顺治先是起用与多尔衮无牵扯的堂兄弟满达海、博洛与尼堪管理六部事务，稳定朝纲。同时，派多尔衮的亲信大学士刚林收缴摄政王印符，象征着收权亲政。那些遭受多尔衮排挤的王公勋贵，纷纷站到皇帝一边，成为最强劲的倒睿派。

大局已定，放开手脚。顺治帝先以最高规格追尊多尔衮夫妇来稳住多尔衮旧势力，然后拿多尔衮的胞兄阿济格投石问路，以其谋逆下狱议罪，同时抬升原来遭多尔衮压制的两黄、两白和两蓝六旗。此招一出，顺治帝站在众山头之上，一览谁是自己的忠实拥趸，谁是还在嚣张的对手羽翼。

多尔衮的最得力的帮手、新任议政大臣苏克萨哈、詹岱等，倒戈首告故主私藏御品陪葬等罪，而原来从两黄旗出来附逆多尔衮的谭泰、何洛会、刚林等遭到诛杀。原以构陷莽古尔泰谋逆而得太宗重用的冷僧机，与太祖侄子巩阿岱、锡翰，内大臣西讷布库等，迎合睿王，乱国政，下王大臣鞫实，并诛，籍其家。

郑亲王济尔哈朗迅速出手，拉拢巽亲王满达海、端重亲王博洛、敬谨亲王尼堪，联合内大臣追论多尔衮的罪状："昔太宗文皇帝龙驭上宾，诸王大臣共矢忠诚，翊戴皇上。方在冲年，令臣济尔哈朗与睿亲王多尔衮同辅政。逮后多尔衮独擅威权，不令济尔哈朗预政，遂以母弟多铎为辅政叔王。背誓肆行，妄自尊大，自称皇父摄政王。凡批票本章，一以皇父摄政王行之。仪仗、音乐、侍从、府第，僭拟至尊。擅称太宗文皇帝序不当立，以挟制皇上。构陷威逼，使肃亲王不得其死，遂纳其妃，且收其财产。更悖理入生母于太庙。僭妄不可枚举。臣等从前畏威吞声，今冒死奏闻，伏原重加处治。"

清算多尔衮，是与多尔衮同祖父母的堂兄济尔哈朗一生最大的贡献。满达海是代善第七子，博洛为阿巴泰第三子，尼堪为褚英第三子，和顺治帝一样，都是多尔衮的亲侄儿。在权力较量下，他们早已淡薄了亲情，甚至要对自己的堂弟或亲叔多尔衮开棺鞭尸，宣泄他们的愤恨和所受的压抑。对此骨肉倾残的现象，早在顺治继统之初，镇国公艾度礼就说："今虽竭力从事，其谁知之？"（《清世祖实录》）

艾度礼因为当初反对幼主继位、二王摄政争权而被济尔哈朗、多尔衮携手处理，而其言，未必不是预知二王最后命运的谶语。虽然济尔哈朗协助顺治快速清算了多尔衮的所谓罪状，得到了"叔和硕郑亲王"的进封，但在顺治亲政、乾纲独断的岁月里，他也只能分享免去朝贺、谢恩行礼的虚荣。作为一种历史的教训，顺治选择后世之君时，皇家亲王不再被指定为幼主摄政，而是对辅政大臣的一种制衡。

纵观少年天子顺治帝，能如此老成地处理经历大型宫廷政变之后的纷乱朝局，无疑是在久经压抑中走过来的一位精通权谋、善应权变的成熟政治家。故意大利籍传教士卫匡国在《鞑靼战纪》中说："这个皇帝虽然年轻，但一开始治理国事就表现得深谋远虑，受到各个阶层、各个集团的赞扬，胜过了头发灰白最有才智的大臣们。他已经不再是一个傀儡了，在处理政务方面也表现出惊人的判断力。"

济尔哈朗的复仇比顺治更疯狂

1

顺治七年十一月，摄政睿亲王不顾旧疾未愈，再次出猎边外，结果马上大将军不慎跌成了床上病王爷。不及一月，外强中干的多尔衮，在喀喇城一命呜呼，以三十九岁的阳寿英年早逝。

摄政薨逝，朝野震惊。十四五岁的顺治帝无须归政的仪式，独立颁发人生第一道圣旨，以多尔衮生前安排的巽亲王满达海、端重亲王博洛、敬谨亲王尼堪料理六部事务。久在压抑中磨炼的少年天子，老成地安排聚力夺权的亲信和步骤。

摄政灵柩还京，顺治帝率王公大臣，俱缟服，迎殇于东直门外哭奠。哭奠者中，有哀痛前途未卜的，有含泪掩饰心笑的，有准备奋起反击的……顺治帝悲喜交集，还是给多尔衮追尊了一顶"懋德修道广业定功安民立政诚敬义皇帝，庙号成宗"的特大号帽子。多尔衮成为史上唯一享受摄政大权而被追尊无上荣耀的荣誉皇帝。

然而，多尔衮的绝世殊荣，仅存在了两个月。顺治八年二月，皇帝下旨对多尔衮"削爵，撤庙享……黜宗室，籍财产入官"（《清史稿·多尔衮传》）。

顺治帝惩罚多尔衮如此迅速，只为显示真正的皇权。来自多尔衮集团的苏克萨哈、詹岱、巩阿岱、谭泰，也为顺治帝提供了所谓多尔衮的罪证。最终朝廷公示的多尔衮十四款大罪，出自前辅政郑亲王济尔哈朗之手。

2

济尔哈朗是这一场倒睿运动的领军人物。

他拉拢顺治帝付与重任的满达海、博洛和尼堪，联合上疏："昔太宗文皇帝龙驭上宾，诸王大臣共矢忠诚，翊戴皇上，因方在冲年，令臣济尔哈朗与睿亲王多尔衮同辅政。逮后多尔衮独专威权，不令济尔哈朗预政，遂以母弟多铎为'辅政叔王'，背誓肆行，妄自尊大，以皇上之继位为己功。又将太宗文皇帝昔日恩养诸王大臣官兵人等为我皇上攻城破敌、剿灭贼寇之功，全归于己。其所用仪仗、音乐、侍从俱僭拟至尊，造府与宫阙无异，擅用织造缎匹，糜库贮金银。将皇上侍臣伊尔登、陈泰一族及所属人丁，刚林、巴尔达齐二族，尽收入己旗。又擅自诳称太宗文皇帝之即位，原系夺立，以挟制中外。又构陷威逼，使肃亲王不得其死，遂纳其妃。且将户口财产不归公，俱以肥己。又诱皇上侍臣额尔克岱青、席纳布库等，欲令附己。凡一切政事及批票本章，不奉上命，既称诏书，擅作威福，任喜怒为黜陟。僭妄背理，不可枚举。又不令诸王、贝勒、贝子、公等入朝办事，令日候府前，竟以朝廷自居，显有悖逆心。臣等从前畏其声威，今苏克萨哈等首告逆谋，详鞫皆实。应追治其罪，削爵，黜宗室，籍财产入官。其嗣子多尔博给信王多尼。"（《清史列传·多尔衮传》）

济尔哈朗拿多尔衮攻击、损害顺治帝及其父兄来炮制的这份多尔衮罪状，激怒少年顺治坐在多尔衮抢来的至尊宝座上，对摄政睿亲王的功高震主更是忌讳。济尔哈朗上来便说，自己也是辅政，却遭多尔衮排挤、构陷出局等话。

分析济尔哈朗的证词，多尔衮确实有独擅大权、僭越自专的诸多行为，但他作为摄政王，在皇帝尚未亲政时，完全可以代表皇帝统筹朝政、代天征讨。济尔哈朗只用少年顺治忌恨的问题说事，而不言多尔衮为何在非常时期简政集权的必要性和效果，也没有说多尔衮在大权独揽时为何不因利乘便，真正自立登基。当时满洲政权入主中原，面对还未彻底平定的明朝疆域及李自成的大顺军、张献忠的大西军，多尔衮实行权出一处，政令统一，在八旗山头林立的情势下强化中央权威，便利了原来偏居辽东的清朝势力在广阔的中原迅速站稳脚跟。

济尔哈朗自知，独自攻击多尔衮容易授人打击报复的话柄，故而联合顺治的三个堂兄来攻击他们的亲叔叔，借助早已愤怒的皇帝，意欲彻底肃清多尔衮的影响和权威。故而他的诉状中，更多的是人身攻击，而严重缺乏真凭实据。

不堪摄政折磨的顺治帝，要摆脱多尔衮的阴影，重新树立自己君临天下的权威，正需要一份带攻击性而不需客观的文字。

3

虽然后来乾隆帝在为多尔衮平反时，说"睿亲王多尔衮摄政有年，威福自专，殁后其属人首告定罪除封"（《清史稿·多尔衮传》），把阴谋宵小之徒，指向苏克萨哈等多尔衮生前的近侍。但是，济尔哈朗才是这一起倒睿案中出力最狠的。

按人情关系而论，济尔哈朗是多尔衮的堂兄，是太祖亲弟舒尔哈齐的第六子。济尔哈朗十岁那年，舒尔哈齐阴谋另立门户，移师黑扯木，后遭太祖镇压囚禁。太祖一怒之下，将舒尔哈齐的长子阿尔通阿、三子扎萨克图诛杀，还打算将他的次子阿敏处死，在皇太极等人的求情下，阿敏才免于一死。两年后，舒尔哈齐死于幽所，也有传言说是被太祖秘密处死的。

济尔哈朗自幼被太祖接至宫中抚养，但他未必不对太祖诛杀了自己的父亲和两个哥哥有恨意。当年，太祖努尔哈赤与舒尔哈齐仅凭十三副盔甲起兵，为枉死的父祖复仇。这份复仇的种子，应该也在济尔哈朗心中萌芽生长。

电视剧《孝庄秘史》中，就曾表现阿敏对太祖处死舒尔哈齐怀恨在心，对太宗的政令进行抵制。然而在历史上，阿敏也阴谋自立，杀降唱反调，遭太宗幽禁，于崇德五年死于幽所。

济尔哈朗兄弟九人，大哥阿尔通阿、三哥扎萨木图死于太祖之手，二哥阿敏被太宗幽死，四哥图伦死于多尔衮摄政的顺治五年，五哥寨桑武死因不详，七弟诺穆岱十三岁夭折，八弟费扬武于崇德四年受外藩蒙古贿赂，被太宗削爵，崇德八年戍守锦州病逝，九弟瑠岱因获罪黜去宗室为庶人。

至顺治七年，济尔哈朗的父亲兄弟，皆已亡故，而死因大多与太祖、太宗和多尔衮有关。可以大胆地说，济尔哈朗要严惩太祖太宗所爱的多尔衮，很有为父亲兄弟复仇的意思。在他心里，大清江山有一半是其父舒尔哈齐浴血奋战打下来的，他们这一支却没有坐享天下，反而家破人亡，大都死于非命。

4

太宗崩后，济尔哈朗被推选为新君的第一辅政亲王，而且顺治帝在北京重新即位时，加封他为信义辅政叔王，位居叔父摄政王多尔衮之前。

济尔哈朗最早拥立豪格，与多尔衮争位，但济尔哈朗并不坚定，认为"王（豪格）性柔，力不能胜众，议遂寝"（《清世祖实录》）。豪格作为太宗皇长子争了也枉然，而济尔哈朗作为太宗堂弟、豪格的人，成为辅政叔王。在豪格、多尔衮帝位争夺战中，他无疑是除去顺治帝和孝庄太后之外获利最多的人。只是他没料到多尔衮最终以能力占了上风，更没料到何洛会出首将他和豪格的所谓谋逆扯到了一起。他被多尔衮慢慢地排挤出了朝局。

济尔哈朗加罪多尔衮时，称其建造的府第与宫阙无异，而他自己被多尔衮罢免辅政，也有一条是"四年（顺治四年）二月，以造第逾制，擅用铜狮、铜龟、铜鹤"。他扈从入关，擅自令两蓝旗越序立营前行，被多尔衮作为降其为郡王的一条罪状。济尔哈朗辅政，也不是真正尊重幼主的。

《清史列传·济尔哈朗传》记载："顺治元年正月，王集内三院、六部诸大臣，谕以政事先白睿亲王，书衔名亦先之。"济尔哈朗让众人以多尔衮为出头鸟，或许就是知其性格而故意挖的陷阱。济尔哈朗主动让位、让名多尔衮，也是要激发多尔衮争权擅政，但待多尔衮一死，他马上以独专擅权为多尔衮铸造了一桩延续一百二十七年的铁案。

蒋良骐《东华录》卷五记载，顺治十二年正月，吏科副理事官彭长庚上疏："太宗创业盛京，同事诸王俱树勋劳，而睿王之功为冠。"一等子许尔安也上疏，称颂多尔衮的功勋，请求恢复爵号，修葺坟墓。他们援引成王周公事迹，指睿亲王摄政有功。

济尔哈朗勃然大怒，将彭、许二人骂了个狗血喷头："睿王方入燕京，逆天专政，肆行无忌。至皇上茂龄，仍不归政，篡迹彰着，天厌其恶，不终其年，似此罪魁，且言功侔周公可乎。此辈阳应求言，阴图构乱，违天悖上，紊乱朝纲，煽惑国家，情罪甚大。虽当开言路之时，难以宥免。"（《清世祖实录》）

在济尔哈朗的主持下，诸王大臣众议，将彭、许二人，论罪当死，从宽流放宁古塔充军。

5

清军入关，睿亲王功劳最大，已成历史共识。乾隆帝说："睿亲王多尔衮，摄政有年威福自专，扫荡贼氛肃清宫禁。分遣诸王追歼流寇，抚定疆陲，创制规模。奉世祖入都成一统之业，功劳最著。"近代著名清史学者孟森说："清之入关创业，为多尔衮一手所为。"而济尔哈朗为了制止群臣非议，自恃率兵攻克山海关外中后所、前屯卫、中前所三城，而认为"彼时燕京，不过一空城耳"，将多尔衮入关定鼎燕京的功劳化小。

济尔哈朗虽然年长多尔衮十三岁，但他们都是在太宗朝才开始建功立业，论及功劳大小、能耐强弱，多尔衮都要胜过济尔哈朗几筹。

萧一山《清代通史》论及济尔哈朗在顺治年间的功劳，只是笼统地说："福临以冲龄践祚，奠定中原，征服华夏，其所以能成大业者，皆群臣襄赞之力也。当时宗室懿亲，僇力行间，栉风沐雨，勤劳佐命者：如豫亲王多铎、肃亲王豪格、英亲王阿济格、郑亲王济尔哈朗、敬谨亲王尼堪、端重亲王博洛、顺承郡王勒克德浑等，其殊勋茂绩，诚可为开国之大人物。"济尔哈朗遭多尔衮排挤出局，以定远大将军外出领兵征战，但他的功劳还在遭他打击的阿济格之后，无法与统兵作战、定鼎北京的多尔衮相提并论。

对于被济尔哈朗挟私进行复仇式痛打的多尔衮，萧一山评价："在入关初，总成其事，揽权行政者，则睿王多尔衮也。使清无多尔衮之摄政，无范洪诸人之运筹，无多铎等之征伐，则清之一统，未可必也。"这是对历史客观的评价。

济尔哈朗为顺治帝清算多尔衮及其党羽，立了第一大功，最后被奖励叔和硕郑亲王之尊位。但是，已谙熟权谋的顺治帝，"以王年老，一切朝贺、谢恩悉免行礼"，将济尔哈朗再次排挤在朝政决策圈之外。当时，济尔哈朗还只五十六七岁，不算太老。济尔哈朗不久去世，也未必不是因为夺权不得后抑郁而终。

多尔衮爱上了卖主的奴才

1

顺治五年四月，太宗皇长子、肃亲王豪格，因隐瞒部将冒功、起用罪人之弟等罪名，被摄政睿亲王多尔衮下狱幽死。二月，豪格刚从剿灭张献忠前线完胜归来，顺治帝亲自在太和殿慰劳。孰料，功劳卓著的豪格，很快被亲叔叔兼宿敌多尔衮论罪幽禁。

豪格之死，元凶为多尔衮，而帮凶却是他曾经的心腹爱将何洛会。《清史列传·何洛会传》记载："何洛会初隶肃亲王豪格下，颇见任使。"太宗在位时，豪格与多尔衮倾轧，何洛会积极出谋划策，被豪格极其倚重。

何洛会原属正黄旗，其父阿吉赖为太祖佐领，卒后子顶父职，兼护军参领。天聪八年，何洛会随都统阿山等攻略明朝锦州，因功免徭役。《清史稿》《清史列传》的何洛会本传，都记有"命免功臣徭役，何洛会与焉"。清朝开国之初，即便三四品官员也得给大汗皇帝服徭役，是主子的奴才。何洛会为护军参领，是八旗兵护军营军事职官，掌领护军宿卫宫禁。按八旗官制，护军参领，每旗满洲十人、蒙古四人，总额一百一十二人，分正、副两级，正参领正三品，副参领正四品。

何洛会浴血奋战，不断地拼军功，也不断地受罚。天聪九年，多尔衮率大军围攻锦州，第二年因离城驻扎、遣兵丁轮流回家，触怒太宗，集体受罚，何洛会被拟定革职籍没，最后从宽罚款。当年十一月，何洛会因功升为正黄旗蒙古都统（即固山额真。《清史列传·何洛会传》作"满洲都统"，有误）。按八旗官制，固山额真为太宗天命十一年所设，为八旗组织中一旗旗主之下的最高军政长官，管理全旗户口、生产、教养、训练等事务，足见太宗对何洛会非常重视。崇德七年，多尔衮率军打下锦州，班师归来奖罚军功，何洛会隐瞒了护军统领鄂罗塞臣率先破阵功，理应革职罚款，结果被太宗宽免。

何洛会着实有不少能耐军功，只是因后事而被史官隐没。太宗知道，何洛会被豪格倚为亲信大将，故不断擢升重视，从宽处理他的过失罪行，以其充实儿子的实力。但事与愿违，太宗的爱子却死于何洛会之手。

2

太宗驾崩过去八月，即顺治四月，睿王摄政，何洛会向多尔衮告发：和硕肃亲王豪格同两黄旗大臣扬善、俄莫克图、伊成格、罗硕如何如何诋毁睿王、图谋谋乱。此事，《清世祖实录》中有详细记载。

何洛会先讦告豪格曾向何洛会及议政大臣扬善、甲喇章京伊成格、罗硕说："固山额真谭泰、护军统领图赖、启心郎索尼向皆附我，今伊等乃率二旗附和硕睿亲王。夫睿亲王素善病，岂能终摄政之事，能者彼既收用，则无能者我当收之。"扬善说："此皆图赖诡计也。若得亲视其寸磔死亦无恨。"豪格说："尔等受我之恩当为我效力，可善伺其动静。"扬善说："我等务致之死，以一身抵之，王岂不宴然处乎？"伊成格亦是以此言对。何洛会将豪格和扬善、伊成格、罗硕四人做成一局。

紧接着，何洛会又报告，豪格跟他和固山额真俄莫克图说："和硕睿亲王将五牛录人，给与硕塞阿格。其意何居？"何洛会回答："此正为国效力以垂名于万世也。"俄莫克图和何洛会都是豪格的亲信。

多尔衮闻言，很不高兴，怫然而退，准备指派豪格从征。豪格因此对何洛会、俄莫克图、扬善说："我未经出痘。此番出征令我同往。岂非特欲致我于死乎？我欲诣摄政二王言之。"何洛会答："死生天命也。大兵将发，正宜为国报效不应往问。"俄莫克图答："我等业以为不可，即往问亦以为不可也。"

何洛会构陷，全盘脱出，称豪格曾对他和俄莫克图、扬善曰："和硕睿亲王，非有福人，乃有疾人也。其寿几何而能终其事乎，设不克终事。尔时以异姓之人主国政，可乎？多罗豫郡王曾语我云：'和硕郑亲王初议立尔为君，因王性柔，力不能胜众，议遂寝。其时，我亦曾劝令勿立，由今思之，殆失计矣。今愿出力效死于前，其为我言如此。至于塔瞻公乃我母姨之子，图尔格公素与我善此辈，岂忘我乎。'"此言说豪格中伤多尔衮，称其有病之人，无命享福，说太宗驾崩时，郑亲王济尔哈朗与豫郡王多铎有心拥立豪格，这无疑是何洛会拿病痛说事，称豪格等诅咒多尔衮寿命不长，想带动多尔衮的支持者背叛多尔衮，彻底激怒多尔衮。

何洛会接着报告，肃亲王曾向俄莫克图说："我岂似彼病夫，尔何为注目视我，我岂不能手裂若辈之颈而杀之乎？"肃亲王召甲喇章京硕兑说："尔与固山额真谭泰郎舅也尔可说，令附我，前曾给侍卫穆成格妻，岂非我之厚爱于彼乎？"

多尔衮与豪格这一对亲叔侄，为争权夺位，积怨日久。何洛会告密的众多话语，也该是多尔衮用手段收买何洛会之后二人精心设计的，最后通过何洛会之口说出。

初摄大政的多尔衮，正要刑杀立威，于是下令法司鞫实，将和硕肃亲王豪格削爵，将扬善四人砍了。《清世祖实录》记载："于是，何洛会偕硕兑、胡式、凌图喀木图、开禅、硕格达古等因王言词悖妄，力谏不从，恐其乱政，特讦告于摄政和硕睿亲王、和硕郑亲王诸王贝勒贝子公及内大臣，会鞫俱实，遂幽和硕肃亲王。既而以其罪过多端，岂能悉数，姑置不究，遂释之。夺所属七牛录人员，罚银五千两废为庶人。俄莫克图、扬善、伊成格，坐附王为乱不行出首弃市，罗硕以乱法诣谋，曾禁止不许近王。后复往来王所私相计议亦弃市。"

多尔衮处理完豪格一干人等后，以何洛会"能矢忠义举发伊主悖乱"，以抄没的俄莫克图、伊成格家产，授世职二等甲喇章京（《清史列传》作"一等轻车都尉"。《清史稿》作"顺治二年，叙功，进世职一等"），重点奖励卖主求荣的何洛会。而在事初，何洛会是豪格同多尔衮争权的主要帮手，曾积极参与争夺嗣位的密谋。

3

何洛会是告密高手,也是征伐大将,改投新主子之后,颇得多尔衮器重。顺治元年,他跟从摄政睿亲王入关,击溃李自成的大顺军,被睿亲王指派奉表迎世祖,迁都燕京,擢内大臣。多尔衮设左右翼拱卫京师,命阿哈尼堪将左翼,硕詹将右翼,各置城守官,皆统由何洛会统领,留守燕京。

第二年二月,何洛会因功晋封一等男。多尔衮命何洛会率师驻防西安,转道河南,讨定西平土寇刘洪起等。是岁十二月,多尔衮授其定西大将军,进剿四川。清朝不常设大将军,只有遇到重大战事时才设立,没有品级,但统辖战区军政大权,节制战区内的督抚、提督、将军,有先斩后奏的大权,权力极大,由皇帝或摄政王指派自己信得过的心腹近臣或兄弟子侄担任。

何洛会投靠摄政睿亲王,刚刚一年,却得此重任,足见他能耐超绝。睿亲王挂大将军印率军破关、定鼎燕京后,再封的大将军大都是和硕亲王,如豫亲王多铎为定国大将军领军南征,英亲王阿济格以靖远大将军追击李自成,何洛会以一等男、内大臣受任大将军,无疑是清朝第一人。

何洛会的故主豪格,从龙入关、破李闯义军后,恢复和硕肃亲王爵位,顺治三年才因要彻底攻打盘踞四川的张献忠被起用为靖远大将军。

豪格受命追剿最难啃的张献忠。多尔衮召何洛会回京。看来何洛会以一等男高居大将军之尊位,一路向西,只是击溃了李自成大顺军的逃兵散将,打着进军四川的旗号,却没有完成平定西部的使命。何洛会归来,不但受赐大量金银珠宝,而且爵升三等子,却留给了豪格一个可以惨败致命的陷阱。

孰料,豪格出马,以鳌拜为先锋,大破张献忠的军队。豪格亲手射死大西国皇帝张献忠,攻破一百三十多座营寨,斩首数万。故主立了盖世奇功,可与新主破关入主中原相提并论,何洛会又来事了。《清史列传·何洛会》记载豪格:"灭张献忠,还京。贝子屯齐等讦郑亲王济尔哈朗徇隐肃亲王悖妄事,何洛会复证之。"

多尔衮为了扳倒宿敌济尔哈朗与豪格,再次同何洛会联手,使"郑亲王坐降爵,肃亲王以幽系终"。何洛会以正黄旗满洲都统,被多尔衮调入胞弟多铎统摄的镶白旗。

何洛会为新主出力，弄死了故主，还要斩草除根，在肃王诸子入睿王府射箭时，对贝子锡翰说"见此鬼魅，不觉心悸"，要锡翰向多尔衮进言诛杀豪格诸子。何洛会此言，一是证明他忘恩负义心狠手辣，二是对构陷故主心有不安。此次，多尔衮却没有再痛下杀手、累及无辜，而是说："想彼欲媚我而为是言，但我只爱彼，更自有在。"（《清世祖实录》）多尔衮明白何洛会在权利的驱使下谄媚自己，毫无情义，但他还是需要何洛会这一只有骨头便是主的猎狗。

4

顺治七年十二月，摄政睿亲王出猎跌伤而死。何洛会慌了，对附和多尔衮的贝子锡翰说："今上亲征，两黄旗大臣与我相恶，我昔曾首告肃王，今伊等岂肯不杀我而反容我耶？"（《清世祖实录》）何洛会挺有自知之明，而新主子的命运被旧主子言中，让他前路迷茫。

电视剧《孝庄秘史》给了何洛会不少戏份，诬事豪格时也算忠诚，后来诬事多尔衮更加卖力。多尔衮刚死，他拟了一张追尊主子为皇帝的草诏，逼迫顺治帝用玺。在宫廷争斗不休的情势下，何洛会屈从的是利益而不是恩义。即便他有强迫顺治追尊新故主之事，也未必不是在为自己的出路找一把保护伞。

让他没有想到的是，少年老成的顺治帝在破天荒地给了多尔衮一顶大帽子时，却安排了最凶狠的明枪暗箭，威逼多尔衮旧属、何洛会战友纷纷讦告故主和战友的不赦罪行。

议政大臣苏克萨哈首告多尔衮私藏僭越物品，曾率两白旗人赴永平，图谋不轨，何洛会参预密谋。

吏部尚书谭泰揭发何洛会向多尔衮谗言鬼魅之说要杀豪格诸子。谭泰最初也是拥立豪格的正黄旗倒睿派，后来被多尔衮拉拢成了睿王府的一条猛犬。

贝子锡翰报告，何洛会担心两黄旗大臣报复等，似乎在准备对策。

顺治帝追尊豪格为和硕睿亲王，以何洛会构陷肃亲王豪格，将其凌迟处死。同时，因其弟胡锡明知兄长谋逆恶行，不出首告发，一同处死。何洛会兄弟，也就成为因附和多尔衮而被处死的第一干将和第一个被牵连的人。

同样卖主的苏克萨哈，虽然后来被顺治帝重用指定为顾命辅政大臣，却死于鳌拜之手。谭泰、锡翰也因党附睿王之罪，被顺治帝处死。权力激烈争斗，既成就了告密者暂得荣耀的名利场，也为他们搭建了卖主求荣迟早重判的屠宰场！

多铎嗜杀好色，忙给摄政哥哥拆台

1

说来也怪，《清史稿·索尼传》记载了"诸王大臣列坐东西庑，索尼及巴图鲁鳌拜首言立皇子，睿亲王令暂退"，又写道："英亲王阿济格、豫亲王多铎劝睿亲王即帝位，睿亲王犹豫未允，豫亲王曰：'若不允，当立我。我名在太祖遗诏。'睿亲王曰：'肃亲王亦有名，不独王也。'豫亲王又曰：'不立我，论长当立礼亲王。'礼亲王曰：'睿亲王若允，我国之福。否则当立皇子。我老矣，能胜此耶？'乃定议奉世祖即位。"

据后面一段文字所描述，传主索尼并不在场，而在几个当事人的传略中却未写此事。这段对话发生在崇德八年九月二十七日，即太宗驾崩后的第六天。当时阿济格和多铎还是多罗郡王，顺治元年才被摄政王多尔衮假借皇帝的名义，进封和硕亲王（多铎虽在崇德元年被太宗封为和硕豫亲王，但在崇德四年降为多罗贝勒，七年七月晋多罗郡王）。

多铎劝多尔衮即位，或推代善继位，但他真实的意图未必不是逼多尔衮、代善谦让，抬出太祖遗诏赤裸裸地为自己夺位找依据。多尔衮和代善都不支持他，一个说豪格也名在遗诏而使遗诏失效，一个以多尔衮谦让而转到太宗皇子身上。

这段话暴露了多铎觊觎帝位的勃勃野心，也决定了他后来在多尔衮摄政时与豪格更加亲近，却经常拆胞兄的台。

2

阿济格、多尔衮和多铎同父同母，电视剧中大都安排多尔衮和多铎亲近的场景。不可否认，多尔衮对胞弟比对胞兄要好很多。多铎死后，阿济格希望取代多铎成为叔王，遭到多尔衮斥责一事，就是证明。《清史列传·阿济格传》记载："阿济格自以功多，告多尔衮曰：'辅政德豫亲王征流寇至望都，潜身僻地，破潼关、西安，不歼其众；追腾机思，不取其国。功绩未著，不当优异其子。……'多尔衮斥其妄：'德豫亲王薨不久，何忍出此言？曩者令尔征流寇，德豫亲王征江南，尔逗遛边外。德豫亲王乃破流寇克西安，平定江南、河南、浙江，追腾机思，败喀尔喀二汗兵，功较尔甚多，且原系亲王，尔原为郡王，其一子吾养为子，一子袭王爵，何为优异？……尔安得思越分，自请为叔王？'"

亲弟弟染天花英年早逝不到一年，亲哥哥就迫不及待地攻讦抢功夺位。足见，在利益面前是没有多少亲情可言的。多尔衮尽情地拉拢、厚待多铎，多铎又究竟留情多少呢？

多尔衮和多铎丧母时都未成年，也未立功，这对难兄难弟的感情却素不融洽，这是太祖无心、太宗有意造成的。

多铎是太祖最小的嫡子，备受宠爱，几岁便受封台吉，新年朝贺位排前列。天命七年，太祖颁行八和硕贝勒共治国政制度，军政财刑皆由八人共议裁决。究竟是哪八人，有几个版本，不同就是阿济格、多尔衮有二选一之说，而八岁的多铎都在其中毫无疑问。这养成了多铎恃宠骄纵、我行我素的性格。多尔衮当时并不被太祖和诸人重视，新年朝贺大典未安排他参加。太祖逝前，安排多铎掌最强大的正黄旗，阿济格掌镶黄旗，而多尔衮还不是旗主贝勒。

多尔衮和多铎都是在太宗时期才累积军功的少壮派，拜将封王，而阿济格是太祖朝过来的战将，太宗的继妃、豪格的母亲乌拉纳喇氏被太祖下令休弃，与阿济格有关，这未必不是后来太宗对他用完就打压的原因之一。天聪二年，阿济格为多铎向舅舅家求亲，遭太宗忌恨，太宗"以擅主弟多铎婚，削爵"（《清史稿·阿济格传》），趁机将阿济格的镶黄旗主旗贝勒给了多尔衮。

虽然多尔衮掌管了镶黄旗，太宗并未停止进一步分化他们兄弟的势力。天聪四年、六年，太宗相继囚禁阿敏、莽古尔泰之后，重组八旗（主要是两黄、两白和两蓝六旗），将多尔衮、多铎主旗的两黄旗改名为两白旗，又让他们兄弟对调，让多尔衮掌管原属多铎的正黄旗和正白旗，从而引起了多铎对多尔衮的不满。

3

多尔衮摄政后，对多铎甚是照顾，让他由原来的从征之将，变成了领兵主帅。顺治元年十月，重新晋为和硕豫亲王的多铎，受封定国大将军，统领将士南征，一举摧毁了西安的大顺政权和南京弘光政权。顺治三年五月，多铎为扬威大将军，率兵镇压叛奔喀尔喀的蒙古苏尼特部腾机思、腾机特等，大获全胜。

多尔衮拉拢多铎也是有原因的。他知道，除了正白旗听命于他，太宗遗留的两黄旗和豪格的正蓝旗都坚决不依附他。代善家族的两红旗与济尔哈朗的镶蓝旗，只忠于大清朝廷。唯有争取多铎的镶白旗，是他能在各个山头制衡中找到真正的发展之路。

多尔衮除了给多铎更多的成就"开国诸王战功之最"（乾隆语）的机会，还不断地给他加封升爵。顺治二年十月，多铎晋级为和硕德豫亲王。顺治四年七月，多铎进封为辅政叔德豫亲王，成为多尔衮之下清廷实际上的二号人物。

但是，多铎未必对多尔衮的殷勤有太多的亲近和感谢。

幼主继位刚两月，多铎便做了一件让摄政的多尔衮感到极为棘手的事情，即谋夺内院大学士范文程之妻。

范文程虽说是汉人，但他是太祖朝过来的三朝元老重臣，尤其在太宗朝，深受倚赖，凡是讨明策略、策反明朝官员、进攻朝鲜、抚定蒙古、国家制度的建设等，他都是核心层的首席智囊。太宗去世，世祖继位，但皇家内部派系斗争并未停止，郡王阿达礼、贝子硕托谋立多尔衮为君，代善、多尔衮告诸王贝勒，遂以扰政乱国的叛逆罪，将阿达礼、硕托处死，籍没其家。范文程原属硕托的镶红旗，被拨入镶黄旗。故主硕托乱国，使范文程险遭不测之祸，紧接着豫郡王多铎欺负范文程，公然霸占范妻。事情很快闹到了多尔衮那里，刚摄政不久的他还得依靠范文程，只好追责多铎，罚银千两，夺去所属十五个牛录。

此事并非野史，《清世祖实录》崇德九年十月戊子中有记载："多罗豫郡王多铎，谋夺大学士范文程妻事觉，下诸王贝勒大臣鞫讯。得状多铎，罚银一千两，并夺牛录十五个。和硕肃亲王豪格，坐知其事不发，罚银三千两。"

多铎性爱声色不假，却打大清开国宰辅范文程之妻的主意。范文程要年长多铎十八岁，其妻与多铎的年龄差距多大，史书没有记载。单就范文程对当时处在历史转折中的清廷而言，重要性非几个带兵贝勒王爷所能及，就是多尔衮也要尊重礼遇。萧一山在《清代通史》中说："运筹策划，经略四方，筦理机要，创制规模者，如范文程、洪承畴、金之俊、冯铨辈，虽以汉人投效，行节有亏，史书所载，黜之贰臣；然经营勤劳，亦不失为开国之良辅。""福临入关，宣力文臣，必以文程居首，历事四朝，首定大计，诏敕谕檄，皆出其手，经营草昧，弼成丕业，盖亦清之厚幸也！"后来，康熙也说："文程之策，可抵百万雄兵！"

就连多铎的父亲太祖也曾告诫诸贝勒："此名臣后也，善遇之"（《清史稿·范文程传》），但是多铎以夺妻来侮辱文臣之首的范文程，归根结底是要给多尔衮摄政难堪，这或许是多铎对当初跪求多尔衮推自己上位不允的报复。

4

多铎对多尔衮的报复不止于此。他还同多尔衮最大的政敌豪格甚是亲近，就连谋夺范妻一事，也是最早让豪格知情，甚至暗中参与。只有多铎与豪格关系非常密切，订立攻守同盟，豪格才会对忠于其父太宗的老臣受辱遇难之事知情不发。二人还在多尔衮与豪格矛盾激化的情势下，相约外出放鹰，很晚才回。豪格对多铎围猎山林禁地的行为，非但不予制止，反而隐瞒。

多铎争位不得，对自己当初没有支持济尔哈朗谋立豪格的事情后悔不已："和硕郑亲王初议立尔为君，因王性柔，力不能胜众。议遂寝。其时我亦曾劝令勿立。由今思之。殆失计矣。今愿出力效死于前。"此话是何洛会构陷豪格说"和硕睿亲王，非有福人，乃有疾人也。其寿几何而能终其事乎设不克终事"的后续。孰是孰非，谗言难辨，但还是可见多铎同侄儿豪格有"同命相怜"之感，而对胞兄多尔衮却愤懑不满的蛛丝马迹。

也许正是对多尔衮摄政擅权的不满，多铎在外攻城略地时，也是疯狂杀戮，丝毫不为清朝入关未稳亟须收服民心考虑。顺治二年四月十五日，多铎率领清军围攻扬州，数次遣人招降南明督师史可法，都遭拒绝。十日后，多铎以红衣大炮轰城，擒获史可法，杀死曝尸，直至腐烂，使江南民众士人更加寒心。

多铎以不听招降为由，下令屠杀扬州百姓，延续十天，死亡八十余万之多，史称"扬州十日"。幸存者王秀楚在《扬州十日记》中描写这一惨况："火势愈炽，墓中乔木烧着，光如电灼，声如山崩，风势怒号，赤日惨淡，为之无光，目前如见无数夜叉鬼驱杀千百地狱人而驱逐之。惊悸之余，时作昏瞆，盖已不知此身之在人世间矣。"

烧杀戮抢，势如地狱。屠城兵祸，罄竹难书。《清初内国史院满文档案译编》中册也有记载，顺治二年十一月十五日，多铎将扬州大屠杀中掠夺的"才貌超群汉女人一百零三"，奉献给清朝最高酋长：顺治帝获十名，摄政王多尔衮获三名，辅政郑亲王济尔哈朗三名，肃亲王豪格等各二名，英郡王阿济格等各一名。

多铎嗜杀好色，在虞山强娶富商黄亮功三十五岁的遗孀刘氏为妾。同时下令告诫南明官民，若抗拒不降，扬州屠城便是前车之鉴。他的血腥杀戮和疯狂掠夺，激起了汉人持续不断地对清朝统治者的激烈反抗和民族仇恨，数百年不歇。

顺治同博穆博果尔有过帝位之争吗？

1

电视剧《孝庄秘史》在太宗驾崩之际，在安排多尔衮与豪格帝位之争后，又设计了一场皇九子福临同皇十一子博果尔的争位戏。

博果尔的生母贵妃为了推子上位，早就运筹帷幄，先后将两个侄女分别婚配多尔衮和豪格。孰料，多尔衮争位不得，将庄妃所生的福临抱上了龙椅，正中孝端文皇后与礼亲王代善下怀。

秘史美其名曰未公开的内部秘密，不见于正史。正史所述未必是真正的历史，而秘史所藏或许是背后的真相。然而《孝庄秘史》之秘，到底有多少真实性，或许只有导演和编剧知道。

如以多尔衮与庄妃的情事作为电视剧的主线，而在史上所据的，无非是南明抗清名臣张煌言的《建夷宫词》："上寿觞为合卺尊，慈宁宫里烂盈门。春宫昨进新仪注，大礼恭逢太后婚。"孟森在《太后下嫁考实》直指为"谤书"："远道之传闻，邻敌之口语，未敢据此孤证为论定也！"就连对多尔衮有好感的清朝属国朝鲜的《李朝实录》也没有"太后下嫁"颁诏告谕的记载。日本史家稻叶君山在《清朝全史》中说："但此系出当时南人，究难保无误传之处。"

2

福临与博果尔（当是"博穆博果尔"）的帝位之争，并未见史料记载。结合当时的情势分析，博穆博果尔到底有多少资格争位呢？

博穆博果尔，太宗第十一子，电视剧是因其母贵大妃（即麟趾宫贵妃）位在庄妃之前。崇德元年，皇太极在盛京称帝，册封崇德五宫后妃，也称五大福晋，即清宁宫皇后（称国君福晋，中宫）居首位，以下依次为关雎宫宸妃（称东大福晋，东宫）、麟趾宫贵妃（称西大福晋，西宫）、衍庆宫淑妃（称东侧福晋，次东宫）和永福宫庄妃（称西侧福晋，次西宫）。

麟趾宫贵妃居第三位，位在居第五位的永福宫庄妃之上。子凭母贵，这是博穆博果尔的唯一优势。

3

博穆博果尔除了在子凭母贵上占了一些优势之外，其他方面却大大不利。

一、博穆博果尔生于崇德六年十二月二十日，至太宗崇德八年八月驾崩时，年仅一岁半多，而出生在崇德三年正月三十的福临已虚龄六岁，大了博穆博果尔四岁。太宗驾崩前，已有三子幼殇，而且他最爱的皇八子，未满一岁夭折，自会引起诸王公大臣的警惕，而在二选一中只会支持年长的福临。

二、福临生母庄妃布木布泰不满十三岁便嫁给了尚未继汗位的太宗,而博穆博果尔的生母麟趾宫贵妃娜木钟,初嫁蒙古察哈尔林丹汗,为其多罗大福晋(正室大福晋),为林丹汗的八大福晋之首,称"囊囊福晋"(蒙语"囊囊"即汉语"娘娘"之意)。天聪七年夏,林丹汗在青海大草原去世,她成为囊囊太后,第二年生下林丹汗遗腹子阿布鼐(亦作阿布奈)。她统管阿纥土门万户斡耳朵。天聪九年,后金军包围林丹汗的族人,准备征服察哈尔。囊囊太后为了族人的性命向后金大汗皇太极让出北元的玉玺,太宗纳其为侧福晋。先她嫁给太宗的,还有林丹汗的窦土门福晋,即著名的"野鸡入帐"典故的女主人公。当时,窦土门福晋希望嫁给太宗,太宗并不情愿,毕竟人家是敌国先汗遗孀、新汗太妃。窦土门婚嫁强国大汗成功,也为后来囊囊太后归附太宗做了引线。更何况,囊囊太后为太宗带来了他梦寐以求的玉玺。

《孝庄秘史》为这一方玉玺,专门设计了一场多尔衮觊觎汗位的戏。多尔衮被指派收服察哈尔,于是用计让对手不战而降,还献上了传国玉玺。多铎鼓动多尔衮以玉玺号令八旗自立,被豪格向太宗告发,结果在班师回京时,太宗严阵以待,差点儿结束了多尔衮的政治生命。

三、麟趾宫贵妃虽在位次上,确实高了永福宫庄妃一点点,但她们同在贵妃之列,而庄妃的背后有其亲姑姑中宫皇后,以福临的嫡母身份作为最大支持。中宫皇后虽非太宗元妃,也没有生育子嗣,但在太宗一朝十八年主持后宫,自然可以作为一股强大的势力,对大清朝政局有着举足轻重的影响。《孝庄秘史》中的哲哲皇后,不但得到了太宗和诸大贝勒的尊重,就连傲慢的多尔衮、多铎兄弟也待之如嫂娘一般。她肩负着蒙古科尔沁部落与清朝皇家联姻的政治使命,更不会让帝位旁落其他蒙古部落。只有让福临胜出,她的嫡母皇太后才有名有实,而让博穆博果尔继位,那她高居嫡母皇太后之尊位只是一份虚荣。史料对她的记载不多,但不能否认她是一个成熟的政治家,甚至影响了后来清朝最伟大的政治女性孝庄太后。

四、麟趾宫贵妃作为敌国寡妇,被太宗厚待,多半是政治原因所致,可以说是大清政权对蒙古最强大的察哈尔部的政治联姻和维稳工具。但在太宗驾崩时,清朝实力已非当日可比,作为少壮派领军人物的多尔衮,甚至豪格、多铎,也未必情愿让尚未彻底征服的察哈尔先汗遗孀成为大清国的太后。

以后来多尔衮以摄政睿亲王之尊对待顺治帝能干的庶兄硕塞的态度，对亲侄儿论功行赏也强调"贵宠之列"、嫡庶之分，他自然会对侄儿生母的出身有清晰的区别。

顺治与孝庄说不尽的恩怨

1

崇德八年八月，皇太极驾崩，其十四弟睿亲王多尔衮和皇长子肃亲王豪格势均力敌，"诸王兄弟相争为乱，窥伺神器"。

三十二岁的孝庄与皇太极孝端皇后多方斡旋，使多尔衮得摄政王称号和实权后，改为支持其子福临继位，改年号为"顺治"，与其姑母孝端文皇后两宫并尊，称圣母皇太后。

多尔衮位高权重，依然觊觎皇位，不断地迫使幼主加封自己为叔父摄政王、皇叔父摄政王，甚至皇父摄政王，还追封自己的生母为皇后，这些是皇帝才干的事情。孝庄全力辅佐顺治，又对多尔衮施展谋略、软硬兼施，纾解其野心欲望，巩固了顺治的帝位。

三十多岁的寡妇带着年幼的儿子，面对诸多对皇位虎视眈眈的血性男人，自然是不容易。她既要得体地对多尔衮委曲求全，也要通过继续和亲的方式，向娘家蒙古科尔沁部博尔济吉特家寻求支持。然而，她"忍辱吞声"、苦心扶持的小皇帝顺治却不领情。

2

顺治很不喜欢两位来自母亲娘家的皇后，独宠自己中意的董鄂妃。

顺治十三年（1656年）八月，董鄂妃被册为贤妃，仅三月有余，顺治又以"敏慧端良、未有出董鄂氏之上者"为理由，晋封她为皇贵妃，还举行了十分隆重的册妃典礼，并按照册封皇后的大礼，颁恩诏大赦天下。

第二年，董鄂妃生下皇四子，顺治颁诏天下"此乃朕第一子"（指嫡出第一子），大有册封太子之意。然而这个孩子"百日而殇"，顺治追封为和硕荣亲王，为他修建了高规模园寝。顺治十七年八月，董鄂妃病逝，顺治"辍朝五日"，追谥孝献皇后。历史学家萧一山称他"痛爱妃之死而欲逃禅"。

顺治对母亲为其选的皇后冷漠寡情。第一个是孝庄的亲侄女，是多尔衮为他聘娶的，但喜好奢侈，娇生惯养，顶撞过顺治，自然不为他所喜欢，立后两年被废。第二个是孝庄从娘家找来的堂孙女做儿媳妇，但儿子正宠董鄂妃，对这个母亲指定的皇后动不动就斥责。好在这位皇后能委屈圆通，又有太后呵护，才没有被废掉。

母子矛盾重重，势同水火。顺治十八年世祖驾崩，八岁的皇三子玄烨即位为康熙帝，尊孝庄为太皇太后，称昭圣太皇太后。孝庄再次辅佐，授以治国安邦方略，一边与索尼、鳌拜四大顾命大臣斗智斗法，一边支持康熙平定"三藩"、收复台湾、驱逐沙俄。康熙前期许多重大决策、重大事件，都同孝庄的筹谋擘画密不可分。

3

不论后世之人如何拿所谓委身洪承畴、下嫁多尔衮的事情给孝庄泼脏水，都不能掩盖她对清朝的兴盛厥功甚伟。她生活俭朴，不事奢华，戡乱"三藩"时，把宫廷节省下的银两捐出犒赏出征士兵。每逢荒年歉岁，她都把宫中积蓄拿出来赈济，全力配合、支持孙子的帝业。

她的表率行为，更使皇帝增加十二分敬意。康熙二十一年（1682年）春，皇帝出巡盛京，沿途几乎每天派人驰书问候起居，报告自己的行踪，并把自己在河里捕抓的鲢鱼、鲫鱼脂封,派人送京给老祖母尝鲜;二十二年秋,康熙陪祖母巡幸五台山,一到上坡地方,皇帝每每下轿,亲自为祖母扶辇保护。

康熙二十六年(1687年)十二月,孝庄病危,康熙昼夜不离左右,亲奉汤药,并亲率王公大臣步行到天坛,"请灭算以益太后":"若大算或穷,愿减臣龄,冀增太皇太后数年之寿。"

孝庄虽没有像慈禧那样垂帘听政,但在顺治一朝、康熙前期,她都是皇帝最好的政治导师。

清史专家杨珍说:"孝庄是公认的明清之际杰出的女政治家,在清朝入关特别困难的情况下,维持了清皇室的团结,而且保护培养了顺治、康熙两个历史名君,对扭转当时中国的分裂局面,使中国归于统一具有重要作用,更重要的是,她没有像慈禧那样垂帘听政,始终处于幕后,这在中国古代史上是非常罕见的。"

作为当事人之一的康熙,对祖母的评价更有说服力:"忆自弱龄,早失怙恃,趋承祖母膝下三十余年,鞠养教诲,以致有成。设无祖母太皇太后,断不能有今日成立。"此话款款深情,见诸《清圣祖圣训》卷一《圣孝》。

赵尔巽修《清史稿》评价孝庄:"世祖、圣祖皆以冲龄践祚,孝庄皇后,当时无建垂帘之议者。殷忧启圣,遂定中原,克底于升平。"

孝庄临终前,嘱咐康熙:"太宗奉安久,不可为我轻动,况我心恋你父子,当于孝陵近安厝。"孝庄的遗愿,灵柩不要运往盛京与皇太极合葬,而是安在清孝陵附近,那里有其二十三岁因患痘早逝的儿子顺治的陵寝。那是她心中的痛。她要葬在北京城附近,继续守护孙儿的江山。同时,孝庄也清楚皇太极最爱的是姐姐海兰珠,尊重的是姑姑哲哲,就连林丹汗的那两个寡妇在皇太极心里的位置都要比自己高,未必心里不无伤感。

此言道了真情,但却被南明抗清将领张煌言大做文章,说孝庄作为寡嫂嫁给小叔子而无颜见自己的丈夫皇太极。

风水大师顺治帝

1

清朝有多位捡漏帝，如初期的顺治、康熙，末期的光绪、宣统。顺治帝的捡漏，要比其他三位皇帝捡得惊心动魄。他六岁登基，其帝位算是睿亲王多尔衮与肃亲王豪格争斗得剑拔弩张的产物。

如果多尔衮与豪格都不妥协，清王朝难免有一场宫廷政变并演绎成生死攸关的分裂的大转折。他们迫于两黄旗大臣誓立皇子的死忠气势，让皇九子福临幸运地坐上了紫禁城里的龙椅。

顺治帝上台了。顺势嗣统，顺势而治。

福临称帝，多尔衮摄政。他们有着一个共同的理想和目标，那就是"治国顺利，实现华夏统一"。

多尔衮是皇太极精心培育的政治强人，独擅威权，忘乎所以，不再满足于简单的摄政睿亲王的称谓，做了皇叔父摄政王后，还要做皇父摄政王。

这顶帽子，在满语中可能是臣下最高的爵位，不但高居诸亲王之上，而且凌驾在辅政叔王济尔哈朗、多铎之上。但在汉人看来，多尔衮就是皇上的父亲——太上皇！

大清王朝出现了国有二主的局面。

多尔衮经略中原，福临打破满汉界限，在面对李闯王、南明等汉人势力多重抵制的情势下，走进了紫禁城改朝换代，使清皇朝顺利传诸后世。

顺治帝亲政十年，虽在最后的罪己诏中自责改变了崇满抑汉的既定国策，但他在新的抗清高潮出现时，推行抚重于剿的策略，重用汉臣，整肃吏治，稳定秩序，鼓励垦荒、恢复生产，是一个年轻有为的青年天子。

顺治时代，不论是多尔衮摄政，还是他自己亲政，最大的成功就是入关后迅速吸收坚守儒家理想主义的前明官员和士大夫，进行政治合作，使中国以最快的速度从全球经济危机中率先走出，成为当时世界第一强国。

但是，明末泛滥的天花，蔓延到清廷，最后要了顺治帝的命。

做了十八年皇帝的顺治帝，只活了二十四岁。

2

顺治帝英年而逝，死后还被其母孝庄和他指定的四辅臣弄了一道罪己诏与十四款大罪，称他未遵祖制、渐染汉俗，几乎全盘否定了他的历史功绩。

然而《清史稿·世祖本纪》还是说："顺治之初，睿王摄政。入关定鼎，奄宅区夏。然兵事方殷，休养生息，未遑及之也。迨帝亲总万几，勤政爱民，孜孜求治。清赋役以革横征，定律令以涤冤滥。蠲租贷赋，史不绝书。践阼十有八年，登水火之民于衽席。虽景命不融，而丕基已巩。"

顺治是一个受中外称赞勤政爱民的好皇帝。

曾觐见过顺治的意大利籍天主教传教士卫匡国在《鞑靼战纪》中，谈及自己对顺治帝的印象："这个皇帝虽然年轻，但一开始治理国事就表现得深谋远虑，受到各个阶层、各个集团的赞扬，胜过了头发灰白最有才智的大臣们。他已经不再是一个傀儡了，在处理政务方面也表现出惊人的判断力。"

后来，清朝第八代礼亲王昭梿以笔记的形式，在《啸亭杂录》中多有披露先人秘闻。他认为多尔衮在清军入关后，对迎降的明臣"权宜用之"，故而导致不少弊政不尽然厘正，烘托出顺治帝将擅权的大臣如陈名夏、谭泰、陈之遴、刘正宗等"无不立正典刑"，这说的是明末转入清廷的南北党争。

而此争斗，多尔衮摄政时确实存在，但昭梿所列举的人大多是顺治帝亲政后的亲信大学士或权臣。陈名夏于顺治八年七月以吏部尚书授内翰林弘文院大学士，两年后改内翰林秘书院大学士。谭泰为多尔衮死后出任吏部满族尚书。陈之遴于顺治九年二月以礼部尚书授内翰林弘文院大学士。顺治十年闰六月，刘正宗以新任内翰林弘文院大学士管吏部尚书事。

他们都是顺治亲政后的新宠。参与这一场政治争斗的还有顺治帝极其倚重的大学士冯铭、金之俊、洪承畴和成克巩等。顺治帝坐山观虎斗，经常偏袒这些擅权之臣。刘正宗和成克巩围攻陈名夏时，顺治帝还因为陈氏能写得一手好文章而想办法庇护。

当刘正宗权倾朝野跋扈张狂时，顺治帝一次次地给他机会，谁料刘氏不领情，后险被处死。刘正宗是顺治帝的文化至交，他博览群书，擅长诗律，爱好书法，笔法秀妙无伦，顺治帝凡得著名书画，经他鉴别评定后才归御府收藏，并常将所得名人字画和自己作的字画及亲笔题字赐给他，御府图书题跋也多出自他手。为显示荣耀，他还于安丘城大学士府内建了"御墨楼"。

3

昭梿称顺治帝勤政之余，善于画牛，也通于禅机。

顺治帝曾召玉琳、木陈二和尚进京，住进万善殿。顺治帝每天处理完政务之后，就前往二和尚处与他们谈论禅机，"皆彻通大乘"，"真天纵夙悟也"（《啸亭杂录》卷一）。

刘正宗被顺治帝日见疏远，是因为他不像王熙等人那般扈驾参禅论道，而是谏阻顺治远离僧佛。孰料顺治帝因为董鄂妃之死更加沉迷，最后演了一场出家的戏。

顺治帝是真皈依佛门，还是患天花而崩，都已成一段清谜，不是此处谈论的重点。有趣的是，这个喜好佛法的皇帝，早早地给自己找好了墓穴。

顺治帝的陵寝即孝陵。虽然孝陵兴工开建于顺治帝死后，但墓穴是顺治帝亲自勘定的。

某次，顺治帝至遵化打猎，看到一处地方，便勒马四顾，说："此山王气葱郁非常，可以为朕寿宫。"

他取下身上的一块玉佩掷之，说此处便是"佳穴"。后来，有不少风水先生说："虽命我辈足遍海内求之，不克得此吉壤也。"

福临出生时，皇太极说："奇祥也，生子必建大业。"（《清史稿·世祖本纪》）

飞马围猎给自己找墓穴，年纪轻轻的顺治帝，原来是一个很有潜质的风水大师。

太宗禁止后世乱伦，孝庄顶风作案

1

顺治十七年八月，二十二岁的董鄂妃病逝，第二年正月顺治帝崩于痘症，演绎了一曲帝妃生死相依的绝恋。

顺治帝之死，源于爱情上的纠结。他在爱妃死后，除了"辍朝五日。追谥孝献庄和至德宣仁温惠端敬皇后"之外，还亲制《孝献皇后行状》数千言，又命中和殿大学士兼吏部尚书金之俊另外写传略。

这样的举措，足见顺治爱妻深切，堪为情爱佳话。然而作为一个帝王，顺治帝却显得荒唐，跑到五台山清凉寺，剃了头发要出家。最后是太后与汤若望苦劝，才算作罢。

顺治帝纳董鄂氏为妃，前后不过五年。董鄂妃十八岁入宫，深得顺治帝"眷之特厚，冠宠后宫"（《清史稿·董鄂妃传》），但她于顺治十三年八月被立为贤妃，得益于世祖偏重，而十二月进封皇贵妃该与母凭子贵有关。《清世祖实录》记载："顺治十四年十月丙子，皇第四子生。"这个皇四子，即董鄂妃所生的荣亲王，被顺治帝昭告天下署作第一子。董鄂氏封皇贵妃之时，应该是受孕之后，世祖请示太后，再行册立大礼，颁诏大赦天下。

按理，此时的顺治帝，已亲政近六年，大权在握，乾纲独断，太后对他的约束力要明显弱于多尔衮摄政时。世祖亲政后，除了大范围肃清摄政睿亲王之影响外，在政治上、经济上、思想上的政治作为，还是有不少可以圈点的，算得上一位明君。

至于为何宠爱董鄂氏，世祖给出的答案是："后婉静循礼，事皇太后，奉养甚至，左右趋走，皇太后安之。事朕，晨夕候兴居，视饮食服御，曲体罔不悉。朕返跸晏，必迎问寒暑，意少乱，则曰：'陛下归晚，体得毋倦耶？'趣具餐，躬进之，命共餐，则辞。朕值庆典，举数觞，必诫侍者，室无过燠，中夜置罾起视。朕省封事，夜分，未尝不侍侧。"（《清史稿·董鄂妃传》）貌美为其一，但主要是董鄂氏待婆母太后、丈夫世祖，严格遵守了汉文化的礼仪。这些褒词，都合乎汉人贤妻关于侍奉公婆遵礼仪、伺候丈夫有规矩的高标准，应该是真实情景，不为顺治因宠幸而伪饰。

虽然世祖在世，始终未改变清朝"首崇满洲"的既定国策，一再重申要坚持满洲的衣冠服饰，将主张部院大臣专用汉人、不用满人及建议修改逃人法的言官如李呈祥等流放满洲，甚至下令将主张"留发复衣冠"的内翰林院大学士陈名夏处绞。但作为清军入关后的第一任皇帝，弥留之际，他曾安排礼部侍郎兼翰林院掌院学士王熙起草遗诏，即所谓顺治罪己诏，胪列十四款，主要指他未循祖制、渐染汉俗、重用汉人、宠汉抑满等。他偏爱董鄂妃循于礼，说明受汉文化的礼教观念影响深切。

2

董鄂妃作为一个大龄女子，却被世祖视为最爱。关于她的前身究竟如何，正史只有"内大臣鄂硕女"一句简单的说明，但学界却有另外的说法。

一、襄亲王福晋说。电视剧《孝庄秘史》《少年天子》等，都认为董鄂妃原是襄亲王博穆博果尔的福晋，后被顺治帝纳入宫中，成为宠妃。依据是博穆博果尔为太宗幼子、世祖亲弟，十四岁进封和硕襄亲王，成为诸兄弟中唯一不以军功尊封者，受世祖过分嘉奖，被视作一种补偿，但不久死了。

二、庄亲王福晋说。顺治末年翰林院庶吉士、康熙朝武英殿大学士李天馥《古宫词》写道："日高睡足犹慵起，薄命曾嫌富贵家。"邓之诚《清诗纪事初编》卷五注释："明言董鄂先入庄邸。"钱仲联《清诗纪事》也说："毛奇龄《长生殿序》称应庄亲王（太宗第五子硕塞）世子之请，作《长生殿》院本。盖正以杨妃先为寿王妃暗示董鄂先入庄邸，然则汤若望所云满籍军人者，或当为庄亲王矣。"庄邸，即庄亲王府。世祖五哥、承泽亲王硕塞长子博果铎，生于顺治六年。顺治十一年十二月，硕塞逝世，博果铎袭爵亲王，改号和硕庄亲王，即为清朝第一代庄亲王。"杨妃先为寿王妃"，指杨玉环成为唐明皇的杨贵妃前，先是明皇子寿王李瑁妻，意指董鄂妃为世祖抢了侄儿博果铎的福晋。事实上，顺治十三年，十八岁的董鄂氏入宫为妃时，博果铎才五岁。

三、满洲军官妻子说。此说源于《汤若望传》中汤若望的回忆："顺治皇帝对于一位满籍军人（有学者认为是某个一品或一品以下武职官员）之夫人，起了一种火热爱恋。当这一位军人因此申斥他的夫人时，竟被对于他这申斥有所闻知的天子亲手打了一个极怪异的耳掴。这位军人于是怨愤致死，或许竟是自杀而死。皇帝遂将这位军人的未亡人收入宫中，封为贵妃。这位贵妃于1660年产一子，皇帝要规定他为将来的皇太子。但是数星期后，这位皇子竟然去世，而其母于其后不久亦薨逝。皇帝陡为哀痛，竟致寻死觅活，不顾一切。"传教士汤若望，为世祖信任的近臣，但《汤若望传》为他人做传，其中又有不少讹误，如1660年为顺治十七年，董鄂妃生子则在顺治十四年。

董鄂妃究竟是怎样进宫的，为何极受世祖宠爱？限于史料流于表面只言片语的记载，种种猜测都莫无荒唐言。甚至有人将这个可怜的女人与坚决抗清的秦淮名妓董小宛联系到了一起，而董小宛情系冒辟疆（明末清初文学家），与之厮守终老。董小宛委身冒辟疆时，世祖还是襁褓中的婴儿。后来，董小宛与世祖也是缘悭一面，又哪来情爱终身呢？

不论顺治帝与董鄂妃的爱情如何魂牵梦绕、生死相依，作为皇帝的世祖虽然有不少作为，对国家百姓而言这仍是极其荒唐，甚至近乎昏庸得不负责任。

3

顺治帝如此宠爱一个出身不清白的女子，甚至背上了抢夺弟媳、臣妻甚至侄媳的骂名。可见他对太后指婚的皇后是何等厌恶和无可奈何，于是拿一个已婚女子来作为痛苦的反抗。

世祖生前除了追封董鄂氏为后外，还先后正式册立过两任皇后。元后为顺治八年八月所立，是世祖舅舅、科尔沁卓礼克图亲王吴克善的女儿，系多尔衮生前所议娶。虽在多尔衮死后册立，但不为世祖喜爱，被以"朕素慕简朴，废后则癖嗜奢侈，凡诸服御，莫不以珠玉绮绣缀饰，无益暴殄，少不知惜"（《孝献皇后行状》）为名，降为静妃，并令其改居侧宫。

顺治十一年五月，选科尔沁左翼札萨克（执政官）、达尔汉巴图鲁亲王满珠习礼孙女入宫，封为妃；六月，册为皇后，即后来康熙追谥的孝惠章皇后。满珠习礼与吴克善，皆为太后亲兄、世祖母舅。世祖此次娶妻，是表叔娶了自己的表侄女。

满人入关前，贵族乃至大汗的婚姻，多为部落或君臣政治联姻的产物，"嫁娶不择族类，父死子妻其母"的现象很常见，不受汉人"渎伦"礼教观念的制约。后金进入辽沈后，太宗有意引导满洲奴隶制世俗社会向宗法制汉文化靠拢，以先进文化促进落后民族的快速发展，曾颁旨禁止皇族内部乱伦婚娶的事情发生。天聪五年，太宗下令"禁止婚娶继母、伯母"。崇德元年，太宗改国号大清，议定《会典》，重申"自今以后，凡人不许娶庶母及族中伯母、婶母、嫂子"，并将过去这种现象视为乱伦，加以严禁。凡娶继母、伯母、叔母、兄嫂、弟妇、侄妇，永行禁止。太宗的这项婚姻改革，是他主动学习汉文化的精神并深受影响的成果。他在议定《会典》时说："汉人、高丽因晓道理，不娶族中妇女为妻。凡人既生为人，若娶族中妇女，与禽兽何异。"（《清太宗实录稿本》）

科尔沁为求自保，自太祖时起，多与满人贵族多重联姻，为的是政治目的，淡化了亲情伦理。太宗娶姑侄三女侍一夫，毕竟夫妻之间没有任何血缘关系，有违伦常，但非生理上的乱伦。

世祖也是娶了科尔沁的姑侄三女。废后为其表姐妹，而第二任皇后则为其母之亲侄孙女。据史料记载，世祖与表侄女皇后婚后不睦。另外，世祖还同时将另一个表侄女纳为妃子，即淑惠妃。《清史稿·后妃传》记载："淑惠妃，博尔济吉特氏，孝惠皇后妹也。顺治十一年，册为妃。"世祖被迫娶了舅舅家的表姐妹，甚至两个表侄女，造成了生理关系上的"渎伦"，这与他积极接受汉文化礼教观念有着严重的冲突。

4

造成世祖的政治悲剧和生活悲剧的始作俑者，是其生母孝庄太后。顺治帝有两任皇后，妻妾成群之后，近乎荒唐地宠爱再嫁的董鄂氏，导火索为太宗禁止后世乱伦、孝庄顶风作案。

世祖像太宗一样，都娶了科尔沁部的姑侄三女。区别是，太宗与她们并不血缘相连，而世祖却同三后妃是母家近支血亲。这样的安排，拍板人当是世祖的生母太后，她是废后的亲姑母，也是孝惠章皇后的姑奶奶。即便世祖废后为摄政睿亲王指婚，主动牵线者也当为世祖嫡母、生母两宫皇太后。世祖后宫这三个不幸的科尔沁女人，却没有姑母或姑奶奶孝庄太后那般幸运，孝惠章皇后姐妹被康熙帝继位后分别尊为皇太后、皇考淑惠妃，得高寿而逝，但并未留下自己的一儿半女。这不可不谓政治联姻下的女性悲剧。

这种悲剧的形成，无疑是孝庄太后为了加强娘家科尔沁与满洲皇家的政治联姻，要让博尔济吉特氏家族的女人持续成为清朝的皇后，这既是一种家族荣誉，也是对于家族部落的一种政治庇护和军事屏障。

不仅如此，孝庄太后还将自己幼小的堂侄女养育宫中，后来这个堂侄女成为孙儿康熙追封的慧妃。若不是为了联姻四辅臣之索尼与遏必隆，想必康熙的首任皇后应该是被孝庄拟内定的那位死后才被追认事实的苦命的远方表姑了。入关后的满人，继续沿袭婚娶兄嫂、姑母、侄女等"渎伦"旧俗，且影响后世，虽禁不止。

孝庄太后嫁给太宗，无形中也成为太宗渎伦案的受害者。电视剧《孝庄秘史》中曾有一场戏，是孝端文皇后哲哲、蒙古科尔沁贝勒莽古思向其父提出，太宗看上了大玉儿，其父不怒反而高兴，认为侄女嫁给姑父大汗，可以亲上加亲、卫护中宫、稳固联姻。当然，在历史上，永福宫庄妃布木布泰嫁给皇太极，是在太祖在世的天命十年二月，当时的皇太极是否能继位还是未知数，只是科尔沁首领押中了宝。太宗在世，尊重中宫皇后的博尔济吉特氏姑姑，布木布泰虽十二岁嫁给四贝勒皇太极，却远不及中途杀入的超大龄姐姐海兰珠（关雎宫宸妃）受太宗宠爱，甚至在太宗迎娶察哈尔林丹汗遗孀封为麟趾宫贵妃、衍庆宫淑妃之后，位次由原来的第二被后来居上者排挤到第五了。

顺治最爱的董鄂妃哪儿来的？

1

顺治十三年，内大臣鄂硕十八岁的女儿董鄂氏入宫为嫔，受大其一岁的顺治帝"眷之独厚，宠冠后宫"（《清史稿·董鄂妃传》）。同龄的少男少女，不受压制地谈了一次自由恋爱。八月二十五日，董鄂氏被封为贤妃，时隔一月，顺治以"敏慧端良，未有出董鄂氏之上者"为由，晋封其为皇贵妃。顺治帝如册立皇后一般，特颁诏书。此女升迁速度之快，所受礼遇之隆，能作为中国史上后妃受宠的一个经典。

第二年，董鄂妃生下皇四子，顺治颁诏天下"此乃朕第一子"，祭告天地，接受群臣朝贺，大赦天下。有清一代，因皇子出生而大赦天下者，唯有太宗皇八子与世祖皇四子。但他们都命薄福浅，被顺治帝给予爱意和厚望的"第一子"，"生两岁，未命名，薨"（《清史稿·诸王传五》）。

顺治对此子之爱，胜过了太宗对皇八子的爱，不但追封为荣亲王，还超越祖制和丧葬规格，为他专修高规模园寝，亲笔写下《皇清和硕荣亲王圹志》："制曰：和硕荣亲王，朕之第一子也。生于顺治十四年十月初七日，薨天于顺治十五年正月二十四日……呜呼！朕乘乾御物，敕天之命，朝夕祗惧，思祖宗之付托，冀胤嗣之发祥。"顺治帝是想立其为储。

顺治帝爱子情深，是爱妻情深的一个表现。董鄂妃因丧子之痛，抑郁而终，被谥为孝献庄和至德宣仁温惠端敬皇后，不附帝谥，是中国最后一位独立谥号的皇后，与三月后驾崩的顺治帝合葬清孝陵。

2

顺治帝对董鄂妃的爱，堪称大清帝王绝恋，故而为后世的艺术创造提供了许多虚构的空间。

因董鄂妃的"董",联系到秦淮八艳之一的董小宛。然而,董小宛生于明天启四年(后金天命八年),十五岁嫁给复社(明末以江南士大夫为核心的政治、文学社团)名士冒辟疆为妾,此后不曾离开,死于顺治八年正月。

年长顺治帝十四岁的董小宛的生卒年月、人生经历,除了在时空上同顺治帝有些交集外,其他就没啥了。董小宛出身卑微,但关心国事,在清军入关时以坚决的民族精神抗清,对满洲集团的民族屠杀、民族侮辱政策深恶痛绝。在这样的情势下,她不可能与顺治还有情感纠葛。

于是有人想到,董鄂妃是顺治帝从其十一弟博穆博果尔那里抢来的。依据貌似很充分,说博穆博果尔长年征战在外,把福晋留在家中,福晋与顺治一见钟情,日久情深……

3

历史中的博穆博果尔,真如电视剧中的博果尔一样死于情伤吗?

《清史稿·诸王传五》对他的记载,为太宗诸子中最简单的:"襄昭亲王博穆博果尔,太宗第十一子。顺治十二年,封襄亲王。十三年,薨,予谥。无子,爵除。"他的亲王,在《世祖本纪》中作"和硕襄亲王"。

太宗第五子硕塞因累积军功,被摄政睿亲王给的亲王要"贵宠"得多。此前,博穆博果尔虽是太宗之子、世祖之弟,却没有爵位。据《清世祖实录》记载,顺治九年三月,清算多尔衮一党,在拜尹图、冷僧机等依附多尔衮案录取的口供中,有冷僧机等人曾议"鳌拜、巴哈不宜留上左右,当与宗室博穆博果尔俱逐退"。

太宗共十一子,至世祖继位时,有三子幼殇,老大豪格与老五硕塞因军功封和硕亲王,其他除老十一博穆博果尔外爵位都低,老六高塞为辅国公,老三叶布舒、老七常舒、老十韬塞都只为镇国将军。

顺治十二年,年仅十四岁的博穆博果尔因何被封为和硕襄亲王?史料未载,有学者认为顺治帝给他这顶高帽子来掩盖里面的绿帽子,是一种对亏欠的补偿。

4

难道真是顺治帝抢了弟媳妇？清朝留下的史料未载，不好猜测，但是有几点可以说明：

一、《清史稿·硕塞传》记载，摄政睿亲王在大同战后，论功行赏，强调："博洛、尼堪、硕塞皆不当在贵宠之列。兹以太祖孙故，加锡王爵。其班次、俸禄不得与和硕亲王等。"这个"贵宠之列"，当是可封不同于普通亲王的"和硕亲王"，即后金—清朝君王对诸子分封制有明确的嫡庶之分。

太祖在时，看重诸位嫡子。太宗在位时除了对军功显著的皇长子豪格有封赏外，其他诸子都只是宗室在籍。顺治帝在多尔衮死后，恢复豪格、硕塞的和硕亲王之后，加封麟趾宫贵妃所生的博穆博果尔为和硕亲王，似在为自己正名，证明崇德五宫大福晋所出都为嫡出。顺治帝为居第五位的永福宫庄妃所生，让博穆博果尔进入"贵宠之列"，那么顺治帝自然有了"贵宠之列"的好出身。

二、据《清世祖实录》记载，顺治十三年正月，"工部制造库奏言，修葺襄亲王府第需用赤金四百两，为钉片镀金之用。得旨，此乃王所暂居，又非创造。偶尔修葺，赤金四百两安所用之？且修乾清宫时，尚务俭朴，今何得估计糜费如此之多。其工部制造库官员，吏部从重议罪以闻"。

若说顺治帝要补偿博穆博果尔，为何又吝啬修葺王府多出一点儿费用呢？其实清制规定，和硕亲王岁俸银一万两，禄米一万斛。修葺王府需赤金四百两，并不算超支，只因修乾清宫简朴，故要以此来要求王府修葺，而对做预算超支的工部官员进行追责。

值得注意的是，顺治帝还准备给博穆博果尔另建府邸，旧王府只作暂住。似可证明，顺治帝对弟弟的优待，并不是一次性的补偿，而是按制度长期维持。如果只是为还情债，有这样持续性的吗？若不是，那就是说顺治帝是皇家制度对嫡系弟弟的加封行赏，而不是什么夺妻之后的补偿。

三、董鄂妃出生于崇德四年，而博穆博果尔生于崇德六年十二月。董鄂妃之父鄂硕不过是普通的内大臣，皇家礼制会容许皇帝亲弟去娶一个比他年长三岁且家世不显赫的女子吗？清朝皇子王孙，嫡福晋基本是政治联姻而来。

据宗人府编撰的《清玉牒》（即《爱新觉罗宗谱》）记载，博穆博果尔"嫡福晋博尔济吉特氏，和硕达尔汗巴图鲁亲王满朱锡礼之女"，而没有记载他有侧福晋。满朱锡礼是孝庄的亲兄弟。

这样的婚姻，无疑是孝庄太后指定的满蒙政治联姻。顺治帝加封博穆博果尔为和硕亲王，该是让皇弟在与蒙古郡主表妹的婚姻上，有一个被尊重的身份。他自己曾奉命娶吴克善（孝庄文皇后与敏惠恭和元妃的长兄）家的表妹为皇后，因皇后恃宠骄纵而婚姻不幸。

四、《清史稿·礼志八》对皇子婚仪有规定："先指婚，简大臣命妇偕老者襄事。福晋父蟒服诣乾清门，北面跪，大臣西面传旨：'今以某氏女作配皇子某为福晋。'"

虽然顺治帝时博穆博果尔是皇弟，非皇子，但他的婚配也该得到皇帝的首肯。天聪二年，阿济格因擅自主持胞弟多铎娶乌拉部表妹，被太宗削去爵位。若按《孝庄秘史》所设计的情节，董鄂氏在婚前已被顺治帝看中，大权在握的顺治帝，又怎会将她婚配给他人。顺治帝亲政时，博穆博果尔还不到十岁，不可能成婚。

五、顺治帝与董鄂氏钟情于博穆博果尔领兵外出的时期一说，不符合史实。顺治十二年，博穆博果尔还只十四岁，即便出生在战争年代的太祖诸子，十四岁上战场的也微乎其微。顺治帝年代的战争，在多尔衮死前基本完成，就是说没有给十岁内的博穆博果尔机会。博穆博果尔在多尔衮后和平时代，如果有机会去军中历练，应该有记载传于后世，而不是被洗得干干净净。他的众多兄弟，除了大哥豪格、五哥硕塞外，其他都是没有参与战事记载的。至于他十五岁而死，可以病逝作为解释。他的十五叔多铎"开国诸王战功之最"，却三十六岁死于天花。给他和硕亲王帽子的皇帝哥哥，也是同一种死法：顺治十八年正月，死于天花，年仅二十四岁。博穆博果尔究竟死于何因，或因其政治作为不大，而对其记录极为简单。

六、董鄂妃入宫时"年十八"，即是顺治十三年，而博穆博果尔被封为和硕襄亲王为顺治十二年。难道是顺治帝将董鄂氏先从弟弟手中抢走，送回娘家，同时给弟弟封赏之后，到了第二年才将董鄂氏接进宫？这不合常理，顺治帝既然敢冒天下之大不韪来抢弟媳，哪还会遵从礼法先让董鄂氏回家。

至于董鄂氏入宫已十八岁，显然不是按选秀制度入宫的。

董鄂氏是否嫁过人，当是他话，与博穆博果尔无关。

顺治八年二月，顺治帝亲政后，将曾经独揽大权的摄政睿亲王，从追封的成宗义皇帝弄成了罢黜宗籍，无疑震慑了整个皇家宗族。

他成为真正的皇帝。若其真的抢占了弟媳妇，他与后世之君会让这个见不得光的人伦丑事留下蛛丝马迹吗？顺治八年，内翰林国史院大学士刚林仅因改睿亲王生母殉葬太祖为"自愿从死"，就被弄个阿附多尔衮、诬改《清太祖实录》之罪，斩首籍没。康熙修《古今图书集成》、乾隆修《四库全书》，美其名曰盛世修典，而质言之，不知毁了多少典籍、兴了多少文字狱。

顺治帝情迷董鄂妃背后有隐情

1

清朝出现了两个痴情的皇帝。

一个是清太宗皇太极。

在后宫中受皇太极专宠的是二十六岁来嫁的关雎宫宸妃海兰珠。

古代女子二十六岁还待字闺中是极其罕见的。游牧民族以食肉为主，激素分泌过多，发育较早，十多岁的女孩出嫁就是寻常事，哲哲十六岁嫁给二十二岁的皇太极已算大龄了。按当时满蒙贵族女子婚嫁的惯例，十四岁至十六岁符合规矩，十七岁便是超龄，海兰珠已是特大龄女。

二十六岁才出嫁，唯有一种可能，此次为已婚再嫁。只是其前夫为何人，已无考。

她被皇太极宠冠后宫。

崇德二年七月，海兰珠生皇八子，皇太极大赦天下，追封科尔沁莽古思和硕福亲王及和硕福妃,盛况空前,这是立太子的举措。孰料五月后,幼子病逝,皇太极因此册封海兰珠的母亲为和硕贤妃,赏赐仪仗。

崇德六年九月,海兰珠病重,皇太极时值指挥松锦大战,闻讯后立刻起营回程,因"未至,妃已薨"而多日不食不眠,昏迷多日,言语颠倒。

虽然清醒时说"天生朕为抚世安民,岂为一妇人哉?朕不能自持,天地祖宗特示谴也",但皇太极"仍悲悼不已",再次失声痛哭。

宸妃初祭,皇太极亲笔写下祝文,下跪奠酒,宣读祭文,追封宸妃为敏惠恭和元妃。

元妃有原配之意。成熟的政治家皇太极,没有将海兰珠追为皇后,但追为元妃,也是极致。

翌年元旦大典,由于宸妃之丧被视为国丧而停止庆贺。此为真爱,也是最爱,如此情切,自是诚挚。宸妃之死,严重地打击了中年的皇太极,他就是外出散心,也会偷偷跑到宸妃墓前哭一番。宸妃死后不到两年,身体本来强壮的皇太极突然暴卒,死因不明,但结合史料记载分析,与长时间哀伤宸妃之死有着极大的关联。

2

另一个则是皇太极的儿子顺治帝。

顺治十三年,正白旗内大臣鄂硕十八岁的女儿董鄂氏入宫为嫔,受大其一岁的顺治帝"眷之独厚,宠冠后宫"(《清史稿·董鄂妃传》)。

第二年,董鄂妃生下皇四子,顺治颁诏天下"此乃朕第一子",祭告天地,接受群臣朝贺,大赦天下。

顺治十七年八月,二十二岁的董鄂妃病逝,第二年正月顺治帝崩于痘症,演绎了一曲帝妃生死相依的绝恋。

顺治帝之死,有爱情上的纠结。但是顺治帝之所以宠爱董鄂妃,有一个主要原因,即政治原因——她来自新晋上三旗的正白旗。

正白旗原来隶属多尔衮,战斗力强,不亚于两黄旗中的任何一旗。顺治探索满汉融合政策,遭到了满洲保守势力代表孝庄和两黄旗大臣索尼、鳌拜等的反对，因而需要正白旗的支持。

他破格宠任背叛多尔衮的正白旗大臣苏克萨哈，命其出任领侍卫内大臣，与索尼等平起平坐。

他将董鄂妃独宠，甚至要母凭子贵晋升为皇后，也是宠给正白旗看的。

独宠的背后，是顺治帝为了抗击孝庄、索尼们的权力之争而寻求的特别支持。

对抗保守势力处在弱势的顺治帝，不但打出了董鄂妃这张牌，甚至发自肺腑地苦奠前明苦命天子崇祯帝，以及陪他一起上吊的太监王承恩。

顺治亲政后，仍基本遵循和发展了多尔衮摄政时期的大政方针，进一步改善满汉关系，在"首重满洲"的既定国策下，有限地分给汉官一些权力，结果以孝庄为首的满洲贵族保守派（包括原来支持他继承大统的两黄旗大臣）表示极大不满，反对他疏远满洲亲贵，不信任议政王大臣会议，"渐习汉俗，于淳朴旧制日有更张，以致国治未臻，民生未遂"（《清世祖实录》卷一百四十四）。尤其是"委任汉官，即部院印信，间亦令汉官掌管。致满臣无心任事，精力懈弛！"

顺治帝极力拉拢正白旗培养亲信，将其提升为上三旗，将首告多尔衮"谋逆"的苏克萨哈破格提拔为领侍卫内大臣，使之与曾力挺顺治帝承统和亲政的两黄旗大臣索尼、遏必隆、鳌拜平起平坐，甚至在临终遗诏中，直接命曾背主求荣的苏克萨哈曾为四大辅政之一，排名第二。

不仅如此，顺治弥留之际，还特命苏克萨哈一人守护御榻，独送"御讳"（《清世祖实录》卷一百四十四），而索尼等诸臣只能眼巴巴地望"在东间内"。

顺治帝过分地宠爱董鄂妃、倚重苏克萨哈，不免有向孝庄及两黄旗大臣示威的意思。这为康熙六年七月鳌拜对康熙指婚的亲家苏克萨哈灭门埋下了祸根。

鳌拜、遏必隆说："所奉各旨，皆我等共奉者，惟送御讳，止令伊送（指世祖驾崩时）"（《清圣祖实录》卷二十三）。

独宠，就是受宠者被群起攻之的大罪。

掌控最高权力的孝庄太后，冷眼看着鳌拜欺负少年康熙，矫旨处死苏克萨哈一家，明显装聋卖傻泄了前愤。

3

顺治十七年八月十九日，董鄂妃病逝，年仅二十二岁。三个多月过去，二十四岁的顺治帝崩于痘症。

为何说只有"三个多月"？因为顺治崩逝的时间是第二年正月初七夜。

虽然这一年顺治帝只做了七天天子，但这一年还是史称顺治十八年，冲龄承统的玄烨即位第二年才改元康熙。

这是少年天子做不了主的，做主的是顺治的生母孝庄太后与顺治指定的四大辅臣。

但是，他们却阻止不了顺治帝和董鄂妃演绎了一出生死相依的绝恋。

顺治帝之死，源于爱情上的纠结。

他在爱妃死后，除了"辍朝五日。追谥孝献庄和至德宣仁温惠端敬皇后"（《清史稿·孝献皇后传》）之外，还亲制《孝献皇后行状》数千言，又命中和殿大学士兼吏部尚书金之俊另外写传略。

这样的举措，足见顺治爱妻深切，堪为爱情佳话。

安排这一切，需要皇帝的最高命令才能完成。

他让董鄂妃成为中国历史上最后的一个不附帝谥、拥有独立谥号的皇后。

虽然董鄂妃生前没有享受皇后的名分，却得到了超过皇后的宠幸。顺治帝有过两任皇后，一个是其表妹被废，一个为其表侄女备受贬斥。董鄂妃自十八岁入宫起，就被顺治帝"眷之特厚，宠冠后宫"（《清史稿·孝献皇后传》）。

顺治十三年八月，董鄂氏被立为贤妃，十二月进为皇贵妃。仅三月多时间，大龄入侍且又曾为他人妇嫌疑的董鄂妃被跃进两步，地位仅次于皇后。梁章钜《称谓录·列宫》记载："本朝皇贵妃，位在贵妃上，贵妃位在妃上。册封之礼，皇贵妃以册宝，贵妃以册印。"

此时的董鄂妃，刚刚怀有身孕。第二年十月初七日，董鄂妃生了顺治帝第四子。第二天早朝，顺治特谕礼部，准备"帛、酒、果品、鹿、兔"五样供品，前往天坛、地坛、太庙、社稷坛四处告祭。时间是初九日。

孩子出生不到一天，顺治就急匆匆要告祭天地。他给出的理由是："朕第一子生，皇贵妃出，应行典礼。"（《清初内国史院满文档案译编》下）

在太庙中的祝文曰:"维顺治十四年岁次丁酉,十月初一日庚午,初九日戊寅,孝孙嗣皇帝恭遣恩国泰谨昭告于太祖承天广运圣德神功肇纪立极仁孝睿武皇帝、孝慈昭宪纯德真顺承天育圣武皇后,太宗应天兴国弘德彰武宽温仁圣睿孝文皇帝、孝端正敬仁懿慈僖庄敏辅天协圣文皇后神位前跪奏曰:本月初七日丑时,臣第一子生。承蒙慈佑,不胜欢忭敬告。"(《清初内国史院满文档案译编》下)

顺治将第四子视为第一子。这个"第一子",无疑是被他视为嫡出的"第一子"。

他早把董鄂妃当作皇后了!

他要立储了!

其父太宗也干过这样的事情。崇德二年七月初八日,关雎宫宸妃生下皇八子,皇太极欣喜若狂。九天后,皇太极召集群臣于笃恭殿,颁发了大清朝第一道大赦令:"自古以来,人君有诞子之庆,必颁诏大赦于国中,此古帝王之隆规。今蒙天眷,关雎宫宸妃诞育皇嗣,朕稽典礼,欲使遐迩内外政教所及之地,咸被恩泽。"

皇嗣,皇子,也指皇太子。皇太极有立储的意向。

不幸的是,皇太极要择立的接班人,只活了两百天就夭折了。无疑,此子命薄,无福消受天命。最后幸运落到了福临头上。

福临做了皇帝后不引以为戒,哪知他的"第一子"活得更短:三月而殇。

顺治哀悼不已,于是再次破天荒地追封这个还来不及赐名的皇子为和硕荣亲王,修建了一个规模不小、守备不少的地宫,立碑"和硕荣亲王,朕第一子也!"

董鄂妃和宸妃一样,禁不起丧子之痛,卧床不起,一命呜呼。

由于顺治帝对董鄂妃情有独钟,生死相依,为古今传奇,所以后世对董鄂妃的来处有了种种猜测。

最有趣的,莫过于秦淮名妓董小宛之说。

这种说法,支持者不乏名家,其中有史学大家陈衍和陈寅恪。

董小宛生于明天启四年甲子,死于清顺治八年辛卯正月初二日,年仅二十八岁,而清廷官修史料记载,董鄂妃进宫时间为顺治十三年。

顺治出生时,董小宛已十四岁;董小宛去世时,顺治才十四岁。即使董小宛被掠入京，送入后宫，也不可能和一个八九岁的孩子发生感情甚至结婚。

秦淮八艳之一的董小宛，也有一段凄美的爱情故事，那就是十五岁被复社名士冒辟疆赎身为妾，此后不曾离开，最后死于痨病。

董小宛患肺结核，而且病情很严重，患病时间长，早在冒辟疆于崇祯十五年二月第二次见到她时，被朋友劝阻"彼前亦为势家所惊，危病十有八日，母死，钄户不见客"（冒辟疆《影梅庵忆语》）。冒辟疆"强之上，叩门至再三，始启户，灯火阒如。宛转登楼，则药饵满几榻"。

这样一个病秧子，怎么会被清军献给顺治皇帝呢？

同时，董小宛还是一个积极反清主义者。

难道献美者不怕砍头吗？

但是，从史料记载董鄂妃出身满洲正白旗来看，倒是符合当时顺治帝拉拢正白旗力量抑制两黄旗势力的政治需要。

第二篇

康雍迷局

康熙帝对假想敌利用后就折磨

1

顺治十八年正月,年仅二十四岁的世祖福临染天花崩逝,留下一道著名的罪己诏,罗列"自亲政以来,纲纪法度,用人行政,不能仰法太祖、太宗谟烈"的十四宗罪,称其"渐染汉俗",重用汉官致使满臣无心任事,始设宦官办事的"内十三衙门"……几乎完全否定了他一生中最有光彩的政绩。

这道罪己诏是孝庄文皇后的意思,还是初摄大权的四辅臣的主意,姑且不论,但它最终是以世祖遗诏的形式公布天下的。

诏书最后写道:"太祖、太宗创垂基业,所关至重。元良储嗣,不可久虚。朕子玄烨,佟氏妃所生也,岐嶷颖慧,克承宗祧,兹立为皇太子。即遵典制,持服二十七日,释服即皇帝位。特命内大臣索尼、苏克萨哈、遏必隆、鳌拜为辅臣,伊等皆勋旧重臣,朕以腹心寄托。其勉天忠尽,保翊冲主,佐理政务,而告中外,咸使闻知。"(《清史稿·世祖本纪二》)

玄烨继位,年仅八岁,而世祖登基,也在冲龄。

世祖亲政之前,长达七年多为睿亲王多尔衮专权摄政,这道阴影在世祖的内心深处有着不可磨灭的烙印。即便他再改旧制,以非皇族亲贵的内大臣为辅臣,辅佐不谙世事的幼主,他也未必对这些曾对自己忠心耿耿的勋旧重臣彻底放心!

2

《清史稿·圣祖本纪》开篇，有一句这样的话："六龄，偕兄弟问安，世祖问所欲，皇二子福全言：'愿为贤王。'帝曰：'愿效法父皇。'世祖异焉。"福全之答，又见于福全本传："幼时，世祖问志，对：'愿为贤王。'"少年玄烨的回答，虽然被电视剧《康熙王朝》艺术性地采用了，但这是历史真相吗？

玄烨六岁时，为顺治十六年。世祖的两任皇后都未生育子嗣，而他最钟爱的董鄂妃生育了第四子。此子刚出生，世祖即谕告礼部："本月初七日丑时，朕第一子生，皇贵妃出，应行典礼，尔部即察例速议具奏。"随后，声势浩大地告祭天坛、地坛、太庙、社稷，接受满朝文武朝贺。《清初内国史院满文档案译编》下卷记载："帝生第一子之喜，诸王、贝勒、贝子、公及首辅大臣等，俱上马匹、缎帛以贺。"同时，大赦天下。这是年轻的世祖即将立储的征兆。可惜，此子命薄，无福消受，三月夭折，被追封和硕荣亲王，建地宫下葬。这个不幸的孩子，要比玄烨小三岁。就是说，顺治帝对皇三子玄烨的爱，远不及对第四子的疼爱。

董鄂妃虽为皇贵妃，但她在世祖那里已经享受了皇后的待遇，行礼赦天下，生子即为嫡子。董鄂妃在宫中的尊荣是公开的，更何况此时的她，不仅受到世祖万般宠爱，独冠后宫，而且以贤惠孝养得到了皇太后尊重。虽然她的第一子早夭，但世祖对其恩爱不减，她还是有希望再生皇子的。只要她生育了皇子，不免又被世祖视为嫡子立储。同时，她在后宫的地位要高出只是庶妃的玄烨生母佟氏几个等级。

倘若在董鄂妃还在世时，玄烨童言无忌地希望成为后继之君，虽然是六岁少儿的远大理想，但也难免犯了世祖及皇家礼制的夺嫡大忌，少不了招致世祖的厌恶、言官的非议。这样的说法，只有在他成为皇帝之后，史官们以伟异而书之，以为他从小就有帝王之志。

受汉文化深层影响的世祖，自然也接受了汉人立嫡立长的礼制观念。福全年长玄烨一岁，在世祖第一子早殇尚无嫡子的前提下，他就顺序成为新的长子。从福全的回答来看，七岁的他已经懂得如何拿捏汉人礼制和宫廷险恶。

福全只想做一个亲王，这对于身为皇子的他而言并不难。但他在前面加了一个"贤"字，足见他的理想很崇高，年纪轻轻就明白了修身处世的大道，难能可贵！康熙六年正月，福全在毫无军功政绩的前提下，在世祖诸子中率先破格获封裕亲王，命与议政。此时还是四辅臣执政时期，十五岁的福全能直接进入议政王序列，自然要有足够的本事来赢得四辅臣、太皇太后等多方面的认可。

福全与玄烨的生母都是庶妃。但福全生母为满人，长史喀济海之女。《八旗满洲氏族通谱》卷八记载："有何合里次子多济理之长子喀济海，原任长史。"何合理，即清初五大臣之一的何和礼，原在栋鄂部娶有一妻，归附努尔哈赤后，娶其长女东果格格，多济理（多济礼）便为东果格格所生。按辈分来推算，何和礼为世祖姑父，而福全的生母为何和礼的曾孙女，即世祖娶了姑姑的曾孙女、表兄的孙女，有违伦常，但不可否认宁悫妃身上有皇家血统。玄烨生母的祖父佟养正（佟养真）本是明朝军官，在与后金的抚顺战役中失败后，便和弟弟佟养性投靠了后金，成为开国元勋。崇德七年始分汉军为八旗，康熙的外祖父佟图赖被授正蓝旗固山额真，但其汉人身份还是存在的。《清史稿·后妃传一》说：孝康章皇"后家佟氏，本汉军，上命改佟佳氏，入满洲。后族抬旗自此始。"也就是说，玄烨继位之初，其母还为佟氏（"世祖遗诏"中的"佟氏妃"），后被抬旗入满才换姓为佟佳氏，似与太祖元妃佟佳氏同姓。但在再次强调满汉之分、追责世祖崇汉抑满的关键时期，福全与玄烨的生母出身，是存在一定差异性的。

顺治帝在临终前，嫡子无望，而玄烨身上有一半汉人血统，在被迫自责改变"崇满抑汉"既定国策时，他未必没有考虑过真正满人所生的皇子福全作为接班人选。

玄烨的最终胜出，与其挺过了天花有着很大的关联，让身染天花的世祖和经历了身边多个亲人染痘而死的孝庄太后看到了一个命硬的皇子。大难不死，必有后福。

康熙帝亲政后，对二哥虽然尊重，但不重用。康熙十一年，诸王上疏辞去议政职务，康熙帝挽留了旁系的岳乐、杰书，但批准了亲兄福全的请求。此后很长一段时期内，福全的主要任务是照顾祖母孝庄太后。直至康熙二十九年，准噶尔部首领噶尔丹势力强盛，勾结沙俄，制造分裂，继偷袭了喀尔喀部之后，又进扰内蒙古乌朱穆秦。三十八岁的福全在岳乐病故、杰书另有重任的情势下，才被起用为抚远大将军，同时康熙帝安排了十八岁的皇长子胤禔担任副手。胤禔名曰锻炼，实为监军，参与指挥战事。

此战为福全人生初战，经验不足，加之遭遇了能征惯战的噶尔丹主力，损失惨重，后不及时进军，听信狡猾的噶尔丹的谎言，"坐失事机"，被康熙帝当即命还师京城。福全至京师，队伍止于朝阳门外，康熙帝援引"贝勒阿敏弃永平，代善使朝鲜，不遵旨行事，英亲王以兵噪，皆取口供，今应用其例"，指责福全不遵从命令，自行其是，还让胤禔出面作证。福全没有争辩，独领全责，流泪说："我复何言！"言下之意，胤禔在前军对福全多有掣肘。王大臣共议福全的错误，应夺亲王爵位，康熙帝"以击败厄鲁特功，免夺爵"，但取消议政权，罚俸三年，撤除三佐领。

从此至康熙四十二年病逝，福全在十三年间除在康熙三十五年随圣祖再征噶尔丹、"四十一年，重修国子监文庙"外，再没有独立担任过重大职务。《清史稿》称"福全畏远权势，上友爱綦笃"，故而死后，康熙帝特命画工精绘一张像，为他与福全并坐于桐荫之下，示手足同老之意。但是福全死时，年仅五十，应该是带着不受重用、长期被弃置的心病抑郁而终。

综观福全一生，被康熙帝评价最大的成绩，当是"裕亲王自太皇太后违豫，与朕同处，殊辛苦"。福全所谓愿为贤王的志向，仅仅如此。可以看出，他在专权独断的弟弟康熙面前，只能韬光养晦，而康熙帝对这个愿为贤王的亲哥哥，并没有给太多的机会。福全首征噶尔丹失利，但康熙三次御驾亲征，也没有彻底解决准噶尔问题。

康熙帝对福全，一次重任不顺后，长期闲置，应该说他对这个曾是帝位潜在竞争者的亲哥哥长期设防。而他的假想敌，并不止福全一人。

3

被世祖优遇的天主教耶稣会传教士汤若望留下记载："世祖曾考虑过安亲王岳乐作为储君人选。"

据德国人魏特写的《汤若望传》记载，世祖发觉自己身染天花之后，一度想把皇位传给安亲王岳乐，征求汤若望意见。汤若望认为，幼主临朝固然要影响政局，但帝系的转移也会引发新的危机，于是力劝世祖把大位留给自己的儿子。世祖染痘而病危，而玄烨染痘而痊愈，成为汤若望劝立幼主的最大依据。

当然，玄烨继位，孝庄太后起到了关键作用。世祖亲政初期即认识了汤若望,孝庄文皇后称汤若望为义父,故而世祖称其为"玛法"(满语"爷爷")。汤若望的地位迅速提高,顺治十年三月被赐名通玄教师,两年后授通政使,十五年诰封光禄大夫,秩为正一品。一个外来的传教士,在清朝能官封一品,唯此一例。

顺治十七年八月,董鄂妃病逝,极度悲伤的世祖万念俱灰,来到五台山的清凉寺要出家。最后是在孝庄文皇后与汤若望力劝之下,世祖才作罢,带发修行,后来回宫。可见,世祖对这个外国人很是听从。

岳乐为太祖第七子阿巴泰之子,年长世祖十三岁,是世祖亲政之后少壮派领军人物,顺治十二年掌宗人府事,两年后晋封和硕安亲王。岳乐与先辈不同,他是顺治朝改革派的代表,全力支持世祖大胆启用汉人,缓解与汉族地主阶级的矛盾;停止圈地,使人民能正常从事生产活动。

清史大家戴逸说:"岳乐、杰书是皇族,已分别被封为安亲王、康亲王。他们对关外时期的生活和传统并无留恋之情,而一心要营建统治全中国的宏伟大业。这一新的势力集团的崛起预示着鳌拜集团的覆灭指日可待。"生长在关内的岳乐、杰书们考虑得最多的,是如何借力对天下进行稳妥的政治统治,而不是对更多的汉人继续推行简单粗放的武力征服。

顺治末年,岳乐以亲王之尊,主持议政王大臣会议,决策军国大政,是清朝最高统治集团的核心人物之一。

顺治帝意欲传位于岳乐一说,仅见于汤若望的回忆,却不见于清朝官方史料,难免有汤若望在炫耀大功之嫌。但后来康熙帝亲政之后,对岳乐长期弃用,在平定三藩之乱的危急时刻才不得不重新起用为定远平寇大将军,对抗强大的吴三桂主力,扭转战局,而在最后临近决战扫尾时,下紧急命令将岳乐召回,将军权交与他人。虽然康熙帝亲赴卢沟桥迎接,对岳乐大加褒奖,却很快让他重回宗人府掌印。七年后,噶尔丹与喀尔喀部构衅兴兵,康熙帝命岳乐与简亲王雅布受命各带兵丁500人远赴塞外高原的苏尼特部驻防。此时的岳乐,已是年过花甲的老人。几个月后,岳乐病逝在军中。

康熙帝对岳乐并不是真正的放心,反是对这位帮助自己拿下强敌吴三桂的堂伯父采取了变相的折磨。当然,岳乐主持议政王大臣会议时,险些伙同鳌拜弄死了老迈的汤若望。这样的博弈,或是一种帝位竞争成功或失败之后对曾经对手的残酷报复。

爱子如命的康熙不是个好父亲

1

历朝历代为了那把金龙椅、那坨玉印，都是抢得头破血流、家破人亡，甚至断子绝孙，而最惊险的莫过于康熙的九个儿子，拉帮结党，明枪冷箭，即便是一奶同胞的亲哥俩，也弄得你死我活，故而给历史留下了一个精彩的典故——九子夺嫡。

康熙的这九个儿子，确实个个都很优秀，虽然结成了大爷党、太子党、三爷党、四爷党和八爷党，但是各显身手，夺储大戏精彩纷呈。

长子胤禔，母为康熙的惠妃纳喇氏族，按出生时间排行第五，因康熙前四子皆夭殇，故为皇长子。史说胤禔长相极为俊美，在诸皇子中是较聪明能干的。由于他在皇子中年龄居长，替乃父做事最多。康熙二十九年，十八岁的胤禔奉命随伯父裕亲王福全出征，任副将军，参与指挥战事；康熙三十五年，随康熙帝亲征噶尔丹，他与内大臣索额图领八旗前锋营、汉军火器营、四旗察哈尔及绿旗驻军，参赞军机，后来还给西路大将军费扬古做参军，这年三月，二十六岁的胤禔因有军功而被封为直郡王。康熙三十九年，随同康熙帝巡视永定河堤，任总管，还衔命祭华山。

向康熙讲授过几何学和算术的法国传教士白晋说："皇上特别宠爱这个皇子，这个皇子确实很可爱。他是个美男子，才华横溢，并具有其他种种美德。"

可惜，他的生母只是一个年纪较大的庶妃，远不及皇二子胤礽的生母皇后受康熙宠爱，故而康熙在立嫡长子胤礽为皇太子后，给了胤禔一顶名副其实的皇长子的帽子。一字之差，但政治待遇有天壤之别。胤禔表面上遵从父命，内心里对太子的地位十分觊觎。但他始终错误估计形势，康熙帝对他的野心已有所察觉。康熙四十七年九月初四日，宣布拘执胤礽的同时，即明确宣谕："朕前命直郡王胤禔善护朕躬，并无欲立胤禔为皇太子之意。胤禔秉性躁急、愚顽，岂可立为皇太子？"

2

二子胤礽是赫舍里氏皇后给康熙生的嫡出长子（也是次子，但因胞兄幼殇而得福），刚满周岁就被立为皇太子。胤礽自幼即聪慧好学，文武兼备，不仅精通儒家经典、历代诗词，而且熟练弓马骑射；长成后，代皇帝祭祀，并数次监国，治绩不俗，在朝野内外颇具令名，这在一定程度上减轻了康熙的负担。

康熙对胤礽过于骄纵和溺爱：默许索额图所定规格几乎与皇帝等同的皇太子仪仗、冠服（只有尺寸有些许裁剪）；康熙规定每年的元旦、冬至、千秋（皇帝的生日）三大节，百官对皇太子都要行二拜六叩的礼节，并避太子名讳；为了维护太子的地位，不惜罢斥重臣明珠；纵容儿子挥霍浪费，如历次外出巡游，太子所用皆较皇帝上乘，命令当地官员搜刮民脂民膏。东宫内花销亦高于皇帝；太子脾气暴躁，任意鞭挞诸王、众臣，康熙却加以包庇，甚至"以身作则"处置忤逆太子的人；默许私生活不检的太子放肆地广罗美女、豢养面首。即便二次废黜胤礽太子后，仍有传言康熙帝会因宠爱胤礽第二子弘皙而准备第三次册立胤礽为储君。

法国传教士白晋对胤礽的评价是："可以说，此刻已二十三岁的皇太子，他那英俊端正的仪表在北京宫廷里同年龄的皇族中是最完美无缺的。他是一个十全十美的皇太子，以至在皇族中，在宫廷中没有一个人不称赞他，都相信有朝一日，他会像他父亲一样，成为中华帝国前所未有的伟大皇帝之一。"

3

三子胤祉无论是文学还是书法，或是骑射，在众多的皇子里面，表现都是极突出的，备受康熙喜爱。康熙三十一年，陪同康熙帝出塞围猎时，他曾经和一向善于骑射的康熙比试过，两人不相上下。第二年，曲阜孔庙修建完成，康熙帝命他和老四胤禛一起前去祭祀。之后只要是康熙帝到塞外行围、祭陵，都让胤祉跟从。康熙四十七年（1708年）因胤祉平日与太子胤礽关系素来和睦，博得康熙好感，在复立胤礽为皇太子的同时，晋封胤祉为和硕诚亲王。胤祉还是一个了不起的编辑家和科学家，著名的皇皇万卷书《古今图书集成》及集律吕、历法和演算法于一书的天文数学乐理丛书《律历渊源》，都是他主持编纂的。康熙帝景陵的

《神功圣德碑文》也出自他的手笔。

法国传教士白晋写给法王路易十四的信中说，康熙亲自给胤祉讲解几何学。胤祉的才华让雍正帝不无感叹："如诚亲王其才甚属可用，而其心又不得不置而不用，以朕四十年兄弟事事无不洞晰，而用之之难尚然如此。"遗憾的是，其表面无心追逐储位，但水下激流涌动，他的十六弟庄恪亲王胤禄说："胤祉乖张不孝，昵近陈梦雷、周昌言，祈禳镇魇，与阿其那、塞思黑、允禵交相党附。其子弘晟凶顽狂纵，助父为恶，仅予禁锢，而胤祉衔恨怨怼。怡亲王忠孝性成，胤祉心怀嫉忌，并不恳请持服，王府齐集，迟至早散，背理蔑伦，当削爵。"

4

四子胤禛即后来的雍正帝，六岁进上书房跟从大学士张英学习四书五经，向徐元梦、顾八代学习满文及其他诸学。稍长，便跟随康熙帝四出巡幸，并奉命办理一些政事。十六岁，陪同三哥胤祉往祭曲阜孔庙；十九岁，随从康熙帝征讨噶尔丹，掌管正红旗大营；二十三岁，侍从康熙帝视察永定河工地，检验工程质量；二十六岁，侍从南巡江浙，对治理黄河、淮河工程进行验收。胤禛善于治国、懂得韬光养晦。他尊释教道学，自称"天下第一闲人"，与诸兄弟维持和气，与年羹尧和隆科多交往密切，同时向父亲康熙帝表现诚孝，画西藏于版图，赢得康熙帝的信赖。其实，他一直以实际行动证明着自己，康熙后期吏治松弛、贪腐普遍、战事不断、国库空虚的庸政格局，也唯有胤禛的制度治理方可改变。

雍正上位，完全是以制度取胜。可以说，没有他的"以勤先天下""朝乾夕惕"，深度改革，我们今天也未必能知道史上的康乾盛世。康乾盛世，实则康雍乾盛世。雍正在位时间不长，但"雍正一朝，无人敢贪"，虽然有各种传说，称其死于吕四娘的剑下，或死在春药作用，而实际是累死在政事上。

康熙帝传位于胤禛，应该是早有准备，他认为："雍亲王皇四子胤禛，人品贵重，深肖朕躬。"法国大启蒙思想家伏尔泰说："新帝雍正爱法律、重公益，超过父王。帝王之中无人比他更不遗余力地鼓励农事。他对这一于国民生计不可缺少的百艺之首亟为重视。各省农民被所在州、县长官评选为最勤劳、能干、孝悌者，甚至可以封为八品官。农民为官，并不需为此放弃他已卓有成效的农事耕作,转而从事他并不了解的刑名钱谷。"

5

八子胤禩自幼聪慧,且甚晓世故,从小养成了亲切随和的待人之风。清朝规定皇子六岁起入上书房读书,每日以名师大儒教之以满文、蒙古文、汉文等文字,并辅以骑马、射箭等技艺。胤禩诵读文章,纯熟舒徐,声音朗朗,还随当时著名的书法家何焯学习书法,每日写十幅字呈览康熙。他骑射皆佳,十三岁时就能帮忙试马,辨别马的好坏。胤禩早年很受父皇喜爱,多次受康熙指派适其出塞时一同办理政务,还曾帮助裕亲王福全料理广善库,重建东岳庙等事宜。胤禩为人非常亲切随和,待人处事体贴细致,灵活温润,不拘泥于规制与名分,因此广有善缘。其不仅亲近同宗贵胄,在江南文人中亦有极好的口碑,在朝野有"八贤王"之誉。

胤禩在康熙朝众多王公大臣中的口碑,始终是诸皇子中最好的一位,王公大臣称赞他"朴实""极正气"。裕亲王福全曾向弟弟康熙举荐:"心性好,不务矜夸,聪明能干,品行端正,宜为储君。"后来,易中天说:"实际上,胤禩对雍正的威胁,倒不一定是有暗杀或政变的因素,更主要的还是威望太高。显然,在雍正与胤禩的斗争中,雍正是很孤立的。诸王大臣的心都向着胤禩,只不过敢怒不敢言。平心而论,雍正和胤禩都够格当皇帝。他们都有理想、有抱负、有能力。雍正的能力,有他执政十三年的政绩可以为证。胤禩的能力,则可以在雍正那里得到证明。雍正即位以后,曾多次说过:'胤禩较诸弟颇有办事之材,朕甚爱惜之';'论其才具操守,诸大臣无出其右者'。"

6

九子胤禟自幼好学嗜读,性聪敏,喜发明,曾亲手设计战车式样,并首开满族人其端用拉丁语转写满文。胤禟十分热爱外国文化和西学,曾自学外语,并甚亲信当时来华传教士,而且善于结交朋友,为人慷慨大方,重情重义。

十子胤䄉,是康熙前期四大顾命大臣之一遏必隆的外孙。康熙四十八年十月，二十六岁封多罗敦郡王，三十五岁管理正黄旗满洲、蒙古、汉军三旗事务，因党附老八而为雍正所恶，六十一年十二月解管理三旗事务。虽然史料中对其记载不多，其能在康熙朝封郡王、掌正黄旗，若无真能耐是不可能的。

十三子胤祥在康熙四十一年，和皇太子胤礽、皇四子胤禛随驾南巡。某日，康熙在行宫召集大臣和皇子们研习书法，不仅亲书大字对联当场展示，还邀请众人观赏胤禛和胤祥书写的对联。诸臣环视，"无不欢跃钦服"。如此惊叹，虽有阿谀逢迎之嫌，但二人擅长书法确是事实。这一年，胤祥十七岁，如果不是心里有底，擅长书法的康熙又怎会让其当场献技？胤祥在雍正年间作为皇帝最得力助手的种种表现，也充分表明他除去具备较高的文化素养外，还颇有办事才力，善于协调人际关系，是难得的人才。胤祥能文能诗，书画俱佳，但流传至今的作品甚少，只有《交辉园遗稿》中少量作品流传下来。

有记载称胤祥"精于骑射，发必命中"。有一次出巡狩猎，一只猛虎突出林间，他神色不动，手持利刃向前刺之。见者无不佩服他的神勇。胤祥有大才，也跟对了人。虽与雍正是同父异母，但比一奶同胞的兄弟要亲（雍正与十四阿哥胤禵同母生，却是政敌，胤禵投靠了老八）。在康熙帝去世的第二天，入承皇位的雍正便任命胤祥为四位总理事务大臣之一，同日晋升为和硕怡亲王，处理重要政务，后来受命总理户部掌管全国财政。雍正初政，胤祥迅速成为台柱，对雍正治绩助力甚大，遂得世袭罔替的许可，成为清朝第九位铁帽子王。

雍正对这个弟弟，评价很高："朕弟怡贤亲王，天资高卓，颖悟绝伦。如礼乐射御书数之属，一经肄习，无不精妙入神，为人所莫及……而王自谦学力不充，总未存稿。是以王仙逝后，邸中竟无留存者……赞襄于密勿之地者，八年有如一日，王之懿德美行，从不欲表著于人，而人亦无从尽知之。"雍正八年（1730年）五月初四，积劳成疾的胤祥病故，令享太庙。雍正下旨将其名"允祥"的"允"字改回"胤"字，这成为有清一代臣子中不避皇帝讳的唯一事例。

十四子允禵原名胤禵，与雍正是同胞手足，从小聪明过人，才能出众，为康熙所厚爱，从少年时代起，就频繁地扈从其皇父出巡，日常生活中，也往往被给予一些特殊优待。比如说部分皇子蒙皇父恩准，享有支取官物的符权，由大内供给其一家的食用物品。自康熙五十四年至六十一年，整整七年，康熙始终特批十四阿哥一家支领宫物。胤禩曾语："十四阿哥聪明绝顶，才德双全，我兄弟皆不如也。"

胤祯个性爽直，重情重义，他从小和才华横溢、为人谦和的皇八子胤禩情投意合，康熙四十七年九月，当康熙怒斥胤禩妄蓄大志、企图谋害胤礽时，胤祯挺身而出，跪奏曰："八阿哥无此心，臣等愿保之！"一时间，康熙十分愤怒，"出所佩刀欲诛胤祯，皇五子胤祺跪抱劝止，诸皇子叩首恳求，上怒稍解，命诸皇子挞胤祯"，胤祯被打二十大板，行步艰难。但是，这件事情后来反而还令康熙感觉到他对兄弟有情有义，并对胤祯心直口快、表里如一的品质有了进一步认识，因此之后更加宠爱他。

康熙五十七年春，准噶尔部首领策妄阿喇布坦出兵进攻西藏，拉藏汗请求清朝发兵救援。五十七年十月胤祯被任命为抚远大将军统率大军进驻青海，讨伐策妄阿喇布坦，封大将军王，并以天子亲征的规格出征，"用正黄旗之纛，照依王纛式样"。十二月，胤祯统帅西征之师起程时，康熙为他举行了隆重的欢送仪式，出征之王、贝子、公等以下俱戎服，齐集太和殿前。只可惜，他缺乏政治头脑，在夺储一战中，没有跟对自己的亲哥哥而成为被长期圈禁的失败者，甚至连名字因与雍正哥哥谐音，而被改成了允禵。

康熙为何最后选择了"天下第一闲人"？

1

康熙四十七年九月初三日，皇长子胤禔向父皇密报：太子胤礽趁着夜色，走近您的布城（帷幔），向内窥探。

康熙帝的人身安全受到了严重的威胁。

威胁者，是他的储君。

此时的康熙帝，正在回京途中。他正为皇十八子胤祄病逝在自己的怀里伤痛不已。胤礽对亲弟病危幼殇异常冷漠，也让康熙帝感到了极大的悲愤。

这让康熙帝想到了一年前，心腹词臣、工部尚书王鸿绪在苏州调查太子强买平民子女的密折："有从中窥探至尊动静者。"（《康熙朝汉文朱批奏折汇编》第一册）

帐殿夜警，康熙帝引起了高度重视。

自五年前，以"结党议论国事"的罪名将领侍卫内大臣索额图逮捕拘禁活活饿死后，康熙就对太子产生了警觉。作为太子集团的核心人物，索额图有可能图谋不轨，力挺胤礽对康熙取而代之。

所以，胤禔的告密，让康熙感到他扶持了三十三年的储君，应该对他将索额图幽禁致死"蓄忿于心，近复有逼近幔城，裂缝窥伺，中怀叵测之状"。（《清圣祖实录》卷二百三十四）

盛怒之下，康熙宣布决意废储。

然而，让康熙更加痛苦的是，胤禔在得到康熙明确表态并无立他为储的信息后，改拥老八胤禩，并告诉康熙：如果要诛杀胤礽，他可以代父行万难之事。

索额图事发后，康熙每每外巡，不再命太子监国，而是带着他和胤禔同行。康熙既不废黜胤礽，又要胤禔制衡他。

胤禔的冷血，让康熙更加惶恐。

康熙不想立即废黜胤礽了，但是，他几番向诸王、贝勒、满汉文武大臣们释放后悔的信息，甚至造出了"近日有皇太子事，梦中见太皇太后颜色不殊，但隔远默坐，与平时不同。皇后亦以皇太子被冤见梦"云云。

然而，以和硕康亲王椿泰为首的满汉大臣，并未体会到康熙的苦心，更恼怒于胤礽"肆恶虐众，暴戾淫乱"，不得人心。

康熙不愿意兑现废储。

一、他是在康熙十四年初立两岁（一周岁）的胤礽为太子的，时为平藩大战全面打响之际，国家情势危急。康熙学习汉人的嫡长子皇位继承制，得到了汉人官员和士大夫的支持，从而合力平定了三藩。康熙在位时间超长，他甚至准备提前交权，将政事交付胤礽，自己选择一方水土佳处，"以获优游养性"（《清圣祖实录》卷二百三十五）。

二、胤礽为康熙首任皇后赫舍里氏用命换来的难产儿，由康熙亲自抚养宫中，教以读书骑射，使之成为诸皇子中的佼佼者，就连西洋来到传教士白晋也夸"他那英俊端正的仪表在北京宫廷里同年龄的皇族中是最完美无缺的"。胤礽既是康熙对发妻的情感所系，又是自己教育成果的体现。

三、胤礽窥伺事发后，康熙很快发现皇长子胤禔与皇八子胤禩蠢蠢欲动。他在肯定胤禔护驾有功的同时，表明并无立胤禔为皇太子之意，从而警示其他庶出皇子不得妄动！遍览史书的康熙，不想本朝出现储位之争。后来出现"九子夺嫡"，让他身心疲惫，日渐衰颓。

四、康熙自许文治武功，开疆拓土，却不想因为选择接班人之事，在自己脸上抹黑。只可惜他金口玉言，得到了反太子的满朝文武的联合呼应，而最后不得不派人告祭天地、太庙、社稷，正式废储。他在第一次废储后，很快找到了胤礽被人陷害、鬼魅缠身的理由，搬出了孝庄太后与赫舍里皇后托梦，要复立胤礽。

康熙废储，情非得已，他一再力保胤礽，既有公心，又为私情。

当他决意复储，又想借力满朝文武大臣重新推举胤礽，再次出任皇太子时，情势发生了巨大的变化。

大家联合抵制康熙的复储计划。

康熙倚重的领侍卫内大臣阿灵阿、鄂伦岱，武英殿大学士马齐以及揆叙、王鸿绪等，半公开地联名诸大臣，一致推举此前很得康熙重用的皇八子胤禩。

就在前几天，康熙还在说大家公推的自己一定遵从。但当胤禩以绝对优势胜出时，康熙立马食言，而且近乎刻薄地污损自己的儿子："八阿哥未尝更事，近又罹罪，且其母家亦甚微贱。"（《清圣祖实录》卷二百三十五）

他就是要复立胤礽为太子。对他的再次不理智，其亲舅舅兼岳父即原领侍卫内大臣佟国维狂泼冷水："皇上治事精明，天下人无不知晓，断无错误之处。此事于圣躬关系甚大。若度日后若易于措置，祈速赐睿断；若日后难于措置，亦祈速赐睿断。总之，将原定主意熟虑施行为是。"（《清圣祖实录》卷二百三十六）

忠言逆耳。

康熙狂骂："你既是国舅，又是大臣。皇太子此前染上疯病，我为国家计，将他拘执。后来发现他为人镇魇，现已调治痊愈，又怎么不能释放。你'倡造大言，惊骇众心'，是什么居心？"

康熙帝冷面无情，佟国维请罪求死。

康熙强势复储，急需支持者，于是想到了武英殿大学士李光地。

此前，康熙曾单独找李光地谈话。李光地揣摩圣意，套了一番养心的大道理，变着话说："只要废太子痊愈，就可以复立为新太子。"

可是到了廷议时，李光地不发一言。他不想激发众怒。

康熙逼他再次发言。李光地说："前皇上问臣，废皇太子病如何医治，方可痊好。臣曾奏言，徐徐调治，天下之福，臣未尝以此告诸臣。"（《清圣祖实录》卷二百三十五）

"徐徐调治"是人情，而"天下之福"为国事。

病愈不复储，遑论"天下之福"。

话举轻若重，为康熙僵持的复储破局。

第二天早朝，康熙说胤礽已经调治痊愈。大臣们经历了康熙前日的打压，该骂的骂了，该关的关了，于是顺着李光地递过去的竿子，大肆拍康熙的马屁："皇上灼见废皇太子病源，治疗已痊，诚国家之福，天下之福也。伏祈皇上即赐乾断，颁示谕旨。"

一出废立闹剧，康熙自导自演，逼着大臣们说并无不同心。

李光地也被康熙狠狠地表扬了一句："知朕亦无过光地者。"（《清史稿·李光地传》）

2

康熙决计力排众议地复立胤礽，故而对最具人气的胤禩早已设防，所谓张明德相面以及后来的毙鹰事件等，都是康熙无情地棒杀能力超群、众望所归的胤禩的几个由头。

由于康熙坚定不移地拦路，胤禩机遇不得，却给了既巴结胤礽又交好胤禩的"天下第一闲人"胤禛一个天大的机会。

康熙六十一年十一月十三日，康熙帝玄烨崩于北京畅春园清溪书屋，皇四子胤禛应诏入承大统，成为后来著名的雍正皇帝。

老八胤禩被委任总理王大臣，晋升和硕廉亲王。

雍正极力拉拢胤禩，但很快又对他及其支持者、同情者展开了疯狂的打击。

从雍正扩大化打击胤禩集团的人员来看，办事周全、才干杰出和平易近人的胤禩，赢得了王公大臣的支持和拥戴。

康熙诸子中，老九胤禟、老十胤䄉、老十四胤禵，都是他的主要追随者。即便后来他扶持康熙所属意的胤禵，他还是主心骨。

康熙皇帝身边六大领侍卫内大臣，有鄂伦岱（领班）、阿灵阿（及其子阿尔松阿）、满都护（康熙亲弟常宁之子，兼议政大臣、正白旗三旗都统）都支持他，内阁三位满洲大学士中马齐（首席）、萧永藻也是他的拥趸。

另外，宗人府宗令、简亲王雅尔江阿及满洲都统苏努（太祖长子褚英的曾孙）、阿布兰等，以及清初七大铁帽子王（此时没有睿亲王世系）、功臣勋戚的后世继承人，都是胤禩的铁粉。

就连已去世的康熙二兄、裕亲王福全，康熙舅舅、一等公佟国维，也曾力挺胤禩将皇太子胤礽取而代之。

然而，胤禩最终还是落选皇位继承人。

电视剧《雍正王朝》是安排康熙帝看中了老四胤禛的铁面无私，认为他具有匡正朝纲、整治吏治的能力，所以，伙同所谓的上书房大臣张廷玉威逼步军统领隆科多力挺胤禛。

事实上，康熙是否属意老四，且不好说。毕竟，康熙命胤禵出任抚远大将军，有暗定储君的计划。但是，康熙因受寒引发心脑血管病突发而猝死，来不及公开指定接班人。

老八的失败，有两个主要原因：

一、他曾是大家共议的储位候选人，且以绝对优势胜出，差点儿将康熙的复储计划挫败。他的声望，让曾对他很倚重的康熙帝感到了实质性的威胁。所以，康熙说他不懂事、很奸诈，且母家出身微贱，不予考虑。

二、胤禛标榜天下第一闲人，既支持康熙复立胤礽，又同胤禩来往密切，建造别墅都比邻而居，其实他伺机而动，利用胤禩遭受康熙打压而以机巧手段，赢得康熙的欣赏，而与胤禩保持了距离。

雍正皇帝的彻底胜利，也背弃了康熙曾对诸王、大臣的保护令："朕万年后，必择一坚固可托之人，与尔等做主，令尔等永享太平。"这句话，出现在雍正帝的《清世宗实录》卷一中，对雍正即位后的翻覆不啻一个开篇的讽刺。

3

聪明一世的康熙，最后究竟要传位给谁，是老四胤禛，还是老十四胤禵？

这是康熙朝留下的一桩公案。

老四胤禛和老十四胤禵，也有很多巧合：一个娘生的，都很杰出，齿序相差一个十进制，名字读音相同，结构形似。

经历康熙四十八年第一次公开的夺嫡大战后，老十四为老八胤禩抱打不平险被康熙诛杀后，胤禵的仗义赢得了近乎寡情的父亲的格外垂青，让他一个贝子享受到了独一份的和硕亲王的政治待遇。然而老四因为支持太子复储，被康熙直接封为和硕雍亲王。

而且，他们的亲娘德妃老了，五十左右，还被康熙破格给了继续侍寝的恩典。

于是，种种猜测来了！

让人猜测的疑点是：

一、康熙五十七年，以胤禵为大将军王统兵西征，似乎欲崇其功，欲授其作为暗定储君的抚军之权。

二、康熙遗诏上，是传位十四子，而被篡改为传位于四子。"十"与"于"，似乎很好篡改，在"十"上加一横一勾则成。

三、胤禛即位后，虽然没有使胤禵死于非命，但也对其折磨施展了最严厉、最冷酷、最寡情的手段。电视剧《雍正王朝》中，还安排雍正霸占着胤禵所爱的女人乔引娣，两人产生了情感。

许多人积极推翻康熙传位老十四一说，拿出了最有力的证明，就是所谓的康熙遗诏，上面清楚地写道："雍亲王皇四子胤禛，人品贵重，深肖朕躬，必能克承大统。着继朕登基，即皇帝位，即遵舆制，持服二十七日，释服布告中外，咸使闻知。"

所谓康熙遗诏，无论是汉文本，还是满汉文本，都是继位者胤禛成为雍正皇帝后，在先帝于康熙五十六年颁发的《面谕》基础上增删、修改、润饰而成，不足为信。

雍正以康熙遗诏颁示天下时，当事人康熙已经驾崩，新皇帝大权在握，也是胜券在握，可以决定一切。

孰是孰非，我谈几点意见：

一、雍正所修的《圣祖实录》提及康熙病危，宣读遗诏时，他不在场，在场的是皇三子胤祉、皇八子胤禩、皇九子胤禟、皇十子胤䄉等。雍正的支持者、皇十三子胤祥也在场。

倘若是捏造，难免会招致这些夺位的政敌留下日记手札之类，揭发胤禛即位不合法。这不但会招致胤禩一党的极力渲染，也会引发铁粉胤祥的情感不满。

即便康熙临终前，胤禛已同理藩院尚书兼步军统领隆科多建立了攻守同盟，有可能玩清版"烛影摇红"，那都是后人的猜测。

二、雍正即位后，曾命最大的竞争对手胤禩领衔总理事务大臣，爵封和硕廉亲王，一度是雍正理政的主要帮手。

对于胤禩的办事能力，雍正曾说："允禩为人聪敏强干，才具优裕，朕深知其能办大事"（《清世宗实录》卷三十），"论其才具、操守，诸大臣无出其右者"（《清世宗实录》卷三十一），甚至给予了与自己能力相当的高度评价。

若雍正得位不正，胤禩集团必然不会合作。只要胤禩突然发难，雍正也会招致群臣激愤、天下挞伐。虽然若干年后，胤禩被雍正严惩，死于非命，其被贬的党羽大肆渲染雍正谋父逼母、弑兄屠弟等十大罪状，但胤禩始终未言雍正篡位。

三、虽然汉文本"十"与"于"篡改不难，但是指定接班人的遗诏，事关江山社稷，康熙自然不会草率完成，而是郑重其事。

即便如此，那么连一个"皇"字都省了吗？最起码也该是"传位"或"传位于"皇十四子或皇四子。

况且，"于"应是使用繁体字"於"，同时备有满汉文本，如此一来，篡改就难了，必然会留下蛛丝马迹。清朝已发生过太祖、太宗二朝没有指定接班人而导致宫廷争斗不休、皇家骨肉相残的悲剧，甚至爆出了太宗原系夺立的谣言，晚年一直在思考如何立储而痛苦怠政的康熙，自然不会再次遗祸后世。

四、倘若康熙要立老十四胤祯，为何临终前不召他回京城，而是让他远在千里之外？

抚远大将军王胤祯在西北前线手握数十万大军，而雍亲王胤禛奉命处理部分政务，代表康熙祭祀天地社稷，少不了赢得大臣们的支持。这样的局面，如果择储不慎，必然会酿成国家大规模的内战。

对于康熙为何要在最后紧急关头，将一度极为欣赏的胤祯调离京城，调至西北，后来雍正给出的答案是：胤祯蒙昧无知，支持胤禩，康熙不想让他参与夺嫡之争，使之远离是非。

五、康熙晚年因为诸子夺嫡而身心疲惫，日益怠政，导致吏治废弛，故而需要一个熟悉政务、谨慎理事的成熟政治家重整山河、整顿吏治，而不是胤祯那样性格豪爽、冲动莽撞的冲锋陷阵式人物。

所以，一向坚持制度化办事的胤禛，也就成为他最后的选择。

雍正为了标榜自己夺位合法合理，将康熙遗言"深肖朕躬，必能克承大统"大肆渲染，既崇隆康熙伟大的个性，也标榜自己是康熙最理想的接班人。

雍正重用远房族侄的计中计

1

康熙在位时间居清帝之首，且以生子三十五人的成绩，堪称生育能力最强。其子幼殇者不少，上玉牒者二十四人。后继之君雍正上位伊始，便为众兄弟改名字，而被其真正重用者很少，生前仅对铁杆粉丝老十三允祥格外倚重，死前遗诏老十六允禄、老十七允礼做乾隆的辅政王大臣。而对于其他兄弟，雍正多行铁腕手段打压，甚至将胞弟老十四胤祯远派守皇陵幽禁，将老八允禩、老九允禟削爵圈禁后赋予侮辱性的名字"阿其那""塞思黑"。

允禩改名"阿其那"是自改的,但却是迫于雍正淫威。《清世宗实录》卷四十二记载,雍正四年三月丙辰,宗人府报告雍正,允禩、允禟"既已削去宗籍,应将伊等本身及其子孙俱撤去黄带,更加旧名"。雍正朱笔一挥,批准执行。没过几天,即当月甲辰,"诸王大臣等遵旨将允禩改名之处询问允禩,允禩自改名阿其那,将伊子弘旺名为菩萨保"。

允禟改名,则是其三哥允祉、五哥允祺的成绩。雍正四年五月,仰承鼻息的王大臣们,向雍正举报,"允禟改名,所拟字样,存心奸巧,殊属不法,应发令拟改",于是,雍正下旨:"允禟改名之事,诸王大臣议令发令自改;著发令自改,伊必至又多奸诈。著交与诚亲王、恒亲王酌改具奏。"允禟自改之名通不过,于是被"改为塞思黑",才算完事。(《清世宗实录》卷四十四,雍正四年五月乙巳)雍正要将父亲康熙帝留给政敌兄弟的皇子凭证悉数清洗干净。

雍正诸多兄弟,能被封亲王者还是少数。然而,雍正却对一个五服族兄之子很照顾,胜过了对待自己的兄弟甚至儿孙。

这个幸运儿,为第八任顺承郡王锡保。

顺治九年三月,首任顺承郡王勒克德浑病逝,第四子勒尔锦初袭。勒尔锦曾在康熙对吴三桂的平藩大战中,出任宁远靖寇大将军有功,却在康熙十九年十一月被"议以老师糜饷,坐失事机,削爵"(《清史列传》卷三),其第三子勒尔贝、第四子扬奇、第七子充保、第五子布穆巴先后袭任。布穆巴是个纨绔子弟,以御赐鞍马送优伶,被护卫军校的妻子告发,遭论罪削爵,使其六十六岁的伯父诺罗布在康熙五十四年五月捡了一个大便宜。这个捡漏,诺罗布已等待了六十三年。

诺罗布为勒克德浑第三子。他的第六次袭任,使顺承郡王世系,历三十五年后又回到第二代。不到两年,诺罗布病逝,还被康熙赐谥曰忠。其二十九岁的第四子锡保袭爵。

锡保至康熙驾崩时已有三十四岁,但并无事迹传于后世。史料所载他的扶摇直上,当在雍正三年三月始。

2

论辈分，锡保的父亲诺罗布与雍正帝都是太祖五世孙。雍正三年三月，锡保掌宗人府事，并命在内廷行走。也就是说，锡保虽只比族叔雍正小十岁，但被诏命在主管皇家日常事务时进入宫廷参预政务。

雍正对这个已出五服的族侄，除了付与重任，还特发谕旨："顺承郡王锡保才品优良，乃国家实心效力之贤王。今在内廷行走，差遣甚多，王之费用亦多，著给与亲王俸；护卫官员，俱照亲王之数用。"（《清史列传·锡保传》）

按清宗亲爵位制，和硕亲王岁俸银一万两、禄米一万斛，多罗郡王减半。锡保以郡王兼了几分要职，加起来俸禄不少，而素来按制度办事的雍正，此次专门下旨，把锡保的待遇增加一倍，拔高到亲王等级，还在护卫官员上做等量配置。这无疑是公布锡保虽是郡王级别，却在俸禄、随从上享受着亲王的待遇。

下旨时间为雍正四年五月。这个时间点很关键，正是雍正帝对诸弟允䄉、允禟及允禩进行终极打击时。宗人府积极配合，除了分别圈禁高墙之内外，还将皇帝的政敌亲弟们更名编入佐领。

诸王大臣胪列允禩四十款罪状、允禟二十八款罪状及允䄉十四款罪状，奏请即正典刑。锡保作为在内廷行走的多罗郡王，主管宗人府宗谱及圈禁事务，应该为之出力不少，深得圣心。于是，雍正加授锡保为正蓝旗满洲都统，一年后调任皇帝亲率的正黄旗汉军都统。

雍正在嘉奖令中，称锡保"乃国家实心效力之贤王"，这是在树典型、打旗帜，借对一个远房郡王的卖力进行超规格、破礼制的奖励，来警示近支王公不得妄生邪念、欺君擅权。妄动者，三允的下场就是榜样，哪怕他们是皇帝的亲弟弟也不姑息，而顺承者，锡保虽是七袭郡王却能够得到新晋亲王一般的实惠。

至于锡保是否真的"才品优良"，那还不好说。就在他被雍正树为榜样时，有人告发，豪格之孙、贝勒延信同允禩、允禟等结党，又暗地结交允䄉、偏袒年羹尧，入藏时侵吞公帑十万两，遂夺去其爵位，逮下由亲王大臣按法处治，谳上延信党援、欺罔、负恩、要结人心、贪婪乱政、失误兵机等二十罪，按罪当斩。雍正帝下命幽禁延信，将其子孙降为红带子。锡保被牵连进来，"徇庇贝勒延信罪状不奏，又将不能骑马之章京派拏延信"。他这是顾及家族亲情而要给延信隐瞒和逃跑机会,还是不知情而玩忽职守呢?王大臣会议,要对锡保议罪削爵。

雍正自然怒其不争,但不能砍倒好不容易树立的旗帜,于是下旨"宽免",但为了平息众议,将"特旨赏给之亲王俸即护卫官员,俱撤回",并将他降为左宗正,即宗人府副长官。

3

锡保在延信党附八王案并牵扯年羹尧案上,有着差强圣意的表现,雍正帝还是没有对他舍弃。雍正七年,世宗决意对准噶尔部噶尔丹策零用兵,授黑龙江将军、内大臣傅尔丹为靖边大将军,统领满、蒙旗兵组成北路大军;授川陕总督、奋威将军岳钟琪为宁远大将军,统领川陕甘汉兵组成西路大军。

雍正帝特命锡保署振武将军印,赴阿尔台军营,是为监军。锡保此任,多次密奏前方战况、异地之策,及八旗驻防事务,都得到了雍正帝的首肯。雍正帝特谕宗人府:"锡保自派往军营以来,办理军务克殚诚心,勤劳宣力,其属可嘉!王之祖多罗颖郡王亦系国家懋著劳绩之贤王,著将锡保晋封为顺承亲王。"锡保虽有前线奏报之力,却无征战杀伐之功,但被雍正帝以其忠诚、勤快,破格晋升为亲王,成为清朝顺承王爵世系唯一的亲王。当然,雍正帝担心如此加爵在朝议时通不过,索性对锡保主政多年的宗人府直接下旨,并搬出了锡保的曾祖父颖郡王萨哈廉居功厥伟,也是提醒大家,萨哈廉曾被太宗追封为和硕颖亲王,将锡保晋封为亲王,也算是世袭罔替。

狡猾的噶尔丹策零要两手伎俩,一边扬言议和,一边集结重兵,使岳钟琪和傅尔丹出师不利。雍正帝大怒,将二人调回京师调教,重战再次失利。傅尔丹再次上疏请罪。很快,雍正帝命锡保为靖远大将军,傅尔丹掌振武将军印。锡保上疏弹劾傅尔丹,雍正罢免其领侍卫内大臣、振武将军之职,削去公爵,协办军务。

雍正帝拜锡保为大将军,并加大他的便宜行事之权,命其在军营可以选拔副都统、护军参领。锡保大军初战,鏖战十多次,每战告捷,"杀贼万余,尸满山谷。余贼负伤奔,获械、畜无算"(《清史列传·锡保传》)。如此看来,锡保还有些治兵的本事。

不料,《清史稿·锡保传》记载,雍正"十年七月,策棱等打败敌额尔德尼昭。十一年，上请城乌里雅苏台，从之。寻以噶尔丹策零兵越克尔森齐老，不赴援，罢大将军，削爵。子熙良，初封世子。以锡保之罪，并夺"。归来论此战，胜之不易，大将军锡保因不救援而被免职，削亲王爵。另外，岳钟琪也被削除三等公和太子太保衔，降为三等侯，仍护大将军印，不久被兵部议罪"斩决"，雍正念其当年进西藏、平青海之功，改为"斩监候"，并罚银七十万两。傅尔丹坐失机之罪，大臣等依律对其拟罪当斩。命令还没有下达，雍正帝就驾崩了，乾隆帝即位，命改为斩监候。不久，乾隆帝下旨，释放岳钟琪和傅尔丹，后来在大金川战役重新起用。而雍正十一年十二月，锡保长子熙良袭爵顺承郡王，这便决定了彻锡保的政治生命的结束。乾隆七年，锡保逝世，被允许依照郡王品级进行殡葬。

雍正最后彻底弃用锡保，也是为了挽回面子。

早在雍正五年，他便决意对准噶尔部用兵，还专门设置军机处，密令怡亲王允祥和大学士张廷玉、蒋廷锡于内廷秘密筹办军需，协助军务。未出师前，雍正帝在给张元佐奏折朱批中写道："选派将领，悉系镇协中优等人才，拣选兵丁，率皆行武中出格精壮，殊非草率从事。"

康熙在位时，曾三征准噶尔，第三次逼得噶尔丹走投无路、服毒自杀。康熙死后，雍正继续坚持平定准噶尔贵族割据势力的斗争，却遭到朝廷大多数大臣的反对。

《清史稿·傅尔丹传》记载，雍正"七年二月，上命廷臣集议，大学士朱轼、左都御史沈近思皆言天时未至，副都统达福亦言不可，惟大学士张廷玉赞用兵，上意乃决，复出师"。哪知前线连吃败仗，只好撤换北路主帅，起用锡保，罢黜傅尔丹，囚禁岳钟琪，但还是久攻不下。

雍正对宗亲重臣锡保寄予厚望，却不知锡保也属纸上谈兵。当然，这也是雍正知人不善所致，锡保在处理皇家事务对主子多有顺承之举，他坐镇西北军营统帅，雍正在千里之外遥控，但作战的机动性哪是几道"密封陈奏"及顺承上意所能解决的。

雍正钦定的铁案被翻了

1

雍正是一个伟大的皇帝，虽只短短十三年天命，却"以勤先天下""朝乾夕惕"，强化制度改革，彻底改变了康熙后期吏治不清、贪腐不禁、战事不断、国帑不多的庸政格局。毋庸置疑，没有他的废寝忘食、励精图治，我们今日是决然看不到史上的康乾盛世的。《清史稿》中赞道："圣祖政尚宽仁，世宗以严明继之。论者比于汉之文、景。独孔怀之谊，疑于未笃。然淮南暴伉，有自取之咎，不尽出于文帝之寡恩也。帝研求治道，尤患下吏之疲困。有近臣言州县所入多，宜鳌别。斥之曰：'尔未为州县，恶知州县之难？'至哉言乎，可谓知政要矣！"

日本人亦尊重和推崇雍正帝，将雍正帝称为"希世仁君"。日本近代著名学者稻叶君山在《清朝全史》中写道："帝承康熙疏节阔目之后，稍加清理，遂创定清朝财政之基础。至日后盛运期之财政，实帝之所赐也。譬如农事，康熙为之开垦，雍正为之种植，而乾隆得以收获也。"

然而，雍正坐上太和殿的那把椅子后，把乃父康熙给兄弟们名字里设计的"胤"改为"允"，"胤"只能是他专享（胤祥也是死后，雍正下旨将其名"允祥"的"允"字改回"胤"字，成为有清一代臣子中不避皇帝讳的唯一事例），就连他的同胞老弟老十四名字胤祯与其"胤禛"谐音，也给改成允禵。这一点，他没有他的儿子乾隆做得好。乾隆上位后，不让弟弟弘昼和弘字辈堂兄弟改掉避讳字"弘"，因为这是他们的皇爷爷给的，他要做孝顺的榜样。乾隆把第十五子颙琰立为储君时，改其名为颙琰，其余弟兄均未改名。

2

改名倒在其次，雍正对七个与自己竞争帝位的兄弟进行终极打击，其中五人在其任期造圈禁至死，而雍正死后，他们却被其子乾隆一一翻案、予以厚待。

老大允禔在康熙四十七年十一月，因魇咒太子允礽，谋夺储位，被削爵囚禁，时年三十七岁，直至雍正十二年十一月被幽死，终年六十三岁。乾隆继位后，封允禔第十三子弘昑为奉恩将军，世袭。

老二允礽前后两度当了三十六年皇太子，康熙五十一年十月再以罪被废黜，仍禁锢于咸安宫，至雍正二年十二月幽死，享年五十一岁。允礽与允禔为康熙定的案，康熙遗诏胤禛要善待废太子和皇长子。允礽死后，雍正哭奠后给了一个和硕理亲王的追封。乾隆四年十月，允礽子弘晳案发，被削去理亲王爵位。乾隆未进行株连，而是改封允礽第十子弘㬙袭理郡王，第三子弘晋、第六子弘㬀、第七子弘眺、第十二子弘皖皆封辅国公。

老三允祉在康熙四十七年因平日与太子胤礽关系和睦，博得康熙好感。翌年，在复立胤礽为皇太子的同时，晋封允祉为和硕诚亲王。雍正即位后，以他与废太子向来亲睦为由，将其发配到遵化的马兰峪为康熙守陵。胤祉向苏克济索要贿赂被人弹劾，又私下发牢骚，在参加怡亲王允祥的丧礼时迟到，并缺少哀悼之情，雍正帝责其无人臣礼，议罪夺爵，幽禁于景山永安亭，至雍正十年闰五月病逝于禁所。乾隆二年追谥，封其子弘㬚为贝子，子孙递降，封不入八分辅国公世袭。

老八允禩才德出众，为雍正所忌。老九允禟、老十允䄉追随，结为八爷党。电视剧《雍正王朝》中曾表现三人掌握上三旗，鼓动关外下四旗主铁帽子王带兵来京整顿旗务，对雍正首战就是逼宫，弄得雍正险些中招，幸老十三允祥拼命一搏，收回丰台大营等京畿部队，才扭转情势。

其实，雍正登基后，对老八等三个弟弟虽委以重任，却一直防备，不时地责罚敲打。雍正三年二月，雍正谕责允禩怀挟私心，遇事播弄是非，动摇百官意志，搅扰阻挠新政。雍正四年正月，允禩、允禟被革去黄带子。不久，雍正召见诸王大臣，以长篇谕旨，历数允禩、允禟等罪，将允禩、允禟之罪状颁示全国，议允禩罪状四十款，议允禟罪状二十八款。同年九月，允禩因呕病卒于监所，民间认为他是被毒死的。

允禟被送往保定，加以械锁，暂交直隶总督李绂监禁。雍正帝特降旨李绂：除允许送入下等饮食外，一切笔、墨、床、帐、书、字，甚至一块便冰、一碗汤，都不得给予。时值酷暑，墙高房小，胤禟铁锁在身，手足拘禁，时常昏迷，其家人用冷水喷渍，逾时方醒，最终在狱中被折磨而死，也有传说是被毒死的。

雍正命允禩、允禟分别改名为"阿其那"和"塞思黑"。对于这两种称呼，有不少人认为是满语中的"狗"和"猪"。

据《清史稿》和《清世宗实录》中记载，允禩因雍正下令而被迫改名阿其那，允禟改名塞思黑为诚、恒二亲王奉旨所为，并得到雍正皇帝的首肯。多年以后，清史学界曾有几位专家就允禩、允禟易名阿其那及塞思黑事提出质疑，并从不同角度加以考订。

再后来，大学者陈寅恪说："允禩、允禟之改名阿其那、塞思黑，世俗以为满洲语'猪''狗'之义，其说至为不根。无论阿其那、塞思黑，非满文'猪''狗'之音译，且世宗亦无以猪、狗名其同父之人之理。"陈先生并指出清末大臣文廷式以塞思黑之义为"提桶柄"之说当改为"腰子筐"。他认为"提桶柄"亦难索解，而"寅恪偶检《清文鉴·器具门》见有满洲语'腰子筐'一词，若缀以系属语尾'衣'字（原注：如包衣之衣，满洲语包为家，衣为的）则适与塞思黑之音符合。证以《东华录》所载世宗斥'塞思黑痴肥臃肿，弟兄辈戏笑轻贱'之语，岂其改名取象于形状之陋劣，而'提桶柄之说乃祭酒文廷式之语，传者记忆有所未确耶？'"陈先生提出塞思黑应释为"腰子筐"，音既相似，又与允禟"痴肥臃肿"的形象相类。因满语"腰子筐"一词写作saisaha，音塞沙哈，倘若在语尾加"i"，就成了saisahai，音塞沙海，与塞思黑音非常相似，故陈先生有塞思黑释为"腰子筐"之说。按此言，则是骂兄弟二人猪狗不如，可见雍正的恨到了何等程度。

辽宁省档案馆馆藏清代盛京总管内务府档案《黑图档》中一件雍正初年的满文档案，翔实地记载了允禩、允禟黜宗室改名阿其那与塞思黑的经过，而且尤为可贵的是有官书文献不见记载的将允禟的八个儿子每人均改成贱称："为钦遵上谕事。雍正四年五月十四日，胡乱写允禟及允禟子名字的折子诸王大臣看过后具奏时，本日奉召，降旨：著行文正蓝旗大臣楚宗，命将允禟名字重写等因具奏……今毋庸行文楚宗，允禟及允禟子名字改写之处，交诚亲王、恒亲王改写。钦此钦遵。我们两个将允禟名改写色思和（汉文写作塞思黑）。其长子改名为拂西浑（fusihūn）（下贱的）、二子改名佛楚浑（fecuhun）（行丑事的）、三子改名乌比雅达（ubiyada）（可恶的）、四子改名额依默德（eimede）（讨人嫌的）、五子改名为海拉坎（hairan）（可惜了的）、六子改名董奇（dungki）（懒惰的)、七子改名杜希贤（dusihiyen）（糊涂人）、八子改名额依浑（eihun）（愚蠢的）。为此转咨该管之旗施行等语。"俗话说爱屋及乌,而雍正是恨弟及侄,可谓空前绝后。至乾隆四十三年正月,乾隆在认为允禩、允禟"结党枉行,罪皆自取……怨尤诽谤"的同时,查证他们"未有显然悖逆之迹",下旨恢复原名,录入宗室玉牒,子孙一并叙入。胤禟子弘晟封不入八分辅国公。

老十允䄉还算是幸运的。雍正元年,泽卜尊丹巴胡土克图到京师,谒拜康熙梓宫,不久病卒,雍正遣送灵龛还喀尔喀,命允䄉赍印册赐奠。允䄉称病不肯去,后来在半途又称有旨召还,居张家口。允䄉第二次私行禳祷,疏文内连书"雍正新君",被雍正知道后,"斥为不敬。兵部劾奏,命允禩议其罪。四月,夺爵,逮京师拘禁"。乾隆二年,命令释放允䄉,封辅国公。乾隆六年病逝,乾隆下诏用贝子品级祭葬。

老十四允禵与雍正是同母生的亲兄弟,但与老八交好,曾为维护老八而不惜与康熙发生冲突。同时,传闻康熙有意把江山交给会打仗的大将军王老十四。康熙帝去世后,允禵被召回京师,随即软禁于景陵读书,并派马兰峪总兵监视。后因孝恭仁皇后去世,雍正在慰"皇妣皇太后之心"的幌子下,晋封允禵为郡王,但是虚衔,未赐封号,注名黄册仍称固山贝子,致使允禵"并无感恩之意,反有愤怒之色"。

随着雍正统治地位的日渐稳固,对允禵也愈来愈严酷。雍正三年十二月,允禵被革去王爵,降授固山贝子,没过多久又被革去固山贝子,谕令把他押回北京,囚禁于景山寿皇殿内。

雍正四年正月,允禩、允禟案发,雍正召见诸王大臣,以长篇谕旨,历数允禩、允禟等罪,将罪状颁示全国,议允禵罪状十四款。乾隆即皇位不久,便下令释放胤禵,给其自由,封为奉恩辅国公,十年后封贝勒,晋为恂郡王,并先后任正黄旗汉军都统、总管正黄旗觉罗学。乾隆二十年病逝,乾隆赏治丧银一万两,赐谥"勤"。

但有一点,雍正的打击仅在政治领域,只针对首恶者与主要从犯而不涉及无辜。像允礽的儿子弘晳、允禵的儿子弘春等,都被雍正进封郡王。只要有功劳于社稷,照样迁升。再如,老八死后,"诸王公大臣仍请戮尸",雍正"不许"。故易中天说:"他刻薄是真刻薄,但不寡恩;冷酷是真冷酷,但非无情。"

雍正在中国穿西服戴假发破天荒

1

在中国，最早穿西服的应该是雍正帝。至今，故宫尚保留着他的《雍正半身西服像》，那是来自意大利的天主教耶稣会修道士郎世宁画的。

雍正五年（1727年），葡萄牙大使麦德乐经澳门抵达北京，朝觐雍正帝，行跪九叩礼，献大量礼物，恳请保护在中国澳门和内地的葡萄牙人。雍正允准，同意葡人继续居留澳门，并在麦德乐返澳时，给予了特别的优待。

七月七日，麦德乐在张安多等传教士及礼部大臣的陪同下，最后一次朝觐雍正帝。雍正特地选在北京圆明园。一进宫，只听见礼部大臣"扑通"一声，吓倒摔地。

"当时的雍正，西装革履，颈系领结，头戴假发，唇上贴了八字胡，脸上扑了粉，鼻梁上还架了一副近视镜，十足的一个假洋鬼子。"此等打扮，在电视剧《雍正王朝》中有过表现，只不过换作了在上书房勤政的场景。

雍正帝穿西装、戴假发，对于中国而言，可是一次破天荒。

2

麦德乐朝觐雍正，是带着目的来的。他作为葡萄牙使臣访华，不仅是为了葡人在澳门的利益，还有另外一个重任。

明清之际，天主教传教士尤其是耶稣会士充当中国和欧洲交流的桥梁和纽带，将西方的科学文化知识传入中国，又通过传递书信和翻译典籍等方式把中国灿烂文化介绍给欧洲，使西方出现了"中国热"。

至康熙前期，中央集权制度尚不完备，朝廷致力于勘定内乱，对意识形态领域尚未进行严密的控制。朝廷对于仍遵循利玛窦方针进行传教、帮助清朝修订历法、制造火枪的天主教传教士，采取了接纳和宽容的政策。康熙三十一年（1692年），公开允许天主教在华传教，南怀仁、汤若望、郎世宁等传教士进入朝廷担任官职或画师。

然而，1704年，天主教教皇克雷芒十一世公然下令，禁止中国教徒举行祭祖、祭孔等活动，禁止把"上帝"和"天"作为"天主"的别称，并派特使铎罗1706年来华谈判。这彻底激怒了前几年已介入礼仪之争的康熙帝。康熙认为，此举干涉中国习俗，派人将铎罗送往南京暂住，并下令驱逐反对中国礼仪的传教士，同时派使节前往罗马。铎罗无视康熙的旨意，在南京宣布教皇禁令。康熙闻讯后，下令把铎罗押往澳门软禁，"谕众西洋人，自今以后，若不遵利玛窦之规矩，断不准在中国住，必逐回去"。

1715年，教皇克雷芒十一世重申禁令，违者以异端论处。康熙大怒，下令拘捕传教士并禁止传教。1719年，教皇又派使团来北京，康熙拒不接见，斥责："尔西洋人不解中国文字，如何妄议中国道理之是非……以后不必西洋人在中国传教，禁止可也。"第二年，罗马教皇被迫让步，宣布"八项准许"，同意中国信徒遵守非宗教性的中国礼仪。康熙下令只准许尊重中国礼仪的传教士居留中国并禁止公开传教。雍正二年（1724年），清朝政府大规模驱逐西洋传教士，澳葡政府担心清廷会将他们赶出澳门，就上书请求葡萄牙国王若奥五世遣使来华。麦德乐来华朝觐，主动向雍正行跪拜之礼，也是想请雍正收回禁教的旨意。但是，雍正以其特有的大度宽仁，让麦德乐四次朝觐，除了尽量保持葡萄牙的尊严及大使荣耀外，只字不提传教事务。

雍正延续康熙做法，从维护自身统治稳固出发，铲除潜在的危险因素，强调"西洋人何裨益于我中国"，使天主教在华突然中断。

这一层薄纸，慢慢变成一垛厚厚的高墙，使中国几近与世隔绝。

3

乾隆五十七年（1792年），英国伯爵马戛尔尼率领使团，带着英王乔治三世的国书，来到中国希望通商。

当时，欧洲人传说中国人是"全世界最聪明最礼貌的一个民族"。德国大哲学家莱布尼茨说中国老百姓"服从长上，尊敬老人……中国农夫与婢仆之辈，日常谈话或隔日会面之时，彼此非常客气，其殷勤程度胜过欧洲所有贵族"，更莫说中国皇帝是何等的仁慈。

第二年阴历八月,马戛尔尼高兴地带着丰厚的国礼,如蒸汽机、棉纺机、梳理机、织布机等现代科技产品,以及当时英国规模最大并装备有110门大口径火炮的"君主号"战舰模型,来到热河避暑山庄向乾隆恭贺八十岁万寿,呈上国书。英国人诚请取消清政府在对外贸易中的种种限制和禁令,允许英国对华派驻使节,打开中国门户,开拓中国市场。

结果让马戛尔尼绝望了。乾隆在给英王乔治三世的回复函中,写了一句著名的话:"天朝物产丰盈,无所不有,原不藉外夷货物以通有无。"乾隆以实物为证,收了马戛尔尼的几个洋表后,回赠了一件雕刻得十分精致的蛇纹石。接着,副使斯当东父子上前向皇帝致礼,乾隆赠给斯当东一块与大使一样的玉石,解下自己身上的一只黄色荷包送给会说中国话的小斯当东。至于朝觐的礼仪,英国人说马戛尔尼等人按照觐见英王的礼仪单膝跪地,未曾叩头。和珅的奏折却说,英国使臣等向皇帝行三跪九叩之礼。双方记载不同,已很难明其真相。

其实在此前,双方的"礼仪之争"也很热闹。但在以后,乾隆的这个"天朝上国"却被马戛尔尼的礼单上专门提到的"榴弹炮、迫击炮"以及手提武器如卡宾枪、步枪、连发手枪打得主动签订《南京条约》,其时前后还不到50年。

雍正暴卒,真是八贤王幽死引发的?

1

电视剧《雍正王朝》最后三集的主要剧情是四死二生。

何谓四死?先是允祥吐血而死,继而弘时被雍正赐死,再是允禵被圈禁而死,引发雍正服丹暴卒。

二生呢?隆科多险被弘时灭口,被雍正夜探刑部大牢保住。曾静鼓捣岳钟琪反满,和雍正合作完《大义觉迷录》后给放了。

至于老十四的女人乔引娣,被雍正强制陪了六年八个月二十天,最后两个月产生了情感,也被送走了。对于乔引娣,电视剧没有二月河的小说《雍正皇帝》中表现得悲催。小说中,雍正还是皇子时,微服私访,和一可怜女子产生感情,野合有了身孕,生下了后来的乔引娣。雍正继位,在老十四处看到长得像老情人的乔引娣,强要去了,日久生情。孰料,受宠封妃的乔引娣省亲,终于发现了这一段孽缘,最后父女二人都羞愧自杀。电视剧来得简单,少了那一段乱伦的丑闻。

当然,无论是小说还是电视剧,乔引娣都是虚构的,通过她的眼睛,我们看到雍正如何"以勤先天下""朝乾夕惕",成为天下老百姓离不了的好皇帝。

这说不清的情事,不是本文要细谈的事情。本文要谈的是电视剧为何把历史上雍正时期几个关键人物的生死全部翻盘了。

2

先说雍正最得力的帮手允祥的死。

康熙第十三子允祥,虽与四哥雍正同父异母,但比一奶同胞的兄弟要亲(雍正与老十四允禵同母生却是政敌,允禵投靠了老八,自己也在伺机而争)。在康熙驾崩第二天,入承大统的雍正便任命允祥为四位总理事务大臣之一,同日晋升为和硕怡亲王,受命总理户部掌管全国财政。允祥迅速成为台柱,对雍正治绩助力甚大,遂得世袭罔替的许可,成为清朝第九位铁帽子王。

雍正对这个弟弟,评价很高:"朕弟怡贤亲王,天资高卓,颖悟绝伦。如礼乐射御书数之属,一经肄习,无不精妙入神,为人所莫及……而王自谦学力不充,总未存稿。是以王仙逝后,邸中竟无留存者……赞襄于密勿之地者,八年有如一日,王之懿德美行,从不欲表著于人,而人亦无从尽知之。"

雍正八年五月初四,积劳成疾的允祥病故,配享太庙。雍正下旨将其名"允祥"的"允"字改回"胤"字,这成为有清一代臣子中不避皇帝讳的唯一事例。

3

再说雍正第三子弘时的死。

对于弘时的人生经历,史书介绍得很简单。《清史稿》说"弘时,雍正五年以放纵不谨,削宗籍,无封",没有专门的词条。《清皇室四谱》记载的是:"皇三子弘时……康熙四十三年甲申二月十三日子时生,雍正五年丁未八月初六日申刻,以年少放纵,行事不谨削宗籍死,年二十四。十三年十月,高宗即位,追复宗籍。"清朝玉牒中也有一些记载:"第三子弘时……康熙四十三年甲申二月十三日子时生。母齐妃李氏,知府李文烨之女。雍正五年丁未八月初六日申时卒,年二十四岁。嫡妻栋鄂氏,尚书席尔达之女。妾钟氏,钟达之女。妾田氏。"

至于弘时如何"放纵不谨",史料没有写明。而在《雍正王朝》中,弘时是张廷璐科考舞弊案的主犯、八王议政逼宫的主要参与者,伙同隆科多企图兵变夺位,甚至派几路死士追杀为雍正办差的皇四子弘历。剧中的雍正说,为了信守对先帝的承诺,不会因允禩乱政、逼宫就杀了兄弟,但为了保证弘历顺利继位、不生宫变就必须杀了儿子弘时。

弘时的死因和罪行是什么,是否真的投靠允禩逼父杀弟,都不见史书记载。但根据当时雍正终极打击八爷党,在"塞思黑"允禩、"阿其那"允禟惨死幽所后不到一年,也不明不白地死于幽所,足见弘时与一直觊觎皇位的八爷党有着很大的关联。

雍正前后生育十子四女,至其继位时,只存活了弘时、弘历和弘昼三人。在影视作品中,如果不是弘时悖逆枉法,已是疯狂至极,雍正断然不会对他痛下杀手。

不论情形如何,史料都载明了,弘时死于雍正五年(1727年)八月。此时的允祥还活得好好的。

4

再说允禩的死。

允禩是雍正一生最强劲的政敌,很有能力,善受人心,但藏得深,素有"八贤王"的美誉。

雍正上位后，将八弟改名为允禩，先进封其为和硕廉亲王，命为总理王大臣，办理工部事务，兼理藩院尚书。雍正四年，雍正帝坐稳根基后，找各种借口削其王爵，圈禁，改名为"阿其那"，改其子弘旺名"菩萨保"。

《清史稿》对于雍正如何惩罚争位对手允禩是这样写的：雍正四年正月，皇帝御西暖阁，召诸王大臣暴允禩罪状，略曰："当时允禩希冀非望，欲沽忠孝之名，而事事伤圣祖之心……朕念允禩夙有才干，冀其痛改其非，为国家出力，令其总理事务，加封亲王，推心置腹。三年以来，宗人府及诸大臣劾议，什伯累积，朕百端容忍，乃允禩诡谲阴邪，狂妄悖乱，包藏祸心，日益加甚……允禩自绝于天，自绝于祖宗，自绝于朕，断不可留于宗姓之内，为我朝之玷！谨述皇考谕，遵先朝削籍离宗之典，革去允禩黄带子，以儆凶邪，为万世子孙鉴戒。"雍正四年"二月，授允禩为民王，不留所属佐领人员，凡朝会，视民公、侯、伯例，称亲王允禩。诸王大臣请诛允禩，上不许。寻命削王爵，交宗人府圈禁高墙。宗人府请更名编入佐领：允禩改名阿其那，子弘旺改菩萨保。六月，诸王大臣复胪允禩罪状四十事，请与允禵、允䄉并正典刑，上暴其罪于中外。九月，允禩患呕哕，命给与调养，未几卒于幽所。诸王大臣仍请戮尸，不许。"

被宗人府圈禁的允禩，死于雍正四年（1726年）九月。这个时间点，在弘时死前一年、允祥死前四年。

剧中，允禩借弘历受封宝亲王，来激愤弘时阴谋夺储，也是子虚式杜撰。允禩死后六年、弘时死后五年，即雍正十一年二月，弘历才被封宝亲王，同时受封的还有皇六子弘昼为和亲王。

5

允禩死后近九年，雍正才驾崩。

《清世宗实录》记载，雍正帝于雍正十三年（1725年）八月二十一日得病，仍照常办事，至二十三日子时就驾崩了。

《清史稿·世宗本纪》写道：雍正十三年八月"丁亥，上不豫。戊子，上大渐，宣旨传位皇四子宝亲王弘历。己丑，上崩，年五十八。"

雍正的死，也是一个谜。因史料记载不明，故而有中风而亡说，有吕四娘刺杀说，有吞药纵欲说，有金丹中毒说，有勤政累死说……二月河还加了一条，与亲生女乔引娣乱伦，羞愧自杀说。

电视剧采用了最具说服力的金丹中毒说，因为有不少清宫档案和专家研究作证。但是，剧中安排允禩的死是前兆和酵母。太监总管李德全报告允禩死于幽所，留下一封书信，在铁屋子里呐喊，最佩服的人是雍正，致使雍正成为忧伤的孤家寡人，当晚精神恍惚，服食丹药后暴卒。

6

至于隆科多，最后真的被雍正放过了吗？

在有清一代，被皇帝公开以"舅舅"相称呼的，大概只有隆科多一人。雍正继位，隆科多和年羹尧都是其死党，功不可没，故一同晋升为太保。隆科多作为雍正朝第一任首辅，袭爵一等公，兼拱卫京师的步军统领，掌管吏部。雍正帝即位之初，清廷铨选官吏，隆科多可以不经奏请，任意挑选，时称"佟选"。

年羹尧获罪被杀，雍正开始清洗"宠遇日隆"的隆科多，先是削职，继而抄家，直至囚禁畅春园，雍正六年（1728年）六月死于幽所。也就是说，雍正在允禩、弘时相继死后，并没有放过隆科多。

曾静一案，被查时是雍正六年。七年九月，雍正帝将与曾静问答之词编为《大义觉迷录》，派大员带领曾静到江宁、杭州、苏州等地进行宣讲，对吕留良、胤禩辈言论，进行批驳揭露。十月，曾静被免罪释放。这件事虽与允禩为首的八爷党被贬有关，但发生在允禩死后，而非剧中设计的在允禩死前。

7

观众还会发现，与雍正、允禩密切相关的允祉的命运，也被电视剧错置颠倒。

剧中，雍正对三哥允祉还是挺尊重的。雍正公示曾静案情的处理结果时，允祉站在既定储君、即将监国的弘历之前。

而在历史上，诚亲王允祉，也是雍正重点打击的对象。雍正即位后，以其与废太子向来和睦为由，发配遵化马兰峪守护康熙陵寝。雍正二年，允祉世子弘晟获罪，被削世子位，成为闲散宗室。雍正六年六月，胤祉向苏克济索要贿赂，遭人弹劾，雍正责其无人臣礼，议罪被夺爵，囚禁于自己府邸，后降为郡王，把罪加在弘晟身上，囚禁宗人府。雍正八年二月，允祉被重封为亲王，却在五月允祥丧礼上，迟到且无忧伤，遭其十六弟、庄亲王允禄等弹劾，下宗人府议罪。后雍正命夺其爵位，幽禁在景山永安亭，直至十年闰五月病逝幽所。

由此可知，雍正处理曾静一案时，允祉已被降爵圈禁，不可能出现在朝堂左侧首席，作为领班王公大臣。

雍正重病两年不愈，是典型的讳疾乱求医

1

雍正七年冬至九年秋，世宗患了一场重病，严重到了准备后事的程度。

直至雍正九年十月初三日，扎萨克亲王、喀尔喀副将军策旺扎布等跪请圣主万安，才见世宗朱批："尔等如此使朕畅快，何疾不治，何病不除？朕躬甚安，已痊愈。朕之亲切宝贝尔等俱好么？"虽然言辞肉麻，但可见朝野关注的世宗大病，终于"痊愈"。

雍正八年五月的一次朝会上，皇帝对满朝文武大臣说："朕自去冬即稍觉违和，疏忽未曾留心调治。今年三月以来，间时发寒热，往来饮食不似平常，夜间不能熟寝，如此者两月有余矣。"病症来得蹊跷，使人奇怪，虽然雍正自己说病状是"似疟非疟，或彻夜不成寐，或一二日不思饮食，寒热往来，阴阳相驳"，但究竟是什么病，怎么会得这样的病，却无人知晓，只是他曾发密诏向云贵总督鄂尔泰透露："朕今岁违和，实遇大怪诞事而得者。"然而，遇到了什么"大怪

诞事"，雍正没有说，只说待明后年鄂尔泰来京陛见时，再当面详细谕之。

而在此前三月，世宗给四川巡抚宪德的密折回复中，夹带了两件附片。一张是介绍龚纶的文字，称其"年九十，善养生，强健如少壮"，"八十六岁，犹有妾生子"。一件是雍正御笔上谕，要求宪德寻访到此人后，"着实优礼荣待，作速以安车送至京中"，还特意嘱咐"不必声张招摇，令多人知之"。然而，在宪德找到雍正望穿秋水的"龚神仙"家时，龚纶已在两年前病故，其养生秘方并未传于子孙。

七月，雍正给丁母忧回任守制的浙江总督兼兵部尚书李卫下密旨："可留心访问有内外科好医生与深达修养性命之人，或道士，或讲道之儒士俗家。倘遇缘访得时，必委曲开导，令其乐从方好，不可迫之以势。厚赠以安其家，一面奏闻，一面着人优待送至京城，朕有用处。竭力代朕访求之，不必预存疑难之怀，便荐送非人，朕亦不怪也，朕自有试用之道。如有闻他省之人，可速将姓名来历密奏以闻，朕再传谕该督抚访查，不可视为具文从事。可留神博问广访，以符朕意。"上谕的最后，雍正还写道："慎密为之！"

李卫深谙圣心，收到密谕的第二天，小心谨慎地回复，再来一次八百里加急，向主子举荐一个他"向曾闻得"的"深通数学，亦明性理"的河南方士。李卫称此人曾为已故名医刘璐所"深服"，但自己无缘"未见其人"，然其与主子的另一宠臣田文镜有过来往。于是，雍正要求田文镜"密送至京，朕试看"。田回奏，贾士芳不仅"颇知数学，言多应验"，而且"言论深远，非高博者不能"，有"贾神仙"之称。雍正帝龙心大悦。贾士芳以贾文儒的名字登场了。

像这样单线联系的名医，都是方士，都是为了养生，故有了雍正纵欲过头、严重伤身的说法。朝鲜使节回国报告，长期以来困扰雍正的疾病，乃因好色戕贼身体所致，"皇后则弃置京城，只与宠姬辈出居圆明园，日事荒淫"，如此几年，最后到了"下部及腰以下有同未冷之尸，不能运用云"。

雍正帝真是耽于肉欲、伤及全身吗？清朝宗室、礼亲王昭梿在《啸亭杂录》中写道："世宗万几之暇，罕御声色"，"宪皇在位十三载，日夜忧勤，毫无土木、声色之娱"，对雍正纵欲论大声说不。昭梿还举例证明，雍正一次看杂剧，因"曲伎俱佳"而赐食物，哪知优伶恃宠放言，问某某官员云云。雍正大怒，命令当场杖毙。虽有些残忍，但可见雍正是一个严守制度的皇帝。

2

若非纵欲伤身,那么雍正帝究竟得了什么病,竟然拖了一年多呢?

雍正七年冬,雍正已经五十有二,虽然上位还只八年,但他是最为勤政的皇帝。孟森说:"自古勤政之君,未有及世宗者。"雍正帝除了早起临朝理政,还每日批阅奏折百余件,仅汉字朱批就是洋洋洒洒数千字。写起来容易,然事关国计民生,他的每一字词,都必须经过深思熟虑,代表着国家的最高指示。

可以说,雍正帝是累垮的。虽然他在位只有短短的十三年,但他实行了一系列有力的改革。他从康熙手中接过一个吏治混乱、国库空虚的政权,交给乾隆一个制度严明、国力强盛的国家,如果不是"以勤先天下""朝乾夕惕",是不可能实现的。冯尔康在《雍正继位新探》中说:"雍正本人是有作为的、对中国历史发展做出贡献的君主,而雍正朝,上承康熙,下启乾隆之治,使康雍乾三朝持续发展,成为清朝的鼎盛时期。更有甚者,雍正立志清除历史上遗留下来的数百年积弊,所实行的摊丁入亩政策,成功解决了中国古代历史上的人口税问题,是巨大创举。所实行的耗羡归公和养廉银政策,具有现代财政预算、财政管理的意义。在古代历史上,唐朝刘晏实行两税法,明朝张居正推行一条鞭法,很得人们的赞誉,雍正的经济政策,比之他们有过之而无不及。统观雍正的历史地位,他应当是古代历史上的杰出帝王。"

雍正七年、八年,可以说是世宗任期内最头痛、最棘手也最郁闷、最恼火的两年。

七年三月,他力排众议,对准噶尔部噶尔丹策零用兵,授黑龙江将军、内大臣傅尔丹为靖边大将军,统领满、蒙旗兵组成北路大军;授川陕总督、奋威将军岳钟琪为宁远大将军,统领川陕甘汉兵组成西路大军。不料,狡猾的噶尔丹策零耍两手伎俩,一边扬言议和,一边集结重兵,使岳钟琪和傅尔丹出师不利。雍正帝大怒,将二人调回京师调教,重战再次失利,破格起用锡保为大将军,并加大他的便宜行事之权,命其在军营可以选拔副都统、护军参领。锡保大军鏖战十多次,每战告捷,但最终还是打得很辛苦。雍正筹备了两年,还特别组建了军机处,就是想宣示,他继承了先帝康熙三次亲征准噶尔的事业,将此进行到底。

前线战事吃紧,后方出了问题。雍正七年五月,陕甘总督、宁远将军岳钟琪报告，湘南士人曾静受吕留良反清思想学说影响，将遭遣戍广西的允禩余党传言雍正阴谋夺位事继续散播。曾静以清朝末运已至，罗列满洲和雍正的多种罪状，筹划推翻清廷，还委托弟子张熙呈示岳钟琪，寄意岳氏应具先人岳飞抗击金兵的忠义和赤诚（岳钟琪为岳飞二十一世孙），颠覆压制汉人的满族政权。岳钟琪刚刚全盘接收了年羹尧的军政大权，正忧虑自己被雍正猜疑，故而及时、全面地向主子报告了曾静及其党羽的反动意图。雍正下令缉拿，张熙被拿获，难禁刑逼，将曾静等人的异动情形和盘托出，震惊了雍正。文人蛊惑民心，虽无大动作，但竟然欲策反掌军大吏，自非小事。

雍正集结审案高手，密令浙江总督李卫、湖南巡抚王国栋、副都统海兰等有生力量，顺藤摸瓜，寻踪觅迹，甚至捕风捉影，缉拿曾静等人。湖南是主战场，王国栋、海兰制定计划、分配责任，多方围剿，曾静与张熙家人先后被抓，押至京城。曾静所著《知新录》中谓："中原陆沉，夷狄乘虚，窃据神器，乾坤翻复"；"华夷之分，大于君臣之伦，华之与夷，乃人与物之分界。"又称："春秋时皇帝，该孔子做；战国时皇帝，该孟子做；秦以后皇帝，该程子做；明季皇帝，该吕留良做，如今却被豪强所夺。"

曾静在严刑讯问面前，供称了多位儒士的不满行为，指定已辞世多年的吕留良为罪魁祸首，还对康熙、雍正进行了一系列颂扬与礼赞。他的坦白从宽、谀辞谄媚、圣朝明君，契合雍正平服民心的用意。雍正责令重臣将关于此案的10道上谕、提审官员的审理意见，及包括曾静《知新录》《知几录》片断在内的47篇口供、张熙两篇口供，辑成四卷本《大义觉迷录》，且附录曾静积极认罪、投诚效忠的《归仁说》，刊刻印行，以传播于天下，并要求各级官员阅后发表读后感。

雍正帝始觉吕留良等鼓吹民族思想具有广泛基础，而允禩等人流言，实属为患非小。至于曾静，属于乡曲"迂妄之辈"，不足为大患。七年九月，他不顾以和硕怡亲王允祥为首的一百四十余位大臣的联名反对，将同曾静问答之词编为《大义觉迷录》，派大员带领曾静到江宁、杭州、苏州等地，进行宣讲，对吕留良、允禩辈言论进行批驳揭露。雍正帝之所以这样做，无疑是流传他继位不合法的说法成为他心中无法抹去的阴影。当然，为此他已经严惩了几个亲弟弟。

雍正帝靠制度取胜继位，上台后对政敌兄弟们出铁拳打击，甚至在雍正五年将自己的第三子弘时以放纵不谨，削除宗籍，幽禁致死。虽然这些行为都是为了拱卫皇权统治，但在日常政务严重透支雍正身体的同时，进一步损害了一个操劳老者的心。另外，弘时被处死后，雍正的另一子幼殇，"雍正六年，皇八子福惠卒，帝辍朝，大内素服各三日，不祭神，诏用亲王礼葬"（《清史稿·诸王传》），使年届五旬的雍正帝仅存弘历、弘昼二子，老年丧子，无疑也是一种不小的打击。

3

变故多生，急火攻心，身体透支，导致雍正帝突然患病，起势应该很猛。《清世宗实录》《清史稿》之类正史没写明病症名称和严重性，但从停办万寿节大宴，停止年度决囚，还赦免一批"应得遣戍、监追、籍没及妻子入官等罪"（《清史稿·世宗本纪》）等非常之事来看，他的身体已经到了非常时期。

当然，那个著名的道士贾士芳奉诏进宫，先因有疗效而被封赏，后因行为怪异而被杀。有学者认为，贾士芳死于雍正帝的多疑。然而贾氏之死，未必不是死于雍正讳疾乱求医。毕竟，在接连遭受丧子之痛后，又在坚持要打的战事上连连失利，加之民间传言其继位不正，诸多事情合力击倒了雍正帝。他却误信方士养身，乱服有毒的金丹，能提神一时而遗患无穷，故久治不愈。

也就在雍正八年五月，世宗最信任倚重的皇十三弟、怡亲王允祥英年早逝。允祥的离去，加重了雍正久治不愈的病情，"中心悲恸，虽强自排遣，而饮食俱觉无味，寝卧皆不能安"（《清世宗实录》）。

而在此时，其皇三哥胤祉私下发牢骚，对怡亲王"举哀之时全无伤悼之情，视同膈膜"；同时，"从前皇贵妃丧事。允祉当齐集之期，俱诡称有另交事件，推诿不前。及前年八阿哥之事，允祉欣喜之色，倍于平时"（《清世宗实录》）。都是亲兄弟，一边是手足情深而阴阳两隔，一边是兄弟哀幸却亲情浇薄，再一次严重地戕害了雍正帝的身心。

这一场大病，折磨了"外强中干"的雍正帝一年多，也影响了他四年后离奇崩逝。《清世宗实录》记载，雍正帝于雍正十三年八月二十一日得病，"仍照常办事"，第三天子时驾崩了。他的暴卒，无疑是前次大病埋下了隐患。

电视剧《雍正王朝》将允祥安排在允禩领导发动的八王逼宫的现场，吐血后不久病逝，同时严重摧残了雍正的身心。但这并非史实。允禩于雍正四年九月因呕病卒于监所，而在前一月，他的主要支持者弟弟胤禟被折磨致死于幽所，而此时的允祥还表现得年富力强，正在给运筹帷幄的雍正帝总理内外朝政，被雍正称为"柱石贤弟"。

乾隆唯一的对手被雍正下了套

1

雍正继位，可谓是腥风血雨，其他八个参与竞争的兄弟，只有同父异母的老十三胤祥自始至终为他效命。雍正上台后，恩怨分明，对老十三给予的政治待遇和地位，是真正的一人之下万人之上，就是皇帝的阿哥们也必须对其进行跪拜之礼。而他那七个对手，都是圈禁而死。鲁迅《准风月谈·"抄靶子"》中也写道："雍正皇帝要除掉他的弟兄，就先行御赐改称为'阿其那'和'塞思黑'。"

雍正的儿子乾隆继位，可谓有惊无险。《清圣祖实录》记载，康熙六十一年（1722年）春，"皇四子和硕雍亲王胤禛恭请上幸王园，进宴"，康熙幸临胤禛的赐园圆明园，第一次见到了不到十二岁的孙子弘历，"见而惊爱，令读书宫中"，亲授书课，并请名师教他文化、骑射和火器，并称弘历"是福过于予"，还连声称弘历生母钮祜禄氏是有福之人。为此，钮祜禄氏更得雍正的恩宠。

这段文字，是不是雍正为了给自己上位正名，不得而知。毕竟前朝皇帝的实录是后世之君弄出来的。

但有一条，雍正在为弘历日后继承大统制造了一个前兆。此前兆，后来的很多文学作品、影视制作都津津乐道。当然，也有电视剧宣传，弘历远比雍正阴鸷狠毒。

弘历被康熙看中，应该是后来雍正继位的一个原因，影响了雍正登基后的第一年，便密建皇储，将弘历名字书写好，放于乾清宫"正大光明"匾额后。但这是个秘密，对于还只十来岁的弘历而言，即便天纵英才，被雍正委以重任，其是否能平稳地继位也还是一个未知数。他的二伯胤礽还是周岁时就被康熙立为皇太子，前后两度被立储在位达三十六年，但最后还是被父皇和兄弟们合力拿掉，圈禁至死。弘历的阿玛继位，也是到了康熙弥留时才揭晓。况弘历未被立为太子，到了雍正临死前两年（雍正十一年）还被封为和硕宝亲王。

雍正继位时还是真正的春秋鼎盛，但历史只给他安排了13年天命。

2

虽然对于雍正而言，弘历继位不存在多少悬念，但对于弘历而言，还是一个惊喜。最后，二十五岁时弘历成了乾隆帝。

这也给了金庸等小说家一个虚构的史料，称雍正继位，是因为康熙看中了弘历，甚至编造出弘历是胤禛从陈世倌那里用女儿强换过来的，故后来有了红花会陈家洛找哥哥要改回汉人天下的闹剧。

雍正有那么傻吗？把汉人的儿子立为储君，荒唐加笑话，不足为证。在弘历之前，雍正已有一个儿子弘时，活得好好的。小说为小说，历史为历史。

但是，雍正没有乃父康熙那样强的生育能力，仅仅留有十个儿子有姓名可查。然而不幸的是，雍正继位时已生七子，长子弘晖、二子弘盼、三子弘昀、七子福宜早夭，仅留四子弘时、五子弘历、六子弘昼三子。皇八子福惠、皇九子福沛、皇十子弘瞻是雍正上位后生的，但元年福沛生后不久便死。另外，福惠也在雍正五年夭折，年仅七岁。而弘瞻为雍正十一年生，雍正驾崩时还只有两岁。史料中将三子弘昀和二子弘盼重叠排为老二，即《清史稿》中，称本为第五子的弘历为"世宗第四子"，第六子弘昼为"世宗第五子"，而第四子弘时就成了"世宗第三子"。

由此可知，可以作为弘历的政治对手的兄弟，只有弘时和弘昼了。

弘昼为历史上著名的荒唐王爷,喜好办丧事,吃祭品。《清史稿》中记载弘昼:"好言丧礼,言:'人无百年不死者,奚讳为?'"他还亲自指挥过丧仪,坐在庭院的中间,让府里的家人祭奠哀泣,自己在一旁岸然笑饮祭品以为乐趣。而且制作冥器、象鼎、彝盘盂等物品,放在自己的榻前。这个场景,在电视剧《雍正王朝》里有一个专门的场景表现。有历史学家指出,弘昼其实是为免卷入弘时和弘历对皇位的争夺,而以"荒唐"为名韬光养晦。

3

然而弘时却不然,虽曾困于府邸遛鸟,但是一个有野心之人。在《雍正王朝》中,廉亲王胤禩对帝位失落,依旧阴谋算计,鼓捣关外的八旗四个铁帽子王进京,意欲借所谓的八王议政攻击新政,来把雍正架空。他怂恿弘时向雍正进言,雍正没想到被儿子摆了一道,差点儿被逼宫成功。应该说,弘时觊觎帝位已久,并与隆科多已有联系,故老九胤禟找隆科多时,隆科多直言他保的是皇三子弘时。

《宫中档雍正朝奏折》载有雍正四年二月十八日一道谕旨:"弘时为人,断不可留于宫廷,是以令为允禩之子。今允禩缘罪撤去黄带,玉牒内已除其名,弘时岂可不撤黄带?著即撤其黄带,交与允禩,令其约束养赡。钦此。"这真是令人不可思议的谕旨!雍正四年正月,允禩被列罪四十条,革去黄带子并除宗室籍,令其自改名为"阿其那",休其福晋回娘家,二月又将其幽禁,九月允禩死于高墙幽禁之所。雍正皇帝却要在这年二月将弘时"令为"已被"撤去黄带,玉牒内已除其名"的允禩之子,还要其"约束养赡",可见雍正在此时就给老三下了套。

此后不久,也在雍正四年,弘时被父皇削除了宗籍,第二年八月卒,年二十四岁。关于弘时之死,曾任清史馆协修的历史学家唐邦治在1923年出版的《清皇室四谱》中,首先提出弘时是被雍正赐死的。

乾隆即位后,大刀阔斧地昭雪雍正朝获罪宗室,提到他的哥哥弘时,谕旨是这样说的:"从前三阿哥年少无知,性情放纵,行事不谨,皇考(雍正)特加严惩,以教导朕兄弟等使知傲戒,今三阿哥已故多年,朕念兄弟之谊,似应仍收入谱牒之内，著总理事务王大臣酌议具奏。"《清皇室宗谱》也有一条关于弘时之死的记载："皇三子弘时……雍正五年丁未八月初六日申刻，以年少放纵，行事不谨，削宗籍死。"虽然记载极其简略，但骤然削其宗籍并且处以死刑的成年皇子，其中必有特殊的原因。这只有一种可能，弘时之兄俱早殇，他可能"于帝位之传授中有隐觊"，曾与弘历角逐过皇储，为雍正所不容。乾隆对于曾经的对手弘时，仅追复宗籍，而无追封和追谥，甚至没留下多少史料以便见诸《清史稿》。

弘时死了，到了雍正驾崩时，除了那个装疯卖傻的弘昼和年仅两岁的弘瞻外，乾隆继位是找不到对手的。乾隆要彰显兄弟之情，对早死的大哥弘晖和只活了7岁的八弟福惠都追封了亲王，让小弟弟弘瞻过继给十七叔允礼承继果亲王，而对于主动不和自己抢夺皇位的五弟弘昼特别优容和骄纵。

不仅如此，乾隆对于潜在的对手也进行终极打击。胤礽第二子弘皙为康熙皇长孙，自幼获得祖父宠爱，抚育宫中。在其父胤礽被废太子之后，弘皙已长大成人，他为人贤德，故时有传言康熙帝会因宠爱弘皙而第三次册立胤礽为储君。在胤礽历经两立两废变故、雍正乾隆二帝相继继位后，作为康熙嫡长孙的弘皙心有不甘，且朝中多有持"立嫡立长"的宗室成员党附之。乾隆四年（1739年）十月初，宗人府议奏，康熙帝第十六子庄亲王允禄与弘皙等其子辈"结党营弘，往来诡秘"，上书请求将他们进行惩处。其实，允禄还是当初康熙给弘历找的火器师傅。

乾隆认为："弘皙自以为是废太子的嫡子，居心叵测。"着将弘皙革去亲王，仍准于郑家庄（现为郑各庄村）居住，不许出城，后改禁锢地至景山东果园内，除宗籍，改名为"四十六"。乾隆四十三年正月，乾隆帝令将已去世三十六年的弘皙恢复原名，收入宗籍。

雍正大张旗鼓密建皇储，首选未必是弘历

1

雍正即位，并无前兆。

只有一份所谓康熙遗诏出炉，显示康熙临终前，并未当面选择了皇四子胤禛。

雍正史官秉承圣意纂辑的《清圣祖实录》，把康熙传位诏书写得很简单："皇四子胤禛人品贵重，深肖朕躬，必能克承大统，著继朕即皇帝位。"（《清圣祖实录》卷三百，康熙六十一年十一月甲午）

"人品贵重"，这是性格印象。

知子莫若父。如果康熙不是感触颇多、深有体会，又怎知皇四子胤禛最像自己，一定能继承好帝制弘业呢？

皇帝择立嗣皇帝，不是走形式，而是经过了深思熟虑。更何况，实施了三十七年嫡长子皇位继承制流产之后，不乏帝王心术的康熙，绝不该一时兴起选择继承者。

但是，雍正在元年八月十七日，召集总理事务王大臣、满汉文武大臣、九卿，聚集在乾清宫西暖阁，公开说："我圣祖皇帝为宗社臣民计，慎选于诸子之中，命朕缵承大统，于去年十一月十三日仓卒之间，一言而定大计，薄海内外，莫不倾心悦服，共享安全之福。"（《雍正朝起居注册》第一册）

"仓卒之间，一言而定大计"，不无草率之嫌，有点儿完成任务的味道。雍正要为自己得位之正，合乎法统，表达康熙选择自己继立是英明决策，让国人共同拥护，然如此说"仓卒"，无形中显示了康熙选择胤禛，并非理性决策。

如此抑扬，有损康熙的理智。

雍正宣示帝业传承，无外乎极力掩饰康熙在五十一年第二次废黜皇太子胤礽之后，有属意皇十四子胤禵为暗定储君的可能。

然而，因为康熙五十六年发布的著名"面谕"，表达了康熙帝在实施密建皇储计划。雍正的胞弟胤禵，被作为康熙的暗定储君，成了一种共识。

康熙五十七年，策妄阿拉布坦的准噶尔军攻陷拉萨，西藏首领拉藏汗被杀，而侍卫色楞和湖广总督署西安将军额伦特所率清军在藏北全军覆没。康熙筹划已久的西征大业受挫，文渊阁大学士李光地等大多数朝臣一直在力劝康熙息怒休兵，不要轻举妄动。康熙帝顶住巨大压力，选中并无大规模作战经历和经验的胤禵出任抚远大将军，统兵攻击入侵西藏的准噶尔军。

很明显，他对胤禵寄予厚望，期待他帮助解决国家分裂的危险，建立不世之功，以便实至名归地承袭大统。

胤禵率师西征，"其纛用正黄旗之纛，照依王纛式样"。（《清圣祖实录》卷二百八十一，康熙五十七年十月庚午）贝子被超擢为大将军王，大清王朝史无前例。胤禟曾对亲信说："十四爷若得立为皇太子，必然听我几分说话。"（《文献丛编》第一辑《允禩允禟案·雍正四年》）

就连雍正即位后，由广西巡抚擢升云贵总督的高其倬奏疏，也误将大将军王胤禵与皇帝雍正并写。胤禵奉命西征时，高其倬正在康熙身边任内阁学士，自然对西北战报的格式了然于胸，断然不是感染了雍正所斥责的胤禵在军中施威僭分的流毒，而该是康熙为扶持暗定储君而默认的一种权力过渡形式。

与此同时，康熙也对支持胤禵的胤禩集团成员做了一定的人事安排，如侍卫处、内阁和八旗满洲都统，大多数是胤禩、胤禵的支持者。

胤禵坐镇西北，统领军务，收复失地，追击叛军，实现了康熙预期的目标。

康熙六十年十一月，胤禵回京，康熙帝开心地写诗志庆："去年藏里凯歌回，丹陛今朝宴赏陪。万里辛勤瞬息过，欢歌载道似春雷。"（《圣祖御制文四集》卷三十六）

诗题为"示平藏将士"，但又何尝不是对其深孚众望的爱子胤禵的称许呢？

然而，就因康熙临时决定与准噶尔首领策妄阿拉布坦休战谋和，命胤禵返回前线统筹和议事宜；就因康熙生前并未及时册立胤禵为储君，或者写有传位胤禵的诏书被谋夺皇位的雍正焚毁，雍正有效地利用康熙实施秘密建储计划而不公开的漏洞，给康熙以赋予抚军之权暗定储君的形式重用胤禵赋予了新的用意："只因西陲用兵，圣祖皇考之意，欲以皇子虚名坐镇，知允禵在京毫无用处，况秉性愚悍，素不安静，实借此驱远之意也！"（《大义觉迷录》卷三）

这场防止国家分裂的保卫战，关系到清朝西部辽阔疆域的完整性。对此，雍正轻描淡写，称康熙竟然派出一个毫无用处、愚蠢粗暴的皇子做样子，深刻地侮辱了康熙的谋略和意志。

雍正的目的不外乎证明自己才是康熙用心良苦所保护的理想嗣君。

但是，他又谦虚地承认，自己是康熙临终之前、仓促之间的选择，更使康雍之际帝业传承的政治格局扑朔迷离。

2

正是康熙临终前"仓卒"指定嗣皇帝，导致满族王公大臣对新皇帝的集体抵制。

先看兄弟表现。

康熙驾崩，老八胤禩毫无哀戚之容，而在院中依柱沉默。虽然还未正式登基的雍正命其为总理事务大臣之首，爵封和硕廉亲王，但他不兴奋、不理事、不合作。

老九胤禟干脆箕坐，面对哀伤的雍正帝，表达不敬与不满。

雍正问他，皇父宾天，为何无泪？

胤禟说：我帕全湿，谁说无泪！

老十胤䄉奉命护送来京吊孝病逝的蒙古哲布尊丹巴巴胡图克图龛座返回喀尔喀。作为皇帝特使，担负赐祭奠的使命，然而他行至张家口，说自己病了，不想走了。

再看雍正生母。

儿子即位，母亲该高兴。

雍正生母乌雅氏，坚决拒受仁寿皇太后的封号，不接受臣工朝贺，拒绝移居例应皇太后居住的宁寿宫，而是一直住在康熙生前分给她的永和宫至死。

她以康熙德妃为荣，而以雍正太后为耻，还公开说圣祖选择自己的亲生儿子胤禛"缵承大统，实非梦想所期"。（《雍正朝起居注册》第一册，雍正元年五月二十三日）

这是不顾本朝历代遵行之礼，不给上位称帝的亲儿一点儿面子。

再看大臣抗拒。

领侍卫内大臣鄂伦岱，是雍正的表叔。

雍正交给他追责另一个领侍卫内大臣阿尔松阿的谕旨，哪知他于乾清宫，当着众人的面摔掷在地，并将阿尔松阿的问题揽到自己身上，公然向新皇叫板。

康熙生前，曾多次怒责触犯天威的鄂伦岱，甚至当面称他是可杀之人，然鄂伦岱毫不畏惧、依旧倨傲。

雍正即位，支持八贤王胤禩的鄂伦岱更加嚣张，竟然在乾清宫院内掀衣撒尿。

大家并没有把继登大宝、踌躇满志的雍正帝视"为天下臣民主"。（《宫中杂件》第三百〇九卷第一号，雍正二年八月初三日上谕）

雍正深深地感觉到，天下臣民仿佛不知君臣大义了，没有"以大统视朕躬"，而是"以昔日在藩之身视朕躬"。

皇族宗室和八旗王公，普遍无视雍正皇帝的权威。

在他的朋友圈里，除了两个幼弟——老十六胤禄、老十七胤礼只点赞不评论外，能在京城真正起到作用的，也就是被康熙雪藏了十年的老十三胤祥和被康熙重用了十一年的步军统领隆科多。后来成为雍正主要助手的张廷玉，此时不过吏部左侍郎，没有话语权。

满族的重臣勋贵，几乎全站在雍正的对立面，即便雍正在年号上动了心思，标榜雍亲王得位之正，说：皇考"肯以宗社宗社付托朕躬"，"国家之事，莫大于正名"。（《雍正朝起居注册》第一册，雍正二年十月二十八日）

他从康熙宣扬的"自古得天下之正莫如王朝"（《清圣祖实录》卷二百七十五，康熙五十六年十一月辛未）的面谕中，得到了启发。

他不能重蹈世祖朝多尔衮谣传太宗原系夺立的覆辙。

然而，外界仍在质疑他继统的合法性。

"圣祖皇帝在畅春园病重，皇上就进一碗人参汤，不知何故，圣祖皇帝就崩了驾，皇上就登了位。"（《大义觉迷录》卷三）这是后来胤禩、胤禟的属下太监于流放南疆途中散播的。

"有一个传说，他的父亲雍正皇帝，在他祖父临终时候闯进宫去更改了大行皇帝的遗嘱，把自己的名字写上去，这样承继了大位。"这个传得更久、更远，乾隆五十六年，被马戛尔尼使团成员斯当东带回英国写进了回忆录《英使谒见乾隆纪实》。

面对诸多传闻和抵制，雍正想到了早定国本，这个定制是公开的，但定人是秘密的。

于是，雍正在元年八月，公开密建皇储，以备不虞之需："圣祖既将大事付托于朕，朕身为宗社之主，不得不预为之计。今朕特将此事亲写密封，藏于匣内，置之乾清宫正中世祖皇帝御书正大光明匾额之后，乃宫中最高之处，以备不虞。诸王大臣咸宜居知之。"（《雍正朝起居注册》第一册，雍正元年八月十七日）

雍正之所以大张旗鼓，是为情势所迫，他用意深刻，传递出三个强烈的意思：

一、年届四十六岁的皇帝已经深思熟虑地建储，即便出现人身安全事故，也有理想的继承者，以应对圣祖付托之重，延续太祖、太宗和世祖创垂大业。

二、储君人选由他全权决断，不再接受统治阶层内部其他集团或个人势力的干扰。这一点，并不会引发朝野轰动，早在康熙五十六年十一月辛未日的"面谕"中，康熙宣示："汉高祖传遗命于吕后，唐太宗定储君于长孙无忌，朕每览此，深为耻之。或有小人，希图仓卒之际，废立可以自专，推戴一人，以期后福。朕一息尚存，岂可容此辈乎？"（《清圣祖实录》卷二百七十五）康熙已显示自己足以掌控储君人选，那么侥幸上位的雍正，也要表达自己的能力和谋略不逊色于先帝。

三、暗定储君，却未公开人选，在雍正皇后所生的嫡子早逝的情势下，再择储嗣，则无嫡庶之分，该是唯能是举、择贤而立。这符合满人旧制，不会遭到八旗王公的反对，同时已定国本，自然会得到汉人士大夫官僚的支持。

3

雍正当初即位，也是精心研究了康熙秘密建储计划的，充分利用其不及时公开建储之事而趁机捡漏上位。

此事，成为雍正的经验教训。

如果将雍正秘密建储，简单地理解为防患抵制新君甚至有可能谋逆的反对派，有其充分的合理性，但也忽略了他在转移矛盾的视点。

按防患于未然来理解，若其惨遭皇族宗室及八旗大臣的反对派侵害，忠诚大臣可以遵照遗诏复立暗定储君。

此中疑点重重。

一、公开建储之事，而隐秘皇嗣之名，备不虞之需。他这么做，因反对者人多势众，他要防患于未然。

既然反对者有能力干掉他或废黜他，必然诉诸武力，那么同样有能力揪出、陷害他预定的继承者。

康雍过渡，政治环境不稳定，但比拼实力，雍正有步军统领隆科多和川陕总督年羹尧的支持，但支持胤禩、胤禟集团的为满洲八旗绝大多数王公大臣，有几乎一半的领侍卫内大臣、内阁大学士、满洲都统，足以倾覆和瓦解雍正的保皇势力。

二、雍正详细交代密建皇储诏书，藏在哪个具体位置，是宣示权威，还是指引路径？

最具吸引力的宝藏，一旦公开线路图，自然少不了反对皇帝的窥伺者们最强烈的关注。难道雍正不怕反对者偷取后，对暗定储君展开疯狂的追杀吗？

一个密封的匣子，就是既定的靶子。雍正如此冒险，也算是一个转移矛盾的疯狂计划。

三、从后来雍正重用的王公重臣来看，张廷玉、田文镜、李卫以及鄂尔泰、鄂尔奇兄弟，在雍正前期，并不在权力中枢，没有实际力量与反对派抗衡。

当然，雍正公开秘密建储，有不公开暗定储君人选，自然少不了王公大臣对入围人选的猜测。

当时，雍正有四个儿子，都是庶子，即齐妃李氏所生的皇三子弘时、熹妃钮祜禄氏所生皇四子弘历、裕嫔耿氏所生皇五子弘昼，以及贵妃年氏所生的第八子福惠（福慧）。

论生母，年贵妃资历最浅，年纪最轻，但身份最显贵，仅次于皇后，深受宠幸。

雍正让她后来居上，是向其兄、为自己成功接管西征大军的川陕总督年羹尧示好。

雍正最初所立的是十三岁的弘历，还是襁褓之中的年妃之子福惠，那只有天知道。雍正的立储诏书，并无第二人知情，后来他完全有机会销毁重写。雍正在公开建储诏书前，曾于八年九月密示张廷玉、十年正月再次密示鄂尔泰和张廷玉，那是福惠死后的事情。

福惠死于雍正六年九月，年仅八岁，却被按照亲王例殡葬。顺治十五年正月，雍正皇祖顺治帝所属意的储君人选皇四子夭折，就被追封为荣亲王。雍正先后生子十人，福惠是第二个享受亲王"哀荣"的。即便是雍正唯一的嫡子弘晖，于康熙四十三年八岁早殇，雍正即位后也没有给予任何追封。

在蜜月期内，雍正对年羹尧是非常重视的。即便倚重隆科多，也不忘给臣子年羹尧写信做说明："舅舅隆科多，此人朕与尔先前不但不深知他，真正大错了，此人真圣祖皇考忠臣，朕之功臣，国家良臣，真正当代第一超群拔类之希有大臣也！"（年羹尧《会陈军务事情请先具稿密呈折》，雍正元年正月初二日朱批）

雍正重奖对自己继承皇位出力最大的隆科多，也没忘记还没在西北战场建立大功的年羹尧，一并加封太保。

雍正通知总理事务王大臣："青海台吉，兄弟不睦，傥边境有事，大将军沿袭驻扎甘州，相隔遥远。朕特将一切事务，俱降旨交年羹尧办理。若有调遣军兵、动用粮饷之处，著边防办饷大臣及川陕、云南督抚提镇等，俱照年羹尧办理。"（《清世宗实录》卷七，雍正元年五月庚子）

延信为雍正堂兄，爵封辅国公，在胤禵返京后代行抚远大将军之权。但是，雍正这样安排，就是要加大年羹尧的权力，使其权势地位实际上在抚远大将军延信和其他总督之上，直接节制川陕、云贵的地方官员和征战部队。

雍正急需年羹尧彻底解决西北问题，不免利用密建皇储而不公开人选的方式，向年羹尧暗中表达其妹年贵妃的儿子有被暗定为储君的可能。只有伸出天恩浩荡的橄榄枝，才会更有效地激励继任抚远大将军年羹尧取得青海大捷。当然，也让皇城内外蠢蠢欲动的反对派势力，因为年大将军的存在而不敢轻举妄动。

虽然皇家内部争夺不休，但他们在维持满洲统治的根本利益上是绝对团结的，甚至可以说，在捍卫爱新觉罗家族权利时，他们表现出绝对的识大体，可以为此牺牲自己和小家庭的性命和荣辱。所以，在年羹尧平定罗卜藏丹津的叛乱后，反对派对雍正的抵制开始了明显弱化。

倘若年羹尧后来不恃功骄纵，在雍正面前无人臣礼，或其外甥有替代乾隆的可能。

　　年羹尧忘乎所以,死于非命,其妹妹年妃和外甥福惠,也随其倒台而早逝。生母外家毫不显赫的皇四子,成为乾隆帝,即以胜利者的姿态,力证自己是雍正元年的暗定储君,还安排了一个康熙也惊赞"是命贵重,福将过予"的天命。(《清史稿·高宗本纪一》)

　　雍正处心积虑地安排弘历为暗定储君,不料乾隆也玩了文字游戏:康熙择子看孙辈,雍正沾了他的光。

第四篇

乾嘉荣衰

谣传引发了"弘晳逆案"

1

尤小刚导演、张建伟编剧的《乾隆秘史》，虽然影响不大，但开场的乾隆继位，却有一场很大的改动。

雍正暴毙，遗诏被偷，群臣无策，只好从理亲王弘晳和宝亲王弘历之间，择一入继大统。

弘历胜出，原因是因其子永琏的名字为雍正帝所取，意味着要继承大清皇位。

传了几百年的雍正接班，是因有了好儿子弘历，到了尤小刚的电视剧里，却演变成了乾隆上位，也是生了一个好儿子。

这真符合历史吗？雍正偏私永琏不假，但他不可能留下侄儿弘晳与亲子弘历的一桩夺储案。

尤小刚和张建伟这样的设计，是把著名的"弘晳逆案"演绎成一个现代电视剧版。

2

至于弘晳继位一说，并非尤小刚首创。

据《朝鲜王朝实录》（又称《李朝实录》）记载，康熙驾崩，雍正即位，传闻："康熙皇帝在畅春园病剧，知其不能起，召阁老马齐言曰：'第四子雍亲王胤禛最贤，我死后立为嗣皇。胤禛第二子有英雄气象，必封为太子。'……又曰：'废太子皇长子性行不孝，依前拘囚，丰其衣食，以终其身。废太子第二子朕所钟爱，其特封为亲王。'言讫而逝。"

此说不见于国内正史，但传递出一个信息：康熙让胤禛继位是有条件的，那就是保证自己只是一个过渡，将来把紫禁城里的那把龙椅，交给废太子胤礽的儿子弘晳手中。

康熙喜爱弘晳，确实不假。他自幼被康熙养育宫中，且未受胤礽二度被废影响。雍正即位第二天，就封弘晳为郡王，累加多罗理郡王爵；六年五月，晋理郡王弘晳为和硕理亲王，成为同辈中爵位最高者。弘晳于奏折中称呼本是叔父的雍正帝为"皇父"。

这似乎更加证实了雍正有要传位给弘晳的任务。

3

雍正厚待弘晳，原因并非如此。

最初，康熙朝"九子夺嫡"的政治斗争中，胤禛是胤礽的支持者。

康熙四十七年，胤礽第一次被废，胤禛坚决支持复立胤礽。第二年，胤礽复立，胤禛受封和硕雍亲王。

雍正二年十二月，胤礽病死于幽所，雍正谕以和硕亲王例下葬。出殡时，每翼派领侍卫内大臣各一员、散秩大臣各两员、侍卫各五十员，择定出殡日期，送至郑家庄，设棚安厝；封弘晳之母李佳氏为理亲王册妃，由其子赡养。胤礽其余妾室随个人意愿择定居所，"丰其衣食，以终余年"；后雍正亲往五龙亭，哭奠理亲王胤礽。

雍正元年五月，雍正命理郡王弘晳携家人，从京城内迁至京郊昌平郑家庄府邸居住。

弘晳虽被封为郡王、亲王，加了和硕，甚至被允称雍正为皇父，但他并未被委派一些重要任务，多是参与一些礼仪性的活动而已，譬如雍正九年，雍正元配孝敬宪皇后乌拉那拉氏去世，弘晳即出任使节赍册宝，执行雍正的追封程序。

由此不难发现，雍正厚待弘晳，只是对二哥胤礽当初的恩惠投桃报李，而非要立他为储君。

4

如果康熙希望弘皙继承大统，又怎么不直接立其为皇太孙？

弘皙生于康熙三十三年甲戌七月初五日，至康熙死时已二十八岁。在这二十八年间，康熙是绝对有能力、有时间、有准备把这个爱孙培育得羽翼丰满的。

前朝的朱元璋，也是培育了一个皇太孙。虽然这个孙皇帝很快被自己的四叔干掉，但他的失败，足以成为康熙帝决心立孙接班的历史教训。

聪明的康熙不可能不知道，自己"最贤"的皇四子一旦登基，就大权在握，更不可能把皇位转交给废太子的子嗣弘皙。

再退一步，假若康熙与胤禛之间达成的协议成立。康熙自然会将此公开，让天下臣民瞩目，监视雍正。

但也不可能避免，胤禛为了即位，可以对康熙信誓旦旦，一旦大权在手，易储之事，只要他有意，自然会有人帮他办好。也是在前朝，明代宗朱祁钰继位时，虽有立侄儿朱见深为太子的诏书为凭证，但他一句"天佑下民作之君，实遗安于四海；父有天下传之子，斯本固于万年"，大多数文武官员甚至包括大忠的于谦，都乐意联名举荐新皇帝的嫡子为储君。

即使有这种不公开的协议存在，未来的最高统治者也完全可以将第二代非直系接班人弄一个死于非命、死无对证。在康熙朝皇权之争，已铁血无情白热化，毫无兄弟可言，又怎么会有叔侄一诺千金呢？

更何况被康熙抚育宫中的也非弘皙一人，雍正的儿子弘历也享受过。

《清圣祖实录》记载，康熙六十一年（1722年）春，"皇四子和硕雍亲王胤禛恭请上幸王园，进宴"，康熙幸临胤禛的赐园圆明园，第一次见到了不到12岁的孙子弘历，"见而惊爱，令读书宫中"，亲授书课，并请名师教他文化、骑射和火器，并称弘历"是福过于予"。

5

弘皙确实死于已成为皇帝的弘历之手，起因是所谓的弘皙逆案。

弘皙应该是为人贤德，故时有传言康熙帝生前因宠爱弘皙，而有意第三次册立胤礽为储君。

流言多了，危机感也就来了。

乾隆的反应迅速，先向与弘晳有往来的人士动手。

乾隆四年九月，乾隆帝以"诸处夤缘，肆行无耻"的含混罪名，将奉差在外的另一个堂兄、正黄旗满洲都统弘昇革职锁拿，"押解来京，交宗人府"。

几天后，宗人府议奏，乾隆十六叔、庄亲王允禄与堂兄弟弘晳、弘昇等"结党营弘，往来诡秘"，议请分别予以惩处。

乾隆认为，弘晳"见朕于王加恩优渥，群相趋奉，恐将来日甚一日，渐有尾大不掉之势，彼时则不得不大加惩创，在王固难保全，而在朕亦无以对皇祖在天之灵矣"，弘晳"自以为旧日东宫之嫡子，居心甚不可问"。

弘晳"有不轨之心，因事未显著，是以从轻归结，以见小惩大戒之意"，乾隆决定革去弘晳亲王爵，责令回郑家庄居住，但不许出远门。

乾隆并未因此放手。

不久，巫师安泰受审，供出弘晳曾问询"准噶尔能否到京，天下太平与否，皇上寿算如何，将来我还升腾与否等语"。这使弘晳所犯事由的性质有了改变。

乾隆据此，裁定弘晳"心怀异志"，"其所询问妖人之语俱非臣下所宜出诸口，所忍萌诸心者，拟以大逆重典，以彰国法，洵属允当"。

为了坐实弘晳谋逆大罪，有司向乾隆报告：弘晳曾"仿照国制"，在府中擅自设立内务府下属机构会议、掌仪等司，以己为圣尊，与朝廷相抗。

"弘晳罪恶"，"尤为重大"。

乾隆对弘晳进一步加重处罚：圈禁地由原郑家庄府邸改于毗邻皇宫的景山东果园内。同时，开除宗籍，改名为"四十六"。

至此，该案以弘晳作为犯事主角，审理完结。

直至乾隆四十三年正月，乾隆帝令将已去世三十六年的弘晳恢复原名，收入宗籍。

乾隆晚年，对于这个政敌堂兄还是恨得咬牙切齿："且理密亲王幸而无过，竟承大统，亦不过享国二年，其长子弘晳，纵欲败度，不克干蛊，年亦不永，使相继嗣立，不断年间，连遭变故，岂我大清宗社臣民之福乎？"

乾隆第一爱臣以巨癸看门

1

乾隆朝有不少名相：张廷玉、鄂尔泰、刘统勋、傅恒、阿桂、和珅、讷亲……讷亲这个名字，大家应该印象不深。可以说，他在乾隆大学士集群中，是最不著名的。但他的出身却是首屈一指，世代显赫，到他这一代，已是四代一等公了。

讷亲的曾祖父额亦都是帮助太祖打天下的五大臣之一，官至左翼总兵官、一等大臣，死后被太宗追封弘毅公、配享太庙。《清史稿》说："额亦都归太祖最早，巍然元从，战阀亦最多。"太祖对他极为看重，除了将他的部属分为三个世管牛录，安置在镶黄旗、正白旗之下外，还将四公主穆库什嫁给他做如夫人。

额亦都有子十六人，遏必隆最小，为穆库什所生。遏必隆于顺治五年以所袭其兄图尔格二等公爵令并袭一等公，授议政大臣、领侍卫内大臣，加少傅兼太子太傅。顺治驾崩，遏必隆与索尼、鳌拜、苏克萨哈并受遗诏为辅政大臣，康熙特封一等公，加太师。鳌拜擅权，遏必隆明哲保身，被康亲王杰书以十二条罪去职削爵，下狱论死，但康熙帝命他仍以公爵宿卫内廷。他生了两个好女儿，一为康熙宠爱的孝昭仁皇后，一是康熙优待的温僖贵妃。遏必隆病重，康熙亲临府邸慰问。

遏必隆生子七人，早夭两子，三个为一等公。讷亲的父亲尹德，排序第六，初自佐领授侍卫，从康熙征噶尔丹，扈跸宁夏，由都统擢领侍卫内大臣，兼议政大臣。雍正五年以病休致仕，死后入祀贤良祠，乾隆元年追封一等公。《清史稿》评价："尹德恭谨诚朴，宿卫十余年，未尝有过。"

2

尹德病逝，雍正帝对这个堂表哥的家人还是挺照顾的，马上安排表侄讷亲世袭果毅公爵。对于雍正帝而言，讷亲不但是堂表哥的儿子，而且是他老爸的内侄，双层关系，所以对讷亲特别看重，让他由七八品的笔帖式直接升为从二品散秩大臣，进入中央警卫部队侍卫处，安排在乾清门负责。

乾清门是啥地方？

帝后寝宫及嫔妃、皇子等居住生活区域，内廷后三宫（乾清宫、交太殿、坤宁宫）的正门，连接内廷与外朝往来的第一通道，兼为处理政务的场所，清代"御门听政"、斋戒、请宝接宝等典仪都在这里举行。

四年后，雍正帝将讷亲任命为御前大臣，不久又升为銮仪使。銮仪使是啥官？正二品，中央警卫局副局长，跟内务府总管平级。吴振棫《养吉斋丛录》记载："国初，銮仪使管卫事。銮仪使、协同管卫事各一人，皆满人。"又是不久，雍正帝调他进军机处当差。

《清史稿·讷亲传》记载："讷亲贵戚勋旧，少侍禁近，受世宗知，以为可大用。"在八年时间里，讷亲由一个抄抄写写的基层小文秘，青云直上，成为参预中央机务的要员。

3

雍正十三年八月，雍正帝驾崩，乾隆帝御极，调讷亲为镶白旗都统，兼管内务府事务，授领侍卫内大臣，命协理总理事务，同时兼镶白旗都统。三月后，晋爵一等公。乾隆虽然没有像乃父一样让讷亲连升十多级，但却给这个远房老表安排了更多职务。

乾隆改元，也改任讷亲为镶黄旗都统。第二年正月，迁兵部尚书兼议政大臣，十一月，乾隆帝加强皇权，裁撤总理事务衙门，恢复军机处，同时摒弃宗室王公入值军机、执掌枢要的权力，让讷亲再次入值军机处，成为六大军机大臣中最年轻的一个，排名第三。重设的军机处，省去"办理"二字，成为清朝军政核心机构。讷亲虽排在少保、保和殿大学士鄂尔泰和张廷玉之后，但是其一等公爵要比鄂尔泰的一等子爵、张廷玉的三等子爵要高出不少。

乾隆三年正月，讷亲奉命管理圆明园和户部三库事务。至乾隆六年，讷亲在朝中的品级未变，但身兼数个要职，加太子太保。直隶总督李卫向乾隆帝报告，河道总督朱藻贪污损公，由讷亲带着刑部尚书孙嘉淦调查，月内破案，得实论罪。讷亲虽无首揆之名，却行首揆之实。这个权力，是乾隆帝短期内累加的。

昭梿《啸亭杂录》卷一记载："上即位初，以果毅公讷亲为勤慎可托，故厚加信任。讷人亦敏捷，料事每与上合。以清介持躬，人不敢干以私，其门前惟巨獒终日缚扉侧，初无车马之迹。然自恃贵胄，遇事每多溪刻，罔顾大体，故耆宿公卿，多怀隐忌。"讷亲不贪财纳贿，不交结权贵，不与官员私交，终日以巨獒守门，严拒交结送礼。

显贵太早，也惹得同僚们不满。廉正的左都御史刘统勋，于乾隆六年上书："讷亲职掌太多，任事过锐。"（《清史列传·讷亲传》）乾隆闻言，直接发话：讷亲身为户部尚书，若在本职部门处事推诿，模棱成习惯，那他怎么做得好其他公事呢？如果他擅权营私，朕一定会洞察清楚，断无不去调查而不明真相的道理。但他协调其他事务，也没出现问题。朕经常告诫他要诫勉自满，但经过长期观察，他是"恪遵朕训"。"至于职掌太多，如有可减之处，候朕酌量降旨。"

4

讷亲是乾隆帝裁抑先帝老臣，培植本朝新人中的第一个。乾隆帝在继续让鄂尔泰、张廷玉内斗不休的时机里，使讷亲快速成长，担纲挑大梁。乾隆十年四月，鄂尔泰因久患手足麻木之症病逝，乾隆帝马上安排出任协办大学士不到两月的讷亲接任保和殿大学士。乾隆下令，讷亲为军机处领班，行走列名在张廷玉之前。张廷玉是雍正朝的军机领班，乾隆元年的总理首相，但乾隆先以军机处为前朝败政而裁撤，后来废除总理衙门，重设军机处，对原来两机构人员重新洗牌，将原来首席的张廷玉排到了鄂尔泰之后。乾隆还下旨意：汉人不得任军机领班。鄂尔泰一死，讷亲接任，无论是保和殿还是军机处，讷亲都排在张廷玉之前，同时还兼任吏部尚书，成为名副其实的首辅。

乾隆帝推崇讷亲，让讷亲都不好意思，不敢站在张廷玉前面。乾隆为此明文规定：内阁行走的名单，讷亲放在首位；吏部行走之名，讷亲同张廷玉一起放在前面；军机处奏事，满大臣讷亲居首，汉大臣张廷玉领头。乾隆虽不排斥汉人，但不像其父雍正那般重用汉臣，有着明显的崇满抑汉的态度。讷亲受乾隆殊恩，廷臣无出其右，中外共知。

讷亲上升得快，掌权也多，但不能否认他是一个廉正干净的高官。赵翼《檐曝杂记》卷一云："讷公亲当今上初年，亦最蒙眷遇。然其人虽苛刻，而门庭峻绝。"他奉命巡查地方营伍、勘察河道工程，对于地方官员的谄媚趋奉，一再回避禁止，甚至报告乾隆。作为军政刑赋第一重臣，讷亲分管官员人事、财务预算、工程建设、行政审批、物资采购及主持军政日常事务，但为严防到他府上跑官搞关系等人，特地养了一头巨无霸式狼狗看门。

让讷亲没有想到的是，三年后，这一条狼狗，被乾隆帝拿来说事，讽刺讷亲形式主义，自欺欺人，最后要了他的命。此为后话。

奇葩王爷当朝殴打顾命大臣

1

康熙以降，皇子任意笞挞、侮辱王公大臣，似乎成了一个传统。

康熙四十七年八月辛未，康熙帝在一份谕旨中强调："诸阿哥擅辱大小官员，伤国家大体，此风断不可长。伊等不遵国宪，横作威势，致令臣仆无以自存，是欲分朕权柄，以恣其行事也。岂知大权所在，何得分毫假人。即如裕亲王、恭亲王，皆朕亲兄弟也，于朕之大臣、侍卫中，曾敢笞责何人耶！"（《清圣祖实录》卷二百三十三）

康熙兄弟裕亲王福全、恭亲王常宁尚为谨慎，但康熙诸皇子却都不是收敛的善类。做了近四十年储君的胤礽，以暴戾虐众、任意妄为闻世，而朝鲜使臣回国后，向自己的主子回禀："诸子之暴虐，乃甚于太子云，胡命之不久，此可知矣！"（吴晗辑《朝鲜李朝实录中的中国史料》第十册，肃宗三十五年）

皇子们"不遵国宪，横作威势"的种种不法行为，致使异国使臣认为清朝命运不长矣。足见既受汉人儒家文化影响，又传承满洲传统与习俗的清朝皇家，皇子擅威作福、为非作歹，已然是危害国家的痼疾。

即便是雍正帝，也曾有过"黩货致富""夺人利己"（吴晗辑《朝鲜李朝实录中的中国史料》第十册，显宗三年）的丑闻。

雍正即位后，曾将所占者归还本主，并敕令诸弟改恶向善。然而，他却没料到最放心的儿子弘昼——那位喜欢办丧事、吃供果而闻名的爷，胆子更大，竟然在新皇朝会殴打他留下的顾命大臣。

2

雍正前后生子十人，活到乾隆朝的仅三人：弘历、弘昼和弘曕。

弘历做了乾隆帝，弘昼还是和亲王，而弘曕被安排承继雍正十七弟果亲王允礼的香火。如此一来，雍正世系，也就剩下了弘历和弘昼这对兄弟。

弘历年长弘昼三月，且在雍正十一年同时封为和硕亲王，还一同办理过苗疆事务。弘历为雍正元年就写进密旨里的暗定储君，弘昼采取自订丧仪、不时操练、饮啖作乐的荒唐行事，赢得了乾隆帝的优待厚遇。

乾隆登基后，不但不让弘昼避帝王讳改名字，而且将雍正旧邸和财物赏赐给他，命其管理雍正潜邸雍和宫事务，还先后授其正白旗、镶黄旗满洲都统职务。

生于乾隆四十一年的第八代礼亲王昭梿，曾在《啸亭杂录》卷一中写过乾隆"友爱昆仲"的轶事。其中谈及弘昼少年骄纵，被乾隆一再宽容。某次，乾隆临朝正大光明殿，命弘昼监考八旗子弟，快到吃饭时间，乾隆没作声，然而弘昼主动说要停考，先去吃饭。乾隆以士子积习疲玩为由拒绝，而弘昼强奏他不是收买人心，弄得乾隆尴尬而退。经乾隆小舅子傅恒点拨，弘昼翌日请罪，乾隆说，像你昨天的话，我只要一句话，就可让你粉身碎骨，但"其言虽戆，心实友爱，故朕恕之！"

弘昼的懒惰，竟然成了刚直。

乾隆的宽容，慢慢成了放纵。

无独有偶。某次朝会，果毅公讷亲不知因何小事，惹得弘昼不快。弘昼勃然大怒，拳脚相加，打得讷亲鼻青脸肿。

朝堂之上，重臣被殴，且皇帝在场，这是一件藐视天威、擅作威福、足以对行凶者议罪论处的大罪。

讷亲自然不想白挨一顿打，赶紧奏请乾隆责罚弘昼。

只见乾隆冷眼相待，慢慢地表示，讷爱卿啊，和亲王是仁宪皇太后的宝贝心头肉，我实在没有办法啊。

乾隆一个没有办法，"优容不问"，使弘昼"性骄奢"，"举朝惮之"。（《啸亭杂录》卷六《和王预凶》）

3

弘昼当朝殴打讷亲，为何乾隆闻之不问？

要知道，弘昼为乾隆爱弟，而讷亲是乾隆头号宠臣。

讷亲家族世代煊赫，曾祖为清初五大臣之首额亦都，祖父为康熙四辅臣之一遏必隆，父亲尹德为康熙朝领侍卫内大臣兼议政大臣。他的两个姑姑，一个是康熙的孝昭仁皇后，一个是康熙的温僖贵妃，都是雍正曾经逢迎的继母。

论辈分，讷亲算弘历、弘时兄弟的表舅。他们的父亲雍正，对于这位裙带关系的表亲很是照顾。雍正五年，准其袭爵二等公，授散秩大臣，晋御前大臣，擢内大臣，于雍正十一年升军机大臣，参预机务。

讷亲以廉洁能干，赢得了雍正的赏识。虽然没有像军机大臣鄂尔泰、张廷玉那样被写进雍正遗诏，但也算是先帝留给乾隆的顾命大臣。

讷亲不在遗诏之列，故而被乾隆笼络为心腹，视为第一宣力大臣。就在雍正大丧期间，讷亲青云直上三步跳，先为镶白旗满洲都统兼理内务府，再授领侍卫内大臣协办总理事务，后晋一等公。

讷亲入值军机处很早，但在内阁，于乾隆十年才升为协办大学士，在鄂尔泰死后方接任保和殿大学士和军机处领班大臣。在内阁和军机处，鄂尔泰与张廷玉排名在前，但因乾隆裁抑老臣，培植新人，讷亲即便只有尚书名分，也很快取得首揆之实。

乾隆过分厚待，让讷亲都不敢接受。讷亲坚持不受，乾隆下旨规定：内阁行走，讷亲在前；吏部行走，讷亲和张廷玉并排在前；军机处奏事，满大臣讷亲居首，汉大臣张廷玉在前。

清朝崇满抑汉，排名和朝班，基本上是先满后汉。讷亲始终在张廷玉之前，这是乾隆帝在鄂尔泰死后进一步打压张廷玉的政治举措。

然而，在弘昼殴打讷亲一事上，乾隆帝却让自己最倚重的宠臣极尽难堪。

弘昼曾任镶黄旗满洲都统，那也是乾隆五年的事，而讷亲在乾隆元年便以领侍卫内大臣兼领镶黄旗满洲都统事务。

可是，弘昼生来便是皇子，哥哥登基后即为皇弟，天潢贵胄，身份和地位在王公大臣之上。

讷亲位高权重，备受恩宠，但在皇弟弘昼面前，仍为旗属奴仆。这是满族传统政治的规矩，按照制度，讷亲见到弘昼必须双膝下跪。

讷亲究竟因何"微故"（《啸亭杂录》卷六《和王预凶》）触怒了弘昼，史料不曾载明，乾隆也没有因此为受害者讷亲主持公道。

乾隆对讷亲倚信不假，授职甚多，但不是毫无防患。乾隆六年，左都御史刘统勋弹劾"讷亲职掌太多，任事过锐"，乾隆当即批示："讷亲身为尚书，若于本部之事稍涉推诿，则模棱成习，公事何由办理？但所办未协之处，亦所未免。朕时加教训，戒其自满，年来已知恪遵朕训矣。今见此奏，益当留心自勉。至于职掌太多，如有可减之处，候朕酌量降旨。"（《清史列传·讷亲传》）

讷亲"自满"，让乾隆心里不舒服，故而对刘统勋的弹劾是赞赏和支持的，甚至有意为之、借力敲打。放任弘昼的殴打事件，又何尝不是一个有力的警示呢？

乾隆十三年，讷亲奉旨经略大小金川战役军务，孰料这位做过十多年军机大臣、任过兵部尚书的朝廷首辅，却不知兵，与一代名将张广泗闹矛盾，结果失利获罪，被乾隆降旨押解进京，乾隆赐予其先祖遏必隆腰刀自裁，以示羞辱。

乾隆的帝王心术很复杂，在对大臣宠信有加时绝不容许僭越政治规矩。

乾隆坐观刘统勋叫板张廷玉

1

2002年有一部很火的历史剧,叫《天下粮仓》。

王庆祥主演的刘统勋,官拜刑部尚书,扶棺履任,统领全国查案赈灾之职,冒死进献《千里饿殍图》给新上台的乾隆帝,龙心大惊,雷霆震怒。

随后,皇帝来到他家,为刘统勋的诤臣气概所打动,打消了严办老刘的念头。

电视剧开场的事情发生在乾隆帝继位之初,而在历史上,这时的刘统勋还只是内阁学士,后来挂名刑部侍郎,还是代理。

《清史列传·刘统勋传》记载他于"乾隆元年六月,擢内阁学士。八月,署刑部侍郎"。他这个刑部副部长,并非实职,直至乾隆六年六月才补缺转正。

然而,他又确实长期任过刑部尚书,但那已是到乾隆十五年的事情了。

《清史稿·刘统勋传》写得很笼统,前面只有乾隆十三年的时间定语:"十三年,命同大学士高斌按山东赈务,并勘河道。时运河盛涨,统勋请濬聊城引河,分运河水注海。德州哨马营、东平戴村二坝,皆改令低,沂州江枫口二坝,俟秋后培高,俾水有所泄。迁工部尚书,兼翰林院掌院学士,改刑部尚书。"

《清史列传·刘统勋传》写得很详细:乾隆"十五年七月,兼管翰林院掌院学士,命赴广东会鞫粮驿道明福违禁折收一案,鞫实,拟斩如律。八月,迁刑部尚书"。

刘统勋在刑部尚书任上,一干就是十一年,直至乾隆二十六年五月荣升大学士,才分管其他部门。

三十年正月又兼管刑部。他清廉正直,敢于直谏,在吏治、刑狱、军事、治河等方面均有显著政绩,甚得乾隆重用,即便两次犯了过失被"部议革任",乾隆都下旨从宽留任,还让他进军机处、协办大学士。

2

刘统勋是雍正二年的进士,在雍正朝先后入值南书房、上书房当差,做过皇帝侍读、日讲起居注官和顺天武乡试正考官、詹事府詹事,但他进入乾隆朝后,更得后继之君欢心。

乾隆帝即位后,奉大行皇帝遗命,由庄亲王允禄、果亲王允礼和大学士鄂尔泰、张廷玉辅政。因他们恳辞,以总理事务王大臣称职。

此四人中,二允是乾隆的亲皇叔,鄂尔泰是满人兼内阁首辅,张廷玉为唯一的汉臣。雍正对张廷玉另眼相待,高看一等,夸他为"大臣中第一宣力者",还在雍正十一年说:"朝廷之上近亲大臣中,只和你一天也没有分离过。我和你义固君臣,情同密友。如今相隔月余,未免每每思念。"雍正驾崩前,还专门给乾隆留下一道"遗诏以廷玉器量纯全,抒诚供职,命他日配享太庙"。(《清史稿·张廷玉传》)

张廷玉和鄂尔泰虽都是先帝遗留的重臣,却枢臣互讽,经常掐架,共事十余年,"往往竟日不交一语"。

清朝皇帝喜欢利用满汉权臣矛盾,使之相互制衡。雍正帝之所以偏向张廷玉,也是不使其处在弱势,但到了乾隆时,皇帝的天平又向鄂尔泰做了偏斜。

张廷玉虽在乾隆多次外出巡视时留京总理事务,或为大学士掌机要,还被开本朝无文臣封公侯伯之例封为伯爵,但他年纪大了,倚老卖老,固执且爱激动,让喜欢乾纲独断的乾隆心有芥蒂。

即便张廷玉无心结为朋党,但满朝的门生故吏,自然让朝野认为张中堂自成一党。所以《清史稿》评价他与鄂尔泰二人斗争的后果是:"顾以在政地久,两家子弟宾客,渐且竞权势、角门户,高宗烛几摧萌,不使成朋党之祸,非二臣之幸欤?"

乾隆六年十月,都察院左都御史刘统勋上书:"大学士张廷玉历事三朝,遭逢极盛,然晚节当慎,责备恒多。窃闻舆论,动云'张、姚二姓占半部缙绅',张氏登仕版者,有张廷璐等十九人,姚氏与张氏世婚,仕宦者姚孔鋹等十人。二姓本桐城巨族,其得官或自科目荐举,或起袭荫议叙,日增月益。今未能遽议裁汰,惟稍抑其迁除之路,使之戒满引嫌,即所以保全而造就之也。请自今三年

内，非特旨擢用，概停升转。"（《清史稿·刘统勋传》）

刘统勋直言，张廷玉名望极盛，但晚年不谦谨，招致满朝非议。张家与同乡姚家，都是桐城缙绅望族，互相通婚，为官举荐时互相包庇，刘统勋请皇上三年内不要提拔重用张廷玉。

同时，刘统勋还上书说尚书讷亲管辖吏部和户部，部中议论大事，讷亲说什么，别人必须执行，完全没有心存谦诚、集思广益。请皇上给予他批评，让他反省改正错误。

乾隆帝收到奏折后，快速做出反应："朕认为张廷玉和讷亲如果不擅自作威作福，刘统勋必不敢上这样的奏章！"

同时，乾隆帝为了防止张廷玉、讷亲擅权营私，打击报复刘统勋，还说："大臣责任重大，原本就不能避免别人的指责。听到别人指出缺点应当高兴，这是古人所崇尚的。如果心存不快或嫌怨，那就没有大臣的气度了。"

对于张、讷二人，要有则改之，无则加勉，乾隆下旨："至职掌太多，如有可减，候朕裁定。"并将刘统勋直言敢谏的奏疏公开给众臣看，刘统勋由此名闻朝野。

其实，刘统勋中进士那年，主考官即张廷玉。刘统勋进翰林院做庶吉士、编修时，张廷玉为掌院学士。所以说，张廷玉是刘统勋的座师，刘统勋是张廷玉的门生。

3

由于刘统勋的大公无私，让乾隆倚为得力助手。

刘统勋随后历任漕运总督、工部尚书兼翰林院掌院学士、刑部尚书、太子太保兼陕甘总督，查办了一批贪污渎职的官员，筹办战马兵饷。乾隆十七年，刘统勋成为乾隆王朝的权力核心成员，在军机处行走，成为最高统治者的左膀右臂。

乾隆二十一年，乾隆下旨，由刘统勋、傅恒等负责修纂《西域图志》，刘统勋亲率测绘队踏遍天山以北地区，获取了大量实地测绘资料，成为后来新疆地图的蓝本。

此后，刘统勋又先后任东阁大学士兼礼部、兵部事务，翰林院掌院学士兼上书房总师傅、殿试阅卷大臣，东阁大学士兼国史馆总裁、兼管刑部、吏部等。

乾隆三十四年，刘统勋七十大寿，乾隆帝亲笔御赐"赞元介景"匾额。

乾隆三十八年十一月十六日，刘统勋赴紫禁城早朝，行至东华门外时，轿子忽然倾斜，轿夫拉开轿帘，发现刘统勋双目紧闭。乾隆闻讯后，赶忙派在御前当差的一等公兼驸马福隆安携药赶往救治，但为时已晚。

刘统勋死了，乾隆帝亲往吊唁，到刘家门口时发现门楣窄小、家居简朴，为之感动。回宫尚未进乾清门，乾隆忍不住涕泣，对群臣说："朕失一股肱！"既而说："如统勋乃不愧真宰相。"（《清史稿·刘统勋传》）

乾隆帝还亲自作挽联和怀旧诗，将刘统勋列为五阁臣之一，追授太傅，赐谥号文正。清朝谥文正，自乾隆朝始，有汤斌、刘统勋、朱珪、曹振镛、杜受田、曾国藩、李鸿藻、孙家鼐八人。汤斌为死后五十年被乾隆追谥，算为康乾大兴文字狱的一种掩盖，而刘统勋被直接谥为文正，此谥只能皇帝特旨、不为臣下群议，故而成为清朝一种对汉臣死后追认的顶级名器。据说，李鸿章生前很希望能如其师曾国藩一样，身后能得文正谥号，不意几次代表朝廷外出签订丧权辱国条约的污点，使之只能得一文忠公的美谥，也算是盖棺定论。

乾隆帝为刘统勋之死，还专门发上谕："大学士刘统勋老成练达，品行端方。雍正年间耆旧服官，五十余年中外宣猷，实为国家得力大臣。"（《清史列传·刘统勋传》）

《中国名人志》第十一卷是这样评价的："刘统勋为官近五十载，清正廉洁，秉公无私。一生多次奉命审理官员贪渎案件，所拟判决多得皇帝嘉许。据《清史稿》本传记载，刘统勋每次出巡查案，凡属贪官一经查明都严惩不贷。从弹劾三朝元老张廷玉徇私枉法、擅作威福，到按律查办西安将军都赉、归化将军保德、江西巡抚阿思哈等，无不显示出刘统勋为官刚正、清风独标的秉性，也因此被乾隆称赞为'真宰相'。刘统勋逝世后，得到乾隆皇帝御赐'文正'谥号，这是文臣身后可以得到的最高谥号。在清朝270余年历史上，仅有八位文臣获得这一荣誉。"

4

刘统勋之所以能成为乾隆的股肱重臣，完全是以其能力、品行所成就。

他死后，乾隆帝两次下诏，命令刘统勋的儿子、陕西按察使刘墉回京治丧守制、扶棺归里。

乾隆四十一年，刘墉服丧期满还京，乾隆帝念刘统勋多年功绩，诏授刘墉为内阁学士，任职南书房。次年底，刘墉因在外放江苏学政任上，办事有功和督学政绩显著，迁户部右侍郎，后又调吏部右侍郎。

后来，刘墉又任湖南巡抚，升都察院左都御史。在左都御史任上，他奉命与理藩院尚书和珅查山东巡抚国泰舞弊案，顶住和珅及宫廷等各方面压力，据理力争，最终使国泰伏法。他有功，升为工部尚书，充上书房总师傅，署直隶总督。后来，民间曾据此事写成通俗小说《刘公案》，对这位"包公式"的刘大人大加颂扬。

乾隆五十年五月，刘墉被以吏部尚书授协办大学士。然而，刘"包公"官做大了，问题也来了。他不断犯错，如泄密皇帝与阁臣的谈话内容，主持祭拜文庙不按礼制行事，甚至还被牵扯进了一桩乡试贿赂案。他担任上书房总师傅时，众师傅总不到位，他不闻不问不作为。

更有甚者，权臣和珅专宠于乾隆帝，"方炙手可热，刘墉惟以滑稽悦容其间"（《栖霞阁野乘》卷下），装傻充愣，随波逐流，直至后来他的学生嘉庆帝上台后，虽然给了他一顶大学士的顶戴，但还是指责他向来不肯真心实意做事，干活懒散。

论历史影响，刘墉即便被人赞为"名相"，但还是不济其父刘统勋的作为和风范。然而近年来，以《宰相刘罗锅》为首、《乾隆王朝》压阵的多部影视剧，大肆渲染刘墉如何如何同和珅斗智斗勇、斗气斗法地斗了半辈子，捏造了一个伟大的大清相国，这是刘统勋在现代娱乐历史的大环境下难以企及的。

其实呢，刘墉虽还算清官、晚节不亏，但他那些所谓不拘小节本身就是为官不为、懒政怠政，他并无与和珅较量的斗志，故而顶多算在乾嘉高层官场上扮演了一个名丑。所以，电视剧不好给他脸上画白粉，却在他背上隆个驼。

鄂尔泰和张廷玉不记教训的在劫难逃

1

雍正十三年八月二十三日，雍正帝离奇去世，临终前给嗣皇帝乾隆作了最高人事部署："庄亲王允禄，果亲王允礼，大学士鄂尔泰、张廷玉辅政。"（《清世宗实录》卷一百五十九）

大行皇帝为继承者指定顾命辅政大臣，即对他不放心。

这样的辅政班底，在清朝史无前例，但又是借鉴组成。

崇德八年八月，太宗皇太极猝死，没有指定继承者。满洲最高统治层经过一番权力较量后，拥立六岁的福临登基，推选出睿亲王多尔衮为摄政王、郑亲王为辅政王。

十八年后，即顺治十八年正月，世祖病逝，皇三子玄烨入承大统，是为康熙帝，但因玄烨只有八岁，又任命内大臣索尼、苏克萨哈、遏必隆、鳌拜辅政。

不论是和硕王摄政，还是内大臣辅政，就是代行皇权。

皇帝如同傀儡。

顺治帝和康熙帝为了亲政，也是拼尽了气力，好在威福自专的多尔衮早逝、鳌拜被擒，少年天子才熬到真正君临天下的一天。

他们之所以被安排亲王大臣摄政辅政，主要是年龄尚小，没有一点儿理政经历和经验。

乾隆不然。他即位时年已二十五岁，是六个孩子的父亲了，且其在雍正年间已经开始参决政务和外出办差。

可以说，乾隆坐上龙椅时，已是一名成熟的政治家。

但雍正却对他似乎很不放心，给他安排了两大亲王和两大阁老的辅政团队。

允禄和允礼尚好，他们是皇叔，而鄂尔泰和张廷玉，虽是乾隆在上书房的总师傅，但终究非皇族。

雍正该猜到了乾隆会有想法，还采取遗诏的形式，给两位大学士辅政，增加一道护身符:"大学士张廷玉器量纯全,抒诚供职,其纂修圣祖仁皇帝实录,宣力独多。每年遵旨缮写上谕,悉能详达朕意。训示臣民,其功甚巨。大学士鄂尔泰,志秉忠贞,才优经济,安民察吏,绥靖边疆,洵为不世出之名臣。此二人者,朕可保其始终不渝。将来二臣,著配享太庙,以昭恩礼。"(《清世宗实录》卷一百五十九,雍正十三年八月己丑)

重臣配享太庙,即为顶级恩宠。张廷玉作为清朝汉臣第一人,雍正还特地放在满臣鄂尔泰之前,重点强调。

这为乾隆帝对前朝重臣尤其汉臣的崇隆使用,设计了紧箍咒。

乾隆只能继续重用鄂尔泰和张廷玉,让他们身兼多个要职,晋升爵位,以示恩宠。

但是,乾隆很快借处理内大臣海望之事强调:"凡办理天下之事,惟有物来顺应,不可预存是非可否之见于胸中。不但海望所言,即庄亲王、果亲王,大学士鄂尔泰、张廷玉,朕所深加任用者,亦不可以其言,尽以为是。"(《清高宗实录》卷三,雍正十三年九月癸丑)

乾隆强调,即便是自己的谕旨出了错误,也希望大臣们据实直陈,不要应声呼和,要做到"君臣之间,开诚布公"。

皇帝自称有错误,更遑论顾命大臣。这在无形中树立皇帝的绝对权威,而为先帝指定的顾命大臣的朝政把关权预设了可以质疑推翻的余地。

好在鄂尔泰们聪明,请辞顾命辅政大臣之名,改作总理事务王大臣之号。这有先例,雍正即位之初,就任命了四大总理事务王大臣。

他们是皇命的执行者,但不是皇帝的监护人。

2

乾隆对允禄、允礼,赏赐双份亲王禄,并指示在非正式场合免除叩拜之礼。

乾隆解释:"庄亲王、果亲王,召见便殿、赐坐之时,俱行拜礼,朕心深为不安。王等皆圣祖仁皇帝之子,大行皇帝之弟,于朕为叔,行辈甚尊,岂可常行拜礼于朕前乎?君臣上下,分义固所当遵,然便殿燕见之时,非朝会大典可比。礼以义起,古人所贵,朕心所未安之处,即礼之所当随宜斟酌者。嗣后如升殿朝

贺、典礼攸关之处，诸王等仍遵定例行礼外。"（《清高宗实录》卷三，雍正十三年九月丙辰）

皇帝的亲叔就是不一般。乾隆要彰显自己的仁孝："若便殿燕见时，朕亲叔辈，均不必叩拜，以昭朕敬长亲亲之意。"

乾隆三年，允礼英年早逝，乾隆万分悲痛，亲临其丧，还因其无子，将自己的六弟弘曕过继，延续香火。这也为现代影视剧《甄嬛传》创造一出允礼和雍正之间情敌大戏准备了说不清的素材。第二年，允禄被查，涉弘晳案，乾隆停其双俸，罢都统，仍保留了他的庄亲王爵位。

这几年，鄂尔泰和张廷玉深得重用，但乾隆对他们的打压也是双管齐下。

鄂尔泰原为云贵广西的总督，是推行雍正新政改土归流的实干先锋，于雍正十年正月进京，便被留下，后来居上，站到了保和殿大学士兼领班军机大臣张廷玉的前面。

张廷玉不甘心，于是与鄂尔泰相互讥讽，他们虽然都在雍正身边值守，三人相处，张、鄂二人经常终日不交一语。

二人的矛盾尖锐，但又有特色，不像康熙朝的索额图、明珠互相倾轧掣肘，也不像雍正初期隆科多、年羹尧恃功骄纵而侵害皇权。

他们视若政敌，却都是坚定的保皇派。

他们大权在握，却上不了大清权臣榜。

缘于此，雍正才放心地让他们做顾命大臣，辅佐新君，又相互制衡。

3

昭梿在《啸亭杂录》卷一中讲道：乾隆即位初年，"鄂、张二相国秉政，嗜好不齐，门下士互相推奉，渐至分朋引类，阴为角斗"。

各有各的学生，各有各的门徒，各有各的拥趸，各有各的粉丝。

鄂、张的缠斗不休，也曾让雍正写遗诏时深为顾虑，真诚地寄望他们："念朕朝乾夕惕之苦衷，仰答皇考圣祖仁皇帝利益社稷苍生之诚念，各秉忠良，屏除恩怨，一心一德，仍如朕在位之时，共相辅弼，俾皇太子弘历成一代之令主，则朕付托得人，追随列祖皇考在天之灵，亦可不愧不怍矣！"（《清世宗实录》卷

一百五十九，雍正十三年八月己丑）

人之将死，其言也善。虽是期待，宛若哀求。

雍正虽然是对顾命四大臣寄予厚望，但主要是对鄂尔泰、张廷玉的殷殷请求。

然而，二人缠斗依旧，愈演愈烈，乾隆多次援引雍正《御制朋党论》训诫，但收效甚微。

鄂尔泰的得意门生胡中藻为乾隆元年进士，任职内阁学士，"性多狂悖，以张党为寇仇，语多讥刺"（昭梿《啸亭杂录·不喜朋党》）。

政见不合，政敌之争，发展到仇寇之斗。

这样的较量，显然是鄂尔泰枉顾雍正遗言，对门人不约束所致。

党争不弭，遗祸无穷。

鄂尔泰死于乾隆十年，乾隆兑现了雍正遗言：配享太庙，同时特别加恩：入祀贤良祠。然而，十一年后，乾隆下旨，将鄂尔泰的牌位撤出贤良祠。

理由很简单，也很独特，胡中藻诗云"一把心肠论浊清"，污损了天朝。

浊者自清，但清帝惧浊。鄂尔泰没有教好学生，一字不慎，祸及一门。

而张廷玉倚老卖老，固执偏激，也差点儿被乾隆褫夺了配享太庙的殊荣。

乾隆说，张廷玉不过一个文案高手！

雍正说，张廷玉遵旨缮谕，是亮点！

乾隆的三眼花翎不是乱给的

1

不容否认，同样是改编自二月河的历史小说，电视剧《乾隆王朝》较之于

《康熙王朝》《雍正王朝》，语言要严谨得多，且很具文学性。但，瑜上有瑕，开场第一集就以虚构忘了常识。

剧中乾隆叫大起儿，大大嘉奖连年治旱有功的甘肃巡抚王亶望，以巡抚署理陕甘总督，赏三眼花翎。

王亶望以巡抚代两省总督，位列封疆。这还没什么。

特别的是，乾隆帝给了王亶望一个"三眼花翎"的奖励！

我们常在清宫戏中，见到官员官帽上拖着一根孔雀翎，这就是所谓的花翎。

"眼"，指的是孔雀翎上眼状的图圈，一个图圈就算作一眼。清代勋贵官员戴花翎，分一眼、双眼、三眼，三眼最尊贵。

清初，有资格享戴三眼花翎的为皇室成员中的贝子和固伦额驸，像镇国公或辅国公、和硕额驸，一般只能享戴双眼花翎。

花翎象征高贵，故在清朝是官员的一种政治追求。福建水师提督施琅平台有大功，被封靖海侯，然其力辞爵位，恳求照前此在内大臣之列赐戴花翎，康熙特旨许之。

《清史稿·施琅传》还特地记载："疏至，正中秋，上赋诗旌琅功，复授靖海将军，封靖海侯，世袭罔替，赐御用袍及诸服物。琅疏辞侯封，乞得如内大臣例赐花翎，部议谓非例，上命毋辞，并如其请赐花翎。"

至乾隆时，皇帝下明诏，花翎不但皇家亲贵可戴，如有显赫军功者也可戴。

但皇帝赐给臣下三眼花翎时是非常吝啬的，乾隆至清末被赐三眼花翎的大臣，只有傅恒、福康安、和琳、长龄、禧恩、李鸿章、徐桐七人。

终乾隆一朝，被赏戴三眼花翎者，只有傅恒、福康安父子。然而在事实上，只有福安康真正顶戴过三眼孔雀翎。

2

此殊荣授予傅恒，确实不假，但被他辞掉了。

傅恒的姐姐富察氏是乾隆最爱的原配孝贤纯皇后，而傅恒是姐夫乾隆帝的总管内务府大臣、户部尚书、领班军机大臣加太子太保、保和殿大学士，授一等忠勇公，赐宝石顶、四团龙补服。

乾隆平定金川、平准噶尔、征战缅甸，都是傅恒为统帅。所以，乾隆在他已被授一等公后，还要再次封公，格外恩宠。乾隆二十年，乾隆帝将百名功臣画像陈列于紫光阁，傅恒荣居首位。

乾隆三十年，缅甸军队多次侵扰西南边陲云南。刘藻、杨应琚、明瑞前后三任云贵总督，都因征缅战争先后自杀，朝廷内部人心惶惶。

傅恒再次临危受命，为姐夫乾隆帝经略云南军务，指挥清缅战争。

乾隆三十四年七月，傅恒祭纛誓师，兵发腾越，对缅发动突袭，初战告捷。乾隆龙心大悦，赐御诗二章，并加赏三眼花翎。《清史稿·傅恒传》记载："上赉三眼孔雀翎，傅恒疏辞。"

此战，缅军据险顽抗，加之湿度较大，水土不服，清军将士纷纷染上瘴疠，三万余人伤亡过半。主帅傅恒，也未能幸免，染上恶疾，腹泻一天比一天厉害，以致一病不起。乾隆帝获悉大惊，颁谕令傅恒立即班师回京。此时，缅王和缅帅也怯于清朝军威，主动乞和罢兵。

客观原因致使征战失利，傅恒主动为乾隆宣战担责，上疏请求从重治罪。

《清史稿·傅恒传》记载："会缅甸酋懵驳遣头人诺尔塔赍蒲叶书乞罢兵，傅恒奏入，上许其行成。傅恒附疏言：'用兵之始，众以为难。臣执意请行，负委任，请从重治罪。'上手诏谓：'用兵非得已，如以为非是，朕当首任其过。皇祖时，吴三桂请撤藩，谘于群臣，议撤者惟米思翰、明珠数人。及三桂反，众请诛议撤诸臣，皇祖深辟其非。朕仰绍祖训，傅恒此事，可援以相比。傅恒收猛拱，当赐三眼孔雀翎，疏辞，俟功成拜赐。今既未克贼巢，当缴进赐翎，以称其请罪之意。'"

乾隆帝撤回对傅恒以三眼花翎的封赏，作为傅恒对缅一战失利的惩罚。

傅恒原说克敌制胜后受奖，而今作战失败撤退，就不好再要了。所以说，他有被奖励的机会但没抓住，即他没有真正顶戴过三眼花翎。

《清史列传》对此事也有说明："前于傅恒收服猛拱时，曾赐三眼孔雀翎，以示褒宠，傅恒恳俟成功后再用。今既未经攻克贼巢，前所赐翎即著缴回，任用伊原戴之翎。"

两个月后，傅恒病逝，未满五十岁。盖棺定论，乾隆帝对傅恒一生予以充分肯定，亲登其府在灵前祭酒，并谕示丧礼按宗室镇国公规格办理，赐谥文忠。嘉庆元年，以其子福康安平苗之功，推恩赠郡王衔，并配享太庙。这也该是乾隆下旨给的，最起码需要他点头。

3

福康安为傅恒第三子，有传言为乾隆的私生子。那应该是因为乾隆对这个内侄过于宠爱，而被人将其风流扩大化。若真有其事，他怎敢将兵权先后交给傅恒和福康安。

傅恒死后，福康安崭露头角，在平定大小金川战役中克敌制胜，因其军功受到乾隆的宠信和重用，不断加官晋爵，成为声名显赫的朝廷名将、重臣。

福康安二十八岁受封太子太保，两年后擢兵部尚书、总管内务府大臣，晋嘉勇侯，三十三岁时因征廓尔喀之役获胜而被实授武英殿大学士，加封忠锐嘉勇公，赐红宝石帽顶、四团龙补服。

乾隆五十七年，朝廷再次图形功臣于紫光阁，大学士阿桂让福康安居首。

乾隆六十年，乾隆帝破格封福康安为贝子，他是第一个宗室之外活着被封如此显爵的人，而其受赏三眼花翎，也是在这一年。《清史稿·福康安传》记载："六十年，贵州苗石柳邓、湖南苗吴半生、石三保等为乱，命福康安讨之。柳邓围正大营、嗅脑营、松桃三城，福康安师至，力战，次第解三城围，赐三眼花翎。"

嘉庆元年，福康安病死军中，被已为太上皇却是实际最高统治者的乾隆追封为嘉勇郡王，配享太庙，并建立专祠以致祭。

在福康安生前，乾隆帝便有意封其为王。《清史稿·福康安传》记载，乾隆曾手诏："福康安能克阳布，俘拉特纳巴都尔、巴都尔萨，当酬以王爵。今以受降班师，不克副初原。然福康安孝贤皇后侄，大学士傅恒子，进封为王，天下或议朕厚于后族，富察氏亦虑过盛无益。今如此藏事，较荡平廓尔喀倍为欣慰。"

但是，嘉庆帝对福康安不感冒，甚至反感，真正亲政后，多次追责他在军中挥霍无度，将其子由世袭贝勒降为贝子。

《清史稿·福康安传》说："福康安受高宗殊宠，师有功。在军中习奢侈，犒军金币辄巨万，治饷吏承意指，糜滥滋甚。仁宗既亲政，屡下诏戒诸将帅毋滥赏，必斥福康安。德麟迎丧归，将吏具赙四万有奇，责令输八万。德麟旋坐雩坛视牲误班，降贝子。"

和琳获赏三眼花翎，虽也是其岳父乾隆所为，但是在嘉庆元年六月通过新君命令给的。

所以说，乾隆帝在位时，三眼花翎只给过傅恒、福康安二人。这一对父子，是因为特大军功受赏，也是有清一代非皇家宗亲而都被追封郡王的特例。

王亶望仅因所谓三年干旱而能自救，便被赏三眼花翎，明显是编剧不谙历史常识所为。即便是王亶望受封，因冒赈案发被杀，封赏褫夺，曾经的惊世殊荣也会载于史册。

就如和琳在其兄和珅倒台后，虽被嘉庆帝追责，下令撤出太庙，毁专祠，夺其子所袭公爵，但《清史稿》《清史列传》都没隐没他那顶三眼花翎。

上书房服务皇子教育，大臣建议多补肾

1

坊间谈及名臣张廷玉，皆称他是上书房大臣，位高权重。

《雍正王朝》对此渲染得最多。张廷玉与佟国维、马齐同为上书房大臣，为康熙帝所倚信的重臣。康熙临终前，为了力挺皇四子胤禛成功即位，不惜与张廷玉演了一出请君入瓮的好戏，迫使步军统领隆科多誓死效忠嗣皇帝。

剧中的上书房大臣，即为内阁宰辅之意。其夸张地把张廷玉安排在康熙四十七年十一月前，就已是康熙的中堂大人，实与历史大相径庭。

其实，康熙公举新太子时，张廷玉不过是享受四品职官待遇的南书房专职秘书，还远远不能与致仕领侍卫内大臣佟国维、武英殿大学士马齐并驾齐驱。

但是，张廷玉在上书房任过职，职位称上书房总师傅，而非上书房大臣。

因为上书房并非正式的官僚机构，没有规范的职官建置，是为了配合皇家皇子教育而设，创设者为雍正而非康熙。

昭梿《啸亭续录》卷一《上书房》记载："雍正中，初建上书房，命鄂文端、张文和二公充总师傅。"张文和，就是张廷玉，而鄂文端为鄂尔泰。

鄂尔泰于雍正十年正月，进京陛见，被雍正留在中央，出任保和殿大学士，兼兵部尚书，办理军机事务。

虽然此前张廷玉已为保和殿大学士兼署吏部尚书，加少保，但鄂尔泰出身满洲，又在云贵广西试验改土归流有功，进京便被授爵一等伯，世袭罔替，后来居上，在班次上站到了张廷玉的前面。

从鄂尔泰任职中枢时间，以及昭梿所述鄂、张"二公入，诸皇子皆北面揖，二公立受之，实从古帝王乞言之制也"的情形来看，上书房应该设置于雍正十年左右。

总师傅二人，从词臣中精选出学问渊博的师傅数人，但接受教育的皇子，该只有皇四子弘历、皇五子弘昼二人。他们的绝大多数兄弟早逝，最小的兄弟才刚出生，都无缘接受其父亲雍正帝精心准备的顶级的皇家教育。

此时的弘历、弘昼兄弟，皆已二十多岁，成家生子了。而且弘昼乐于给自己办丧事，吃供果，自然对系统的文化教育不感兴趣，或者干脆敬而远之不出场。

从弘历在此前后，其嫡长子出生被雍正取名永琏、雍正高规矩地为其结集印行潜邸诗集，以及进爵为和硕宝亲王等事件来看，雍正的暗定储君已经浮出水面。

雍正强化上书房教育，其实就是选择重臣对弘历进行全面而又严格的储君教育，并为辅佐后继之君进行了一系列的人事部署。先后为弘历《乐善堂全集》作序的大臣，主要是后来雍正为之指定的四大辅佐顾命大臣：庄亲王允禄、果亲王允礼和大学士鄂尔泰、张廷玉。

2

雍正设上书房，就是要对弘历进行系统性的帝王教育。

但是，弘历即位成为乾隆帝后，对上书房的教育宗旨、入学学龄、上课时间和学习内容，进行了有效的改革与严格的规定：

一、本朝鉴往代嫡庶争夺之祸，永不建储。乾隆并不是不建储，而是实施秘密建储制度化，以不昭告天下的形式，对诸皇子进行规范的满汉文化教育。这貌似向皇子们传递出一个信息，他将来择取储君，唯贤是举，而非唯嫡是亲。然而，乾隆还是首选嫡子，曾拟定和待定的两任储君，都是原配孝贤皇后所生。另外，乾隆诸子中多为阴险家（如永瑆）、纨绔子（如永璘），明显不及皇祖康熙诸子。

二、凡满六岁的皇子，即入上书房读书。六岁入学，也成了今日学龄的基本年限。

三、卯入申出，即早上五点入学，下午三点放出，每天接受教育十个小时。即便是中午吃饭，也由侍卫送来。这为定制，没有寒暑假，与过去的皇子出阁读书"片刻即出"，明显是霄壤之别。

四、皇子们学习的内容为《五经》《史记》《汉书》和策问、诗赋，但禁止学习时髦技艺之学。教学内容是规范的，为皇子们将来执政和辅政做准备，学的是传统文化经典，但不许流行娱乐进课堂。

皇帝对上书房教育高度重视。随着皇帝在京城办公地点的改变，上书房的场所也会随之改变：在紫禁城里设在乾清宫左侧，在圆明园设在勤政殿东边。这是为了方便皇帝的日常监督和不时巡查。

乾隆还给乾清宫、圆明园两处分别御书了"前垂天贶""中天景运""后天不老"和"先天不违""中天立极""后天不老"的匾额，两处皆以"三天"寄语，以示自己对皇子皇孙的殷切期望。

曾为上书房总师傅的张廷玉，到了乾隆初年，仍兼其事，同时为乾隆的经筵讲官。

质言之，上书房总师傅，就是管理上书房事务的大臣，但不叫上书房大臣，实质上就是皇子学校的校长，一般由内阁大学士兼领，但在兼职上并没有真正的实权。

3

乾隆朝的上书房还曾发过一个有趣的故事。

一位姓曹的内阁学士,曾入值上书房,他性格有点儿迂腐,心疼出身天潢贵胄的皇子们经不起在上书房长时间、高强度的学习。

于是,他向乾隆帝打报告:皇子们整日学习历史文化,练习骑射,劳心劳力,请求批准他们吃六味地黄丸,以补肾水之源。

这位曹学士应该注意养生,常吃六味地黄丸,故而善意地向乾隆建议,要为皇子们补肾!

不承想,乾隆朱批:胡说八道!

查钱实甫《清代职官年表》,乾隆朝仅出现一位曹姓内阁学士,即曹秀先,在乾隆三十二年做过短暂的内阁学士,不久迁工部右侍郎,又历任户部、吏部。乾隆三十九年十二月,他升任礼部尚书,三年后受命在上书房行走,不久命在上书房总师傅上行走,还出任过一届会试正考官。

乾隆很赏识他,曾赐他在紫禁城内骑马的殊荣。

然而,深得乾隆看重的曹秀先却麻烦不断,不是推荐官员有问题,就是安排祭祀出差错,差点儿被革职严惩。

曹秀先几番出了事故,却始终不吸取教训,乾隆四十七年,他没能布置好郊庙的常雩天镫和更衣幄次,还在纂辑《明臣奏议》上混乱了体例,两次遭到了弹劾,下部严惩。

乾隆还是下诏宽免,但不久通知:"曹秀先不胜总师傅之任,著回原衙门办事。"(《清史列传·曹秀先传》)

曹秀先在上书房任上出了不少问题,被为人尖刻的成亲王永瑆当作笑话四处播散。然而,乾隆在他死后,充分肯定他学问渊博、谨慎勤劳,谥其"文恪",盖棺论定,不比首任上书房总师傅的张廷玉逊色。

乾隆怒斩王亶望，钦差不是和珅

1

《乾隆王朝》第一集以甘肃巡抚王亶望冒赈一案开场，安排乾隆叫大起儿，在朝堂大大嘉奖连年治旱有功的甘肃巡抚王亶望，署理陕甘总督，加赏三眼花翎，但没想到大将军阿桂的书办和珅送来军报，揭发甘肃连年多雨。

王亶望贪渎！

乾隆破格提拔新人和珅，出任钦差大臣。

和珅起步还是世袭三等轻骑都尉，在大将军兼军机大臣阿桂手下做文字秘书。

初出茅庐的和珅，小玩计谋，利用王氏宠妾绊倒了王亶望。

2

在历史上，王亶望是真实存在的人物。只是他没做过甘肃巡抚，仅为管财赋和人事的布政使。

《清史稿·王亶望传》对浙江布政使暂代巡抚王亶望冒赈是这样描述的："三十九年，移甘肃布政使。甘肃旧例，令民输豆麦，予国子监生，得应试入官，谓之监粮，上令罢之。既，复令肃州、安西收捐如旧例。亶望至，申总督勒尔谨，以内地仓储未实为辞，为疏请诸州县皆得收捐；既，又请于勒尔谨，令民改输银。岁虚报旱灾，妄言以粟治赈，而私其银，自总督以下皆有分，亶望多取焉。议初行，方半载，亶望疏报收捐一万九千名，得豆麦八十二万。"

王亶望至甘肃上任后，与陕甘总督勒尔谨议定，以内地仓库储粮未满为名，命诸州县收捐；不久，又令士民改捐"折色"，即一律收银两虚报当年旱灾，谎称以粟治赈，而私留捐银自总督以下各级官员皆分银两，王亶望得最多。

乾隆帝对此也怀疑："甘肃民贫地瘠，安得有二万人捐监？又安得有如许余粮？今半年已得八十二万，年复一年，经久陈红，又将安用？即云每岁借给民间，何如留于闾阎，听其自为流转？"因此，乾隆写了此"四不可解"诘问勒尔谨，勒尔谨编了一番谎言骗过了乾隆。

乾隆并未因此封赏王亶望，也没给他一个三眼花翎的顶戴。其实在乾隆三十八年，皇帝巡视天津，还在浙江任上的王亶望"贡方物，范金为如意，饰以珠，上拒弗纳"，可见乾隆对王亶望并不感冒。

王亶望在甘肃干了四年才升任浙江巡抚，不再是代理了，还在杭州接待了乾隆帝的第五次南巡。但这次接待，王亶望因为接驾奢靡铺张，更没有给乾隆一个好印象。

3

乾隆四十六年，大学士阿桂赴浙江勘察海塘工程时发现了问题，回报乾隆"杭嘉湖道王燧贪纵、故嘉兴知府陈虞盛浮冒状"，皇帝发谕说："朕上年南巡，入浙江境，即见其侈靡，诘亶望，言虞盛所为。今燧等借大差为名，贪纵浮冒，必亶望为之庇护。"于是，下旨逮捕王燧，暗查王亶望包庇罪行。（《清史稿·王亶望传》）

这时，甘肃河州回民苏四十三作乱，勒尔谨率师镇压屡败，还被抓住。大学士阿桂入甘督剿，命理藩院尚书和珅先行，和珅疏言入境即遇雨，阿桂到后也上报屡言雨。

乾隆震怒，下令由阿桂继而反过来详查甘肃往年赈灾情况，结果揭发出王亶望等令监粮改捐银及虚销赈粟等罪行。

《清史稿·王亶望传》记载："上因疑甘肃频岁报旱不实，谕阿桂及总督李侍尧令具实以闻。阿桂、侍尧疏发亶望等令监粮改输银及虚销赈粟自私诸状，上怒甚，遣侍郎杨魁如浙江会巡抚陈辉祖召亶望严鞫，籍其家，得金银逾百万。上幸热河，逮亶望、勒尔谨及甘肃布政使王廷赞赴行在，令诸大臣会鞫。亶望具服发议监粮改输银，令兰州知府蒋全迪示意诸州县伪报旱灾，迫所辖道府具结申转；在官尚奢侈，皋兰知县程栋为支应，诸州县馈赂率以千万计。狱定，上命斩亶望，赐勒尔谨自裁，廷赞论绞，并命即兰州斩全迪。"

和珅与此案有关不假，他回报甘肃遇雨，但查案领导人为首席大学士兼领班军机大臣阿桂。整个案件也是阿桂主持清查的，所以说，督办钦案的钦差大臣应为阿桂，而不是电视剧中所设计的和珅。

4

此时的和珅，也并非阿桂的书办，而是领侍卫内大臣、理藩院尚书，兼四库全书馆正总裁。

据《清史稿·和珅传》记载，乾隆四十五年，和珅督办文华殿大学士兼云贵总督李侍尧案有功，乾隆想用和珅接任总督，后考虑李为和珅弹劾，"乃以福康安代之。命回京，未至，擢户部尚书、议政大臣。及复命，面陈云南盐务、钱法、边事，多称上意，并允行。授御前大臣兼都统。赐婚其子丰绅殷德为和孝公主额驸，待年行婚礼。又授领侍卫内大臣，充四库全书馆正总裁，兼理藩院尚书事，宠任冠朝列矣"。

王亶望冒赈案发前，和珅已是正一品大员、乾隆的亲家，而督办王案，主要是阿桂的功劳。到了三百多年后的电视剧中，却成就了和珅的发迹，还专门替乾隆多发出了一顶特别显贵的三眼花翎。

马戛尔尼佩服崇拜的和珅恃宠走了歪路

1

电视剧《宰相刘罗锅》大肆渲染刘墉如何智斗和珅，弄得刘墉是何等的大智慧，和珅是怎样的大颟顸。

真的是这样吗？《清史稿》有明确的记载，和珅擅权，确实也有大本事，精明强干，获中外点赞。

他精通满文、汉文、蒙古文和藏文，为刘墉之辈难以企及。骄傲的乾隆帝曾夸他："去岁用兵之际，所有指示机宜，每兼用清、汉文，此分颁给达赖喇嘛及传谕廓尔喀敕书，并兼用蒙古、西番字。臣工中通晓西番字者殊难其人，唯和珅承旨书谕，俱能办理秩如，勤劳书旨，见称能事。"（《平定廓尔喀十五功臣图赞》）

著名的英国使臣马戛尔尼在乾隆五十八年至热河觐见乾隆帝时，对清朝要求的跪拜礼很不满，但他对和珅的外交才能大加赞叹，称这位"中国的首相"是"成熟的政治家"。

就连他的政敌朱珪在和珅被嘉庆帝弄死后也说："今珅已殁，吾惜其才致其入歧途。吾本欲与其一同为皇上效力，惜珅先吾而去，令吾感叹。"

但是对于和珅这个当时中国真正的首相，官拜武英殿大学士兼领班军机大臣的阿桂却有话要说："此欺上瞒下之辈，吾早晚必为国除之！"

2

和珅最初很是正直清廉，也很会来事，能把乾隆的老心脏摸得舒服服。自乾隆四十五年，和珅督办大学士兼云贵总督李侍尧贪纵案后，就坐上了直升机。

和珅回京后，乾隆帝授其为户部尚书，在议政大臣处行走，不久授御前大臣兼都统，赐婚其子丰绅殷德为和孝公主额驸，待年行婚礼。又授领侍卫内大臣，充四库全书馆正总裁，兼理藩院尚书事。没过两年，乾隆五十一年七月，和珅升文华殿大学士，仍兼吏部和户部。

皇帝喜欢你，加官晋爵是一句话的事情。升也快，降也快。如果皇帝讨厌你，只要抓住了你的小辫子，从一品大员被一撸到底也是常事。

但乾隆对和珅好得出奇。乾隆对福康安的好虽有私生子的嫌疑，但实际上福康安战功卓著，深得帝心眷顾。然而和珅呢？即便他再会溜须拍马，再像乾隆旧爱，他的胡作非为也还是朝野共睹的。

从某种意义上讲，乾隆对和珅的爱丝毫不比对福康安少！单从其将皇十女婚配和珅长子一事来看，就是一桩今古传奇。

与皇十女同岁的丰绅殷德生于乾隆四十年。乾隆四十五年五月，乾隆帝"赐名丰绅殷德，指为十公主之额驸。赏戴红绒结顶。双眼孔雀翎。穿金线花褂"，也就是说乾隆指婚时他们还只有五岁。这样的结亲，也只能是乾隆主动，和珅就是再受宠爱也不敢提出这种请求。乾隆对五岁的小姑爷也是超高规格地封赏，单一顶双眼孔雀翎，也就是受宠的大学士才能得到，历任首辅傅恒、于敏中、阿桂拼了一辈子，才带上这顶帽子。

这还算不了什么！乾隆五十二年正月，十公主封为固伦和孝公主，丰绅殷德授固伦额驸，"戴红宝石帽顶三眼花翎。金黄带。紫缰。服色与贝子同"。十公主的母亲只是一般嫔妃，曾经犯错受罚，但乾隆以女儿像自己，给她封号只有皇后之女才能拥有的"固伦"，品级相当于亲王。这位十公主无疑是乾隆最爱的女儿，难怪《啸亭续录》记载乾隆曾说："汝若为皇子，朕必立汝储也。"

乾隆给皇十女的封号是破格后的顶级，是嫁给傅恒之子福隆安的皇四女和硕和嘉公主的十倍。和嘉公主的母亲还是贵妃。福隆安是乾隆的小舅子、大功臣傅恒的儿子，也是福康安的哥哥，也只能是和硕额驸。

足见乾隆帝非常重视与和珅的政治联姻，故而使和珅"宠任冠朝列矣"。和珅擅权营私，乾隆帝未必不知。在乾隆死后不到半月，真正亲政的嘉庆帝给和珅弄了二十条大罪，有凭有据，《清史稿·和珅传》里条条写得明确。

和珅之罪，一般认为是从查抄李侍尧时起，他隐没了许多查抄的财宝，而李侍尧没被处决，还很快爬起来，让和珅尝到了甜头，看到了希望。

但是，死于乾隆四十四年十二月的前首辅于敏中，曾有言："此人奸险古来稀，吾欲除之而后快。惟其善测上意，宠冠诸臣，难以除之。"

3

于敏中死后，阿桂进位大学士班次第一。他也确实看不上和珅，可以说他是和珅最强大的对手，也让和珅领教了厉害。

《清史稿·和珅传》记载："四十六年，甘肃撒拉尔番回苏四十三等叛，逼兰州，额驸拉旺多尔济、领侍卫内大臣海兰察、护军额森特等率兵讨之。命和珅为钦差大臣,偕大学士阿桂往督师。阿桂有疾,促和珅兼程先进。至则海兰察等已击贼胜之,即督诸将分四路进兵,海兰察逼贼山梁,歼其伏。贼掘沟坎深数丈,并断小道,不能度。总兵图钦保阵亡。后数日,阿桂至,和珅委过诸将不听调遣。阿桂曰:'是宜诛!'明日,同部署战事,阿桂所指挥,辄应如响。乃曰:'诸将殊不见其慢,当谁诛?'和珅恚甚。上微察之,诏斥和珅匿图钦保死事不上闻,赴师迟延,而劾海兰察、额森特先战颠倒是非;又谓自阿桂至军,措置始有条理,一人足办贼,和珅在军事不归一,海兰察等久随阿桂,易节制,命和珅速回京。"

这段文字的意思是说:

乾隆四十六年,甘肃境内爆发苏四十三领导的起义,乾隆下令派多路大将带兵征讨;同时命理藩院尚书和珅为钦差大臣,偕大学士阿桂前往督师。阿桂身体有恙,敦促和珅先行。

和珅到达甘肃之后,胡乱指挥,军中战将瞧不起马屁钦差,不听他调遣,弄得出战失利,总兵被围困致命。阿桂到后询问战败原因,和珅状告将领不听指挥,要砍谁谁谁。

阿桂听后,不置可否,立即升帐,调兵遣将,诸将肃然领命,莫敢不从。

阿桂问和珅,我怎么看不出来谁不听调遣,你说应该杀谁呀?和珅敢怒不敢言,暗中使怪。不久,乾隆帝得知此事后,迅速调和珅先回京,严厉斥责了和珅一番。

和珅因此与阿桂结下了仇。所以,《清史稿·和珅传》继续说:"和珅用是衔阿桂,终身与之龃。寻兼署兵部尚书,管理户部三库。"

和珅见识了阿桂在军中的威望,但也不时地与之较量,鼓捣乾隆帝让他以大学士、军机大臣代兵部尚书,同时管理中央财权和物权。这样的兼管,无疑是要制约阿桂。

不仅如此,后来嘉庆帝公布的和珅大罪中,就有一条是关于军事的,即:"于各路军报任意压搁,有心欺蔽,大罪五。"(《清史稿·和珅传》)

4

和、阿矛盾不可调和。阿桂的地位在和珅之上,但他经常外出,很少在京城处理政务，使得和珅乘机窃取大权，"柄政久，善伺高宗意，因以弄窃作威福，不附己者，伺隙激上怒陷之；纳贿者则为周旋，或故缓其事，以俟上怒之霁。大僚恃为奥援，剥削其下以供所欲"。（《清史稿·和珅传》）和珅是扯着乾隆过分宠幸当大旗，顺之者昌，逆之者亡，构陷异己者，庇护贿赂者。

阿桂对和珅专权乱政很是痛恨，但碍于乾隆帝对和珅的宠信，加之自己年过古稀，力不从心。和珅在制约他的同时又拉拢他，然阿桂始终不与之同流合污，"乃除召见议政外，毫不与之通交接。凡立御阶之侧，公必去和相十数武，愕然独立，和就与言政事，公亦漫应之，终不移故处也"（《清史稿·阿桂传》）。

阿桂无可奈何，力保晚节，主动远离和珅，其实作为首辅，这对贪婪的和珅也不啻一种隐忍放任。

但在大局上，阿桂还是在朝纲混乱的危急中作中流砥柱，致使盛极而衰的乾隆晚期没有提前上演大败局。

清史大家萧一山在《清朝通史》中说："即晚叶和氏专政，朝纲大坏，亦尚有阿桂、王杰之持正不阿，故人才济济，得佐明堂，而后乃有政治之可言。"

刘墉与纪晓岚哪是和珅的对手

1

电视剧《乾隆王朝》反映的是乾隆统治后期的历史，第一集便把乾隆与和珅、刘墉、纪晓岚以及阿桂，再次交集在一起，以历史剧的形式，再次延续戏说的传统。

乾隆摆好擂台，让正面人物阿桂、刘墉、纪晓岚，一一和反一号和珅上台，斗智斗法，打擂较量，捧红了《铁将军阿贵》《宰相刘罗锅》和《铁齿铜牙纪晓岚》三部曲。《乾隆王朝》一次性把这几个人组局，热热闹闹地展现了乾隆王朝繁华背后盛极而衰的命运。

只是这部剧没有喜剧的色彩，一副严肃的历史剧味道。开场就是一桩王亶望冒赈大案，将这几人串在一起。

乾隆主导，刘墉和纪晓岚为中枢重臣，和珅起步还是世袭三等轻骑都尉，在大将军兼军机大臣阿桂手下做文字秘书。

电视剧是以王亶望冒赈案发前后开始的，即乾隆四十六年前，而刘墉和纪晓岚被安排成了乾隆的枢臣，位列领班即大学士。刘墉分管刑部，纪晓岚主持修书，乾隆帝理政治吏，还主要咨询二人。貌似他们比阿桂显得更重要。

阿桂于乾隆四十二年五月授武英殿大学士，先后管理吏部、户部、理藩院和兵部，四十五年任首席军机大臣；第二年，于敏中死后，又位居大学士班次第一。刘、纪二人在乾隆四十六年，距权力中心还有些距离。

刘墉为已故东阁大学士刘统勋之子，乾隆四十二年被授内阁学士，在南书房行走。四十五年，由吏部右侍郎改任湖南巡抚，四十六年迁都察院左都御史。此后，历任吏部、工部、兵部等尚书，乾隆五十年五月才被以吏部尚书授协办大学士，五十四年三月因乡试贿赂案牵连而降内阁学士。

协办大学士，为乾隆四年始设，为三殿三阁定制的替补队员，要比大学士品级低，类似于宋代的参政知事，为从一品。刘墉至嘉庆二年才升为体仁阁大学士。故而说，他这个乾隆朝的副宰相，到了嘉庆时才真正被扶正到宰相级别。

在清代，大学士虽有宰相名分，但如果没进入议政王大臣会议或之后的军机处，那也只是名义上的百僚之长。同时，殿阁大学士之间也有区别，保和殿最为显贵，次之为文华殿、武英殿、文渊阁、东阁，最后才是体仁阁。

《清史列传·刘墉传》记载，刘墉在乾隆"四十七年二月，仍直南书房"。

也就是说，乾隆四十七年前，刘墉才以一品大员在南书房当差，而他真正成为中枢大臣，应该是乾隆五十年成为协办大学士后。此时情形，《栖霞阁野乘》卷下《刘文清轶事》中有记述："时和绅方炙手可热，刘墉惟以滑稽悦容其间"，故而有《宰相刘罗锅》中和刘逗哏的笑剧。

2

纪晓岚虽然多次随乾隆伴驾出巡,但只是御用文人而已,根本算不上枢臣。

在乾隆朝,纪晓岚除了多次担任修书总裁官外,最高的官职也就是两次出任礼部尚书、都察院左都御史。到了嘉庆年,才转兵部尚书,升协办大学士。

《清史列传·纪昀传》记载,纪晓岚,乾隆"四十七年,擢兵部右侍郎,四十八年,转左侍郎","五十二年,迁礼部尚书,充经筵讲官","五十六年,再调左都御史"。他在乾隆四十六年王亶望案发时,虽为内阁学士兼礼部侍郎,主要的职责还是主持修撰《四库全书总目提要》。

纪晓岚长期陪伴乾隆帝,只是以文化满足政治需要,即便是官居一品,也没真正进入最高权力的核心层,顶多如变得世故圆滑的刘墉一般,和乾隆的第一宠臣和珅,合演了一出满是喜感的诙谐剧,《铁齿铜牙纪晓岚》三部曲表现了不少。

所以说,在王亶望冒赈案发时,刘墉和纪晓岚在朝廷上,并非相当宰相的殿阁大学士,更未进入权力中枢军机处,自然不算位居领班,甚至发言还没有多少分量。即便乾隆四十一年,纪晓岚以侍读学士担任过文渊阁值阁事,那也只是文渊阁属官,主要工作是负责定期到阁会同内务府兼管司员、笔帖式等,将阁藏《四库全书》翻晾,然后放归原架。

3

乾隆四十六年,真正属于枢臣的是武英殿大学士阿桂,文渊阁大学士嵇璜,东阁大学士三宝、英廉。

即便是乾隆的大宠和珅,以吏部尚书获授协办大学士,管理户部,进入权力中枢,也是乾隆四十九年的事情。但他很幸运,那一年,乾隆就把幼女十公主提前婚配给和珅长子丰绅殷德,使和珅不仅大权在握,而且成为皇亲国戚。

《清史稿·和珅传》说:和珅被"授御前大臣兼都统。赐婚其子丰绅殷德为和孝公主额驸,待年行婚礼。又授领侍卫内大臣,充四库全书馆正总裁,兼理藩院尚书事,宠任冠朝列矣"。

没过两年,乾隆五十一年七月,和珅升文华殿大学士,仍兼吏部和户部。

乾隆后期，和珅权倾朝野，主要敌人阿桂和福康安长年在外，朝中只有军机大臣、上书房总师傅王杰以及刑部主事范衷、通政司副使钱沣在与和珅进行政治斗争。然而和珅党羽布满全国，对比起来拥有绝对优势。

刘墉继续倚老卖老，装傻充愣。嘉庆帝上台，破格增补户部尚书董诰为大学士，而对资历更深的曾任上书房总师傅的刘墉却排斥在外。刘墉也是活该，皇帝向他询问新选的知府戴世仪能否胜任，刘墉竟说可以，实际上戴世仪非常平庸低劣不能称职。

第二年四月，刘墉被授予体仁阁大学士后，嘉庆帝仍指责他向来不肯实心用事，处事懒散，并说是因为无人可用了才提拔他。

对于此事，《清仁宗实录》也有记载："大学士缺出，已届匝月。现在各尚书内，刘墉资格较深，著补授大学士。但伊向来不肯实心任事，行走颇懒，兹以无人，擢升此任。朕即加恩，务当知过，倍加感激，勿自满足，勉除旧习，以副恩眷。"（《清仁宗实录》卷十五，嘉庆二年三月癸亥）嘉庆帝给了刘墉一个大学士的位置，其实也是一个安慰奖，授奖时刘墉已经七十八岁了。

纪晓岚也算得上是一个政治舞台上打诨插科的丑角，擅长谐谑，人所共知。纪晓岚同时给外人一个简朴的风采，如其弟子汪德钺称："吾师居台宪之首，据宗伯、司马之尊，登其堂萧然如寒素，察其舆马、衣服、饮食，备数而已，其俭也若此。"

然而他有两大著名的"肉欲"：一是以肉当饭；二是日御数女。

《啸亭杂录》卷十《纪晓岚》称其"公今年已八十，犹好色不衰，日食肉数十斤，终日不啖一谷，真奇人也"。

《虫鸣漫录》也说："纪文达公自言乃野怪转身，以肉为饭，无粒米入口。日御数女，五鼓如朝一次，归寓一次，午间一次，薄暮一次，临卧一次，不可缺者。此外乘兴而幸者，亦往往而有。"

只有他敢将乾隆的妃子当小妾

1

嘉庆四年正月,紫禁城。

初三日,乾隆帝驾崩,给事中王念孙第一个向嘉庆帝上书,弹劾文华殿大学士兼公爵和珅。

初八日,嘉庆帝宣布太上皇遗诏,"革大学士和珅职,下狱治罪",并组织王大臣会同查案。

十五日,元宵节。嘉庆帝下诏,公布和珅二十大罪,三日后处死。

历时不过半月。嘉庆帝动作迅速,干净利落。

和珅究竟犯了哪几宗罪?《清史稿·和珅传》中一一载明,不像记载康熙惩治鳌拜、班布尔善那样,笼统得一笔带过。

看来,嘉庆帝扳倒和珅,心里还是挺虚的,生怕站不住脚、罪不服众。

他给和珅弄的第一条大罪是:"朕于乾隆六十年九月初三日,蒙皇考册封皇太子,尚未宣布,和珅于初二日在朕前先递如意,以拥戴自居。"

这在历朝历代是经常发生的事情。虽是泄露最高机密,但这个拥戴之功,是要受到后继之君大大奖赏的。

这足以证明嘉庆帝格局太小。他要以此来证明,和珅最受先帝宠爱,但提前投靠新主子,就是对先帝的不忠!

他以此为首罪,就是要为先帝严惩泄密者和叛徒。因为乾隆最讨厌泄密者,刘墉就曾干过这等傻事,把乾隆和阁臣的说话内容传出去,结果被罢免了协办大学士的职务,也就是赶出了内阁。此罪打头,应该是时任体仁阁大学士刘墉出了主意。

2

皇帝立储,既是家事,也是国事,自会考虑亲信大臣甚至满朝群臣的建议。

《雍正王朝》还专门安排了这样的戏。康熙首次废储后,专门下旨要京官四品以上、外官二品以上推荐新太子人选。虽然药没换成，但戏还是做足了。

此剧演到康熙大限将至，最后选中了胤禛，为防止诸子闹事，不还和张廷玉合演了一出恩威并施的好戏，逼隆科多发誓保驾新君吗？当然，这些是编剧们安排的，若真有这一出，那么张廷玉和隆科多也能证明雍正继位的合法性。争议是有的，但先帝与近臣谋立储君，并有意扶持和锻炼，这在历史上并不鲜见。

乾隆在位时，也立过太子，也中意过另一个皇子，但二子薄命，受不了荣立储君的殊勋，都过早夭折了。乾隆最后选择皇十五子颙琰，也是不得已的办法，乾隆三十八年就把密立其为皇储的诏书放在了乾清宫正大光明匾后，五十四年封其为和硕嘉亲王，乾隆未必没表现出特别的征兆。

直到乾隆六十年九月才公示颙琰的皇太子身份，和珅只是提前了一天才表露支持新君的心迹。作为乾隆晚年最宠幸的权臣，他应该早知乾隆的选择，这点表示也算不得大罪。

问题出在嘉庆帝在还是皇子时就对和珅很反感。《清史稿·和珅传》说："仁宗自在潜邸知其奸，及即位，以高宗春秋高，不欲遽发，仍优容之。"而今乾隆死了，嘉庆真正亲政了，他自然不会放过和珅。但和珅是先帝的重臣和爱臣，新君要治他的罪，最好打先帝那张已经虚无的牌：和珅提前泄密，向还未公示的储君示好，这是不忠！同时，和珅有意向颙琰传递消息，有邀功之嫌，也是一种威胁。

在其他继位者那里，这样的行为自然会受到大大的封赏，但是嘉庆帝把本应感激的事情弄成扳倒和珅的第一宗罪。这点，即便乾隆地下有知，也是哑口无言。

此事就坏在和珅太嚣张。

3

乾隆帝二十五岁登基，在位六十年，退位后还执政了三年，而和珅出生于乾隆十五年，小乾隆四十岁。乾隆垂暮之年，和珅正年富力强，门徒遍布朝野。嘉庆帝给他弄的罪行中，就有一条："大学士苏凌阿重听衰迈，因与其弟和琳姻亲，隐匿不奏；侍郎吴省兰、李潢，太仆寺卿李光云在其家教读，保列卿阶，兼任学政。"同时他还操控了军机处的人事权，"记名人员任意撤去"。（《清史

稿·和珅传》）

嘉庆帝小和珅十岁，虽被封为嘉亲王，在乾隆晚年临朝时，被命令与和珅站在他旁边，但和珅成了乾隆帝的扩音器和传话筒。每日朝会，和珅就等同摄政，满朝文武上奏什么，他就"听取"乾隆说话，自己下判断，把持朝政，因此朝野都称和珅为"二皇帝"，就连英国使臣马戛尔尼也知道这件事。坐在一旁的嘉庆几乎没有发言权，真正握有实权的是和珅和乾隆。

和珅也把自己当成了"二皇帝"，动辄压搁军报，隐没不报。即便乾隆驾崩后，和珅把已经继位四年的嘉庆帝的谕旨压下不发，重新拟旨发出。所以，嘉庆帝说："皇考升遐后，朕谕蒙古王公未出痘者不必来京，和珅擅令已、未出痘者俱不必来。"

嘉庆帝查抄和珅家产时，除查出为国家财政年收入的数倍金银外，还发现和珅家中"楠木房屋僭侈逾制，仿照宁寿宫制度，园寓点缀与圆明园蓬岛、瑶台无异"，"所藏珍珠手串二百余，多于大内数倍，大珠大于御用冠顶"，"宝石顶非所应用，乃有数十，整块大宝石不计其数，胜于大内"。

他的大罪中，还有一条"取出宫女子为次妻"。此女子即黑玫瑰，本是和珅陪乾隆下江南时从扬州盐商汪如龙处弄来选送给皇帝的美女。乾隆年迈时，后宫每年春季都会遣散一批宫女出宫，和珅买通太监总管，借机把黑玫瑰遣出宫，从皇宫转移到和珅的别墅淑春园，后来接到府中，做了自己的小妾。皇帝睡了的女人，和珅弄出宫接着睡，看来是蓄谋已久。

此外，和珅人到中年，便在"蓟州坟茔设享殿，置隧道，居民称和陵"。和珅的生圹，修了地下宫殿和隧道，完全是在为自己修不是皇陵的皇陵。

4

和珅不断擅权营私，僭越逾制，而且还有不少罪状，没把新上台的嘉庆帝放在眼里。

和珅没有特旨，在太上皇乾隆帝召见时，直接"骑马直进圆明园左门，过正大光明殿，至寿山口"，或"乘椅桥入大内，肩舆直入神武门"。

颐和园和紫禁城是帝王的家。到帝王家门口，无论富贵贫寒、高尊卑贱，乘轿者下轿，骑马者下马，这是规矩，也是礼制，否则就会受到惩罚。没经皇帝允许而敢在皇宫御苑禁地骑马、乘轿出入，这是犯禁。

清朝有关大臣进宫的规定更加复杂。偌大的皇宫，禁止官员随意骑马、乘轿，这是维护皇帝的权威，也是维持皇宫的秩序。对于官员中的年高者，须经过皇帝特赏后，方可骑马或乘轿，叫"赏朝马"。乾隆初年稍微松弛，内阁大学士鄂尔泰、张廷玉年迈，经皇帝特批可以在紫禁城内乘轿。

乾隆到了晚年，体会到年长者和疾病患者骑马的难处，在五十五年颁谕："内外文武大臣，特恩赏在紫禁城骑马，用资代步。但年老足疾之人，上马亦觉艰难，嗣后已经赏马之大臣，因有疾艰于步履者，仍加恩准令乘坐椅，旁缚短木，用两人舁行入直。"（《郎潜纪闻》卷二）

按此规定，和珅要想在皇家禁地骑马，须得皇帝的特旨恩赏，不得胡来。至于坐轿，和珅还不够格，他没有得到皇帝准许骑马的特旨，而且嘉庆初年，和珅还只四十多岁，算不得年老之人。

但是，他骑马直接进圆明园，是发生在嘉庆三年。和珅没有得到嘉庆帝的特许，所以，嘉庆帝在公布和珅大罪时，说："上年正月，皇考在圆明园召见和珅，伊竟骑马直进左门，过正大光明殿，至寿山口，无父无君，莫此为甚。"和珅自恃是太上皇的宠臣，盛气凌人，并不把嘉庆当皇帝。

至于和珅称腿有疾病，但不请示，直接乘椅桥入大内，肩舆直入神武门，也是僭越，这是皇帝的待遇，和珅目空一切，把自己当成了"二皇帝"。

在那个年代，如果没有经过皇帝同意，擅自骑马或坐轿进入紫禁城者，无论官职大小，一律交给理藩院或刑部处理。

嘉庆很忌讳此事，御前大臣鄂勒哲依图自恃位尊，擅自坐轿，结果皇帝严厉申饬，并交理藩院议处。

5

还好，嘉庆和刘墉们给和珅弄的二十条，并无谋逆、篡弑的名目。

嘉庆帝本想对和珅凌迟处死，可见对其恨到了何等程度。最后是和珅的媳妇、嘉庆的妹妹十公主求情，嘉庆最后赐了和珅一根白绫，留他一个全尸。毕竟他是先帝的最爱，也给嘉庆做过首辅，还是皇家的亲戚。

嘉庆帝将和珅的罪行一一存档，就连他的"家奴刘全家产至二十余万，并有大珍珠手串"，也写得很清楚，可见嘉庆帝在处决和珅时还是很惶恐的。

和珅跌倒，嘉庆吃饱。但在强势的和珅面前，嘉庆一度还是显得很虚弱。

乾隆两选低级官员入值军机处，打脸和珅

1

军机处，可以说是雍正新政的一大改革。

清朝立国伊始，曾在崇德元年（1636年）六月，更定内三院官制，设置大学士和学士等。

改称皇帝的皇太极，将原来大汗智库升格为国家机构，学习中原政治，搭建起清版内阁的雏形。

内三院设大学士四人，满汉兼半，刚林任内国史院大学士，范文程、鲍承先为内秘书院大学士，希福为内弘文院大学士。他们的品秩不高，但在皇帝的办公室工作，具有了独立性和正式性。

大学士之称，始于唐景龙二年（708年）置修文馆大学士，此后唐朝又设集贤院大学士、崇贤馆大学士。宋沿唐制，虽有改革，但都是优礼前任宰执的荣休方式。

明太祖朱元璋废黜丞相后，重设大学士，给自己做顾问。永乐开始，大学士组成了新内阁。虽然终明一朝，大学士只是一个五品官，但通过兼职加官，发展到明朝中后期，操纵票拟，赞襄机务，可以制约皇权了。

明朝的大学士，成为丞相的另一种称谓。不但大学士自以为是，即便皇帝也

暗许其权。大学士无丞相之名，却行丞相之实。

然而，皇太极在建置上仿效明朝内阁，但始终不予以票拟之权，即便到了摄政睿亲王多尔衮统兵入关、问鼎燕京后，下令"在京内阁、六部、都察院等衙门官员，俱以原官同满官一体办事"（《清世祖实录》卷五，顺治元年五月癸巳），也只让从明朝过来的大学士们处理一些无关痛痒的日常事务。职掌其事的冯铨、洪承畴对这样的权力分配极为不满。他们提出意见："国家要务，莫大于用人行政。臣等备员内院，凡事皆当与闻。"（《清世祖实录》卷五，顺治元年五月戊午）他们不情愿仅票拟一些"官民奏闻之事"，要求"以后用人行政要务，乞发内阁拟票！"

内阁徒有虚名，顺治亲政后有所改善，但决策权仍与内阁无涉。昭梿在《啸亭杂录》卷七中说："国初设内三院外，其军国政务，皆付议政诸王大臣。"

2

由满洲王公大臣组成的议政王大臣会议，成了清朝最高权力机构。

在四辅臣时代，废止内阁，议政处一枝独秀，主持者安亲王岳乐，对威福自专的鳌拜采取迎合放任的态度，引起了少年康熙的强烈不满。

康熙铲除鳌拜后，恢复和强化内阁，打击和压制岳乐，并将议政王大臣会议边缘化、形式化，架空成走程序的贵族元老院。

鳌拜之后的康熙两大权臣索额图与明珠，一个是保和殿大学士，一个是武英殿大学士，权倾朝野。

康熙二十七年二月，御史郭琇上疏弹劾明珠及其亲信大学士余国柱结党营私："凡阁中票拟，俱由明珠指麾，轻重任意；余国柱承其风旨，即有舛讹，同官莫敢驳改。圣明时有诘责，漫无省改。即如陈紫芝参劾张汧疏内并请议保举之员，上面谕九卿应一体严处，票拟竟不之及。"（《清史列传·明珠传》）

郭氏劾章，直指明珠种种不法。这是康熙授意南书房词臣高士奇联合都察院左都御史徐乾学草拟，报送御前修改而成。

郭琇一劾成名，实掠了康熙主创之功。

康熙塑造皇帝的绝对权威，重点推出南书房，向内阁夺权。后继之君雍正用兵西北，创建军机处（初称军需房），实现了中国历史上皇帝集权的巅峰之作。

军机处直接对皇帝负责，位在权力中枢，却不是正式官署，决断大权牢牢掌控在皇帝手中。

对于雍正发明军机处，众所周知是针对朝廷针对噶尔战事而设的秘密机构。然昭梿却称：议政王大臣会议，"半皆贵胄世爵，不谙世务。宪皇习知其弊，故设军机大臣，择阁臣及六部卿贰熟谙政体者兼摄其事。并拣部曹、内阁侍读、中书舍人等为僚属，名曰军机章京，其升擢仍视本秩。然后机务慎密，议政之弊始革"（《啸亭杂录》卷七《军机大臣》）。

一、设置军机处，针对性强。雍正要革除清初以降，议政处多为贵胄世爵充斥的"议政之弊"。

二、军机处备员，兼职任事。大臣们在军机处劳心劳力，但编制和工资仍在原单位。

三、军机大臣，主要由皇帝的亲信重臣出任。如初任首席军机大臣者为雍正亲密战友、和硕怡亲王允祥。雍乾朝著名的保和殿大学士张廷玉、鄂尔泰、傅恒，都做过军机大臣。

经过雍正朝的成功试验，乾隆即位后虽短暂废除军机处，但很快发现了军机处的存在对于不断集中和强化皇权的好处。

3

军机大臣位高权重。大学士若不兼职军机处，与兼职军机处的大学士，其权势地位是不可同日而语的。

然而，在乾隆朝出现了两位三品军机大臣：一个是安徽休宁人戴衢亨，一个是江苏苏州人吴熊光。

此事发生在乾隆六十年（1795年），为乾隆一大创举，打破了"自雍正中设立军机后，皆尚书、侍郎摄其职"的任职惯例。

乾隆巡幸热河，半夜召军机大臣，却没一人前来。他又派人召僚属的军机章京。

四十五岁的吴熊光，奉旨报到，回答问题，让已八十五岁的老人乾隆龙心大悦,决定将小吴破格擢升为军机大臣。

没想到,一直迎合圣意的文华殿大学士兼军机大臣和珅提出了异议:吴熊光本秩为户部掌印给事中,只有五品,级别不够,不符体制。

和珅兼任翰林院掌院学士,趁机举荐自己看好的侍读学士戴衢亨,戴衢亨居官四品,是乾隆四十三年殿试状元,且在军机处做了多年章京,经验丰富,堪为大用。

和珅恃宠,直言:用吴熊光,不如用戴衢亨。

他之所以这样做的原因有二:一、戴衢亨是他的部下,举荐就是笼络。二、吴熊光为他的政敌、领班军机大臣阿桂所赏识。

但让和珅也没有想到是,一向对他言听计从的乾隆帝,干出了更大的出格事。

吴熊光和戴衢亨一并被擢升为军机大臣,都加三品卿衔,学习入值,待留与新君。

乾隆既给了和珅面子,也敲了和珅的警钟。

军机处内,和珅虽得乾隆内侄、户部尚书福长安的支持,与武英殿大学士阿桂、东阁大学士王杰、户部尚书董诰不和,不时地向乾隆说阿桂们的坏话,但是,乾隆置若罔闻,依然重用阿桂们。

乾隆倚重和珅,又在利用阿桂们对他进行制衡。

制衡,就是防止权力场上的此消彼长。

这样的制衡,导致了乾隆朝出现"三品任军机大臣"的奇事。

然而,吴熊光只任了六个月的军机大臣,就遭和珅排挤,被外任直隶布政使,嘉庆六年擢升湖广总督,后调直隶,遭继任总督百龄弹劾,激怒嘉庆帝,一纸朱批,贬戍守伊犁,返回后得了个四品卿衔,死后无追谥以盖棺论定。

昭梿论及他与戴衢亨的荣耀时说:"惟乾隆乙卯,军机大臣乏人,时戴文端衢亨、吴制府熊光以久任军机章京,熟习政务,纯皇帝特擢为军机大臣。以资格故,此三品顶戴,时人荣之。"(《啸亭杂录》卷七《军机大臣》)

戴衢亨却比吴熊光幸运,他没有因为和珅倒台被诛受到牵连,而是扶摇直上,久任军机大臣十多年,官至兵部尚书、协办大学士、体仁阁大学士兼翰林院掌院学士。嘉庆帝是信任他的。

《清史稿》本传有云,嘉庆即位伊始,"凡大典撰拟文字,皆出其手"。他死后,嘉庆不但赐予"文端"的美评,还亲临赐奠,赞誉为国家得力大臣,入祀贤良祠。

正所谓:枢密重地赞军机,宪皇创建纯皇袭。和珅排异两荣耀,吴戴辱荣各说奇。

史学领袖被一妇人拿出当反面典型

1

《资治通鉴》名垂青史,就连主编司马光砸缸的故事,也被赋予了少年英雄的传奇。

后人歆慕资政巨著,于是多有续写。影响最大者,莫过于乾嘉重臣毕沅,他邀请大学问家钱大昕、章学诚、邵晋涵、洪亮吉等参预其事,修成《续资治通鉴》。梁启超说:"有毕《鉴》,则各家续《鉴》皆可废也!"

修撰续《鉴》,毕沅总督湖广,是乾隆看重的封疆大吏。虽然他治绩不佳,屡遭弹劾,但他在乾隆最后十年,三任湖广总督,加兵部尚书衔,还穿过御赐的黄马褂。

其实,毕沅被乾隆发现,也是一个巧合。

毕沅是乾隆文坛领袖沈德潜的弟子,于乾隆二十二年以举人的身份受任内阁中书,入值军机处做章京,职事撰写谕旨、记录档案和查核奏议等。

章京有小军机之名,但要经常值晚班。晚上军机大臣回家了,由他们紧急应对皇上突然交办的事情。

毕沅是汉人,虽为名士高徒,但要想在仕途混个好成就,就得获取科场的高学历。他和同事诸重光、童凤山报考了乾隆二十五年的会试,都成功晋级,获得了殿试资格。

殿试,是皇帝主考的最高级别的考试,决定会试的最终名次。哪知殿试的前一晚,其他晋级者在紧张备考,毕沅和诸、童二人却被安排在军机处值班。

诸、童揶揄道:老毕,我们三人,你的书法不好,明天殿试已是无望,而我们的字好,不如……

字是门面书是屋。毕沅明白他们的用意,爽快地满足了他们的别有用心。

孰料,四天后,殿试结果出来,毕沅高中榜首,诸重光名列二,童凤山二甲第六。

本来书法好的诸重光,被读卷大臣拟定状元。毕沅楷书不好,名列第四。但是,乾隆命大臣读卷,当听到毕沅试卷后,赞赏其立论高深,颇合圣意,钦定为新科状元。

让大家没有想到的是,就在诸重光、童凤山耍心机回家备考的那一晚,毕沅值班,收到了乾隆下转军机处的陕甘总督黄廷桂关于新疆屯田事宜的奏折。毕沅认真研读了黄氏报告与乾隆朱批,不意第二天殿试的时务策,就是策问新疆屯田时务。

这不是舞弊,而是巧合。

巧合的还有,乾隆突然不看试卷,而听读卷。

一连串的巧合,改变了毕沅、诸重光与童凤山三人的命运。

诸重光被授职翰林院编修,官至辰州知府。童凤山改任翰林院庶吉士,多次出京主持地方乡试,最高职务也就是吏部左侍郎。

而毕沅,按状元惯例,被任命为翰林院修撰,但这次巧合,却成为他扶摇直上、深受皇恩的新起点。

2

乾隆三十一年,侍读学士毕沅迁左庶子,外放甘肃实授道员,四年后升陕西按察使。

乾隆西巡,毕沅朝见。君臣再会,虽然谈论的是甘肃旱情问题,但乾隆对毕沅更加关注了，擢升其为陕西布政使、巡抚。

毕沅募民垦荒有政绩，还做了不少文化建设，深得乾隆的欢心，被作为勋臣赏戴花翎。

毕母去世，毕沅该辞官回籍守制三年。刚过一年，乾隆即以陕西巡抚缺员，命毕沅戴孝复出，名为署理，实则主事，不久以其协同西安将军伍弥泰、陕西提督马泰平叛有功，赏赐一品顶戴。

毕沅成为一品巡抚。

不料，他慵懒任事，玩忽职守，三番五次被皇上严旨斥责。刚擢升，又被降级，仅在湖广总督任上就三起三落。乾隆一再对他从宽处理，貌似做断崖式处理，但也只是由总督降为巡抚，又很快官复原职、再履旧任。

倘若毕沅做官有其作文一般认真，也不会出现类似审讯走私案问不出蛛丝马迹、放任官员冒领赈济而自请罚银五万两充军费、缉捕杀官凶手迟迟不能归案、治下不严导致异地传谣辖区起叛乱的荒唐事。

他不是没治理封疆的能力。湘西苗民石三保与石柳邓、吴八月等，高举苗王旗号反清，就是毕沅调度兵马平定的。

他平叛湘西时，本因辖区叛乱频发，新君嘉庆下旨将他罢官，孰料命令未至，他平叛有功，嘉庆改诏嘉勉，还赏赐了他一个二等轻车都尉世职。

嘉庆元年七月，奉命前往湖南镇抚的毕沅病逝在辰州军营。嘉庆帝赠太子太傅殊荣，但没有给他谥号。

因为有人说，毕沅总督湖广时，失察事件太多。

这还不打紧，三年后，乾隆去世，嘉庆帝清算权臣和珅。有人举报，乾隆五十五年，和珅过四十岁生日，时任湖广总督毕沅献诗十首。

嘉庆大怒，迅速下旨：毕沅生前巴结和珅，著褫夺世职，抄没家产。

身后惩罚，也是晚节未保。

3

关于查抄毕沅遗产一事，还为历史留下了一个"岳青天"和其"严正"夫人的佳话。

昭梿《啸亭杂录》卷四说：这位岳青天，"尝往毕弇山尚书产，归已暮，面微醺，夫人正色告曰：'弇山尚书即以耽于酒色故，至于家产荡然。今相公触目惊心，方畏戒之不暇，乃复效彼为耶？'"

江苏巡抚岳起，奉旨查抄毕沅遗产，回家较晚，在外喝了酒。岳夫人不悦，即以毕沅耽于酒色、累及抄家，警示岳起要时刻当作教训。

《清史稿·毕沅传》云："沅以文学起，爱才下士，职事修举。然不长于治军，又易为属吏所蔽，功名遂不终。"

毕沅不是书生报国无才干，然而书生意气太重，养了不少幕客，结果把酒言欢被利用，祸起萧墙，幸有留下皇皇巨著《续资治通鉴》，弥补了身败名裂的劫难。

同样是封疆大员，岳起却有自己的政治规矩：从严要求部下，决不许他们逾制妄为。

岳起说，侍从的职责是扫地跑腿、烹茶点烟而已；而衙署的政事，是天子交给他的工作，决不许侍从参与其中。

他对高官与侍从的关系，认识得很透彻："从来大吏多不能令终者，皆倚任若辈为心腹故也。"（昭梿《啸亭杂录》卷四《岳青天》）

此语，既是毕沅的宿命，也是岳起的警醒，更该是后来人的殷鉴。

岳巡抚为满洲镶白旗人，孝廉起家，清介自励，而其夫人亲掌签押，有夫人干政之嫌，却有夫人监督之功。二人虽住在富庶江苏偌大的巡抚衙门，只有几个服务人员。

毕沅以历史地理学之长，笼络诸多史学名宿于幕中，编撰出颇具影响的《续资治通鉴》，然而治史不致用，一叶障目，弄得理政慵懒、仕途沉浮，谀扬权臣，导致身后哀荣巨变，甚至成为岳起夫人敦劝男人清正为官的反面典型。

与毕沅相比较，岳起只有举人的学历，不受乾隆待见，但入仕为官，甚为清廉，就连出任奉天府尹，也因为耳闻前任贪黩，进入衙署的第一件事就是安排仆人将前任留下的房子器物都认真地清洗一遍。

这不是生理上的洁癖，而是品行上的洁身，不让自己感染了贪官的污迹。

岳起为官清正，不为奉天将军所容，遭到诬陷罢官。他没有像毕沅一样去抱乾隆跟前第一红人和珅的大腿。嘉庆亲政后，迅速起用他为山东布政使，很快升任江苏巡抚。

岳起巡抚江苏，出行简便，不坐轿子而乘瘦马，着装也很素朴，还明文禁止游船妓馆、过分娱乐。主官率先垂范，吴下奢侈庸俗之风气，蔚然大变。

乾隆与几任皇后的恩恩怨怨

1

世传乾隆是一个风流皇帝，电视剧《延禧攻略》《如懿传》却把他塑造成了痴情的人。他后妃成群，有皇后三人（其皇祖康熙有钦定和追封的四位皇后），但正式册立的为两人，第三任皇后是追封的。

当然，这个追封，是乾隆抢了嘉庆的活。

第一任皇后富察氏，满洲镶黄旗人，家世显贵，祖上为太祖、太宗朝开国勋臣，祖父米思翰是率先支持康熙裁撤三藩、不惜血拼的户部尚书兼议政大臣，大伯为历相三朝的大学士马齐，二伯马喀斯和三伯马武为深得皇帝倚信的领侍卫内大臣。

雍正帝即位后，对兄弟无情无义，落下了弑兄、屠弟的滚滚骂名，但在满洲镶黄旗大臣马武病重时，他命暗定储君弘历和和硕庄亲王允禄代表自己视疾，还专门下谕："马武事我皇考五十余年，朝夕侍奉，不离左右。恪恭谨慎，事事能仰体圣心。每当盛暑严寒，随从勤劳，并无几微倦怠之色。朕幼龄时，伊抱扶服事，备极小心，其情事宛然如昨。"（《清世宗实录》卷五十一，雍正四年十二月丙寅）

数代交好，关系密切。

虽然富察氏皇后的父亲李荣保职位最低，仅为察哈尔总管，但生了一个好女儿，她才貌并佳，贤惠节俭，被雍正帝看中，于雍正五年七月赐婚给弘历做嫡福晋。

弘历即位，是为乾隆。富察氏被册立为皇后，生二女二子，长子被暗定储君，次子也有再立的机会。乾隆继位，亦继承了雍正的秘密建储，但他只接过形式，打着择贤而立的旗号，重新注入了康熙尝试失败的嫡长子皇位继承制。他先是密定富察氏皇后所生的嫡长子、七岁的永琏为皇储，"虽未行册立之礼，朕已命为皇太子矣"（《清高宗实录》卷七十八，乾隆三年十月辛卯）。永琏病逝，乾隆曾属意庶出的皇三子永璋，"以为尚有可望，亦曾降旨于讷亲等"（《清高宗实录》卷三百一十七，乾隆十三年六月甲戌），但在富察氏生产皇七子即嫡次子永琮后，再次考虑嫡子作为储君的入选。

天意弄人，二子相继幼殇，击垮了富察氏，于乾隆十三年三月病逝，享年三十七岁，追谥孝贤皇后。

原配早亡，乾隆哀恸，多次写诗纪追思。

乾隆对富察氏皇后颇为痴情，但从他于富察氏去世仅四月后，即将辉发那拉氏娴贵妃晋升为摄六宫事皇贵妃，从为两年后册立其为新皇后所做准备的一系列事情来看，乾隆对这位继皇后格外宠幸。

这也为《如懿传》表现弘历大婚前最想立那拉氏为嫡福晋提供了丰富的想象空间：青梅竹马，但为情势所迫，不得不为前途考虑，情爱让步于政治，而改立高贵的富察氏。富察皇后一死，乾隆又急不可待地要将初恋推上中宫女主的宝座。

遗憾的是，继皇后执掌后宫十七年期间，乾隆移情别恋，爱上了年轻的令妃魏氏。乾隆三十年，帝后矛盾激化，乾隆收走继皇后所有册宝夹纸，大幅缩减服务人员，虽不是废后，但亦似打入冷宫。继皇后郁郁而终，按皇贵妃的待遇下葬，实际只有嫔的规格，不举国孝三年，也不给任何封谥。

继皇后祖先为辉发贝勒王机砮。努尔哈赤灭辉发后，编入满洲镶蓝旗，后升入满洲正黄旗。继皇后生父司佐领之职，远远不及孝贤皇后家世显赫、同皇家渊源深厚，但乾隆在孝贤生前身后，格外崇隆她，足见她有特别之处。

然而，乾隆同继皇后的恩怨让人感叹唏嘘。乾隆对她爱得特别，恨得极致。

大臣抱不平，乾隆革职流放不叙用。

生员谏立后，乾隆雷霆震怒砍了他。

最后，乾隆索性说，那拉氏是雍正赐给他的侧福晋，擢皇贵妃、摄六宫事、晋皇后，以示天大的恩宠，然"其后自获过愆，朕仍优容如故。乃至自行翦发，则国俗所最忌者，而彼竟悍然不顾。然朕犹曲予包含，不行废斥，后因病薨逝，只令减其仪文，并未降明旨，削其位号。朕处此事，实为仁至义尽"（《清高宗实录》卷一千〇六十六，乾隆四十三年九月乙未）。

乾隆强调自己对继皇后"仁至义尽"，并指出当初将其册立为后，"非以爱选色升"，尔后帝后失和，"更非因色衰而爱驰"。

乾隆标榜自己"光明正大"，"上对天祖，下对臣民"，即便有遮掩，亦可见他于继皇后，恩亦铭心，怨亦刻骨。

后来追封的孝仪皇后，即嘉庆帝生母，也在此剧中被设计为帝后情感破裂的阴谋者，而没有《延禧攻略》中表现得那般美好。

她们三人，究竟谁是乾隆的真爱？

应该都是，但是分阶段性的。

2

嘉庆生母孝仪皇后，在《延禧攻略》中名叫魏璎珞，而在《如懿传》中名叫卫嬿婉。

魏璎珞为人正直，机智灵敏，带着调查姐姐死因的任务，借助孝贤皇后弟弟傅恒的痴情混入宫中，最后放下恩怨服侍皇后。孝贤皇后临终前，托付她替代自己辅佐乾隆成为一代明君。

编剧不无虚构，但是大事不虚，没有篡改她的姓氏。

她本姓魏，后被乾隆抬旗入满，改作魏佳氏。《清列朝后妃传稿》记载："高宗孝仪纯皇后，仁宗之母也。本姓魏，正黄旗包衣管领下人，族入满洲称魏佳氏。"

孝仪皇后出身汉军，但自乾隆十年由贵人晋升为令嫔，三年后升为令妃，乾隆二十四年晋封为令贵妃，再六年后进位为皇贵妃。

乾隆二十二年至三十一年间，令妃先后生育了皇七女固伦和静公主、皇十四子永璐（四岁夭折）、皇九女和硕和恪公主、皇十五子颙琰（后改颙琰，即嘉庆帝）、皇十六子（幼殇）和皇十七子永璘。

十年时间，有四子二女的生育大数据，足见乾隆是很宠爱令妃的。

乾隆二十四年十二月十七日将其晋升为贵妃时，称赞令妃魏氏："素娴女诫，早侍袚庭，勤慎居心，柔嘉著范，钦承圣母。供内职以无违，敬佐中宫，禀徽音而有恪"，"称庆于宫闱"。（《清高宗实录》卷六百〇三）

魏氏以聪明谨慎、大方端庄，赢得了乾隆的眷顾宠爱，深得后宫众人点赞。

《如懿传》却给她改了姓氏，以卫嬿婉的阴谋心机、贪缘而上，甚至为了怀孕而不择手段，利用乾隆多疑的帝王心术侵害继皇后，不失为一个贱婢、奸妃、毒妇形象。

乾隆最能生育的后妃，竟然要靠旁门左道寻求怀孕。

这是现代影视剧创作的匠心独具。

当然，乾隆与继皇后心生嫌隙，很有可能是因乾隆三十年五月初十日将令贵妃晋升为皇贵妃，让曾从皇贵妃的位置上很快升做皇后的继皇后失去自信。

继皇后失去了理智。想当初，她被册封皇贵妃时，富察氏皇后已故，后宫虚位以待；而令贵妃成为皇贵妃，若想再进一位，也需继皇后自毁长城，砸了金饭碗。

继皇后截发抗礼，貌似诅咒，激怒乾隆疯狂报复。但是，乾隆宣称不曾废后，只让魏氏做了皇贵妃十年，也算是自证并非始乱终弃的清白。

3

至于孝仪皇后的名号，是乾隆六十年九月初三日公开皇十五子嘉亲王颙琰为皇太子时，追赠皇太子生母令懿皇贵妃的。

此时，魏佳氏已去世了二十年有余。

《清高宗实录》卷一千四百八十六记载，乾隆帝在圆明园勤政殿御门听政，召集皇子皇孙、王公大臣等，将乾隆三十八年"所定密缄嗣位皇子之名，公同阅看，立皇十五子嘉亲王颙琰为皇太子，用诏付托，定制孟冬朔，颁发时宪书，其以明年丙辰为嗣皇帝嘉庆元年。……皇太子生母令懿皇贵妃，著赠为孝仪皇后，升祔奉先殿，列孝贤皇后之次"。

乾隆这样做，不过是把嘉庆帝上位后要追封生母的事情，提前做了——

一、乾隆以皇帝的身份追封已故皇贵妃为皇后，告慰逝者，也宽慰生者。

二、魏氏被追封为后，既寓有乾隆的夫妻情深，也见证其自身的母凭子贵。

三、嘉庆上位后追封生母，也需太上皇恩准，不如乾隆提前完成，更加体面。

当然，此事可以影响后世，嘉庆生母被追赠为皇后是乾隆生前承认的，而不同于此前清帝追封或追尊生母，都是嗣皇帝上台后的一大政治任务。

这开了有清一代的先例。

这也是大清王朝唯一一例。

4

令妃在《延禧攻略》中有名有姓，叫作魏璎珞，然在历史上，她却只剩下两种有区别但不变实质的姓。

她在乾隆朝姓魏，到了嘉庆朝因为儿子做了皇帝，被抬旗入满，成为满洲镶黄旗人，改姓魏佳氏。

魏佳氏生于雍正五年七月，依内务府选秀女对年龄的规定来看，她大概于乾隆六年前后入宫。

她死于乾隆四十年正月二十九日，追谥为令懿皇贵妃，于十月二十六日奉安裕陵，翌年，乾隆帝有诗《孝贤皇后陵酹酒》云："草犹逮春绿，松不是新栽。旧日玉成侣，依然身傍陪。"自注："令懿皇贵妃为皇后所教养者，今并附地宫。"魏氏曾得乾隆元后富察氏关照教养，并促成她成了乾隆名副其实的女人。

从乾隆三十年五月册封其为皇贵妃的册文"早侍深宫，夙娴懿范，襄廿年之内治，麟趾凝祥"（《清高宗实录》卷七百三十六），和四十年册谥令懿皇贵妃的册文"三十年椒壁如新，空余芬烈"（《清高宗实录》卷九百七十六）来看，魏氏该是乾隆十年初正式成为乾隆的女人的。

魏氏最初应该是中宫的侍女，因孝贤皇后某时身体不适，奉命为乾隆侍寝，终于乾隆十年正月晋位贵人，十月升为令嫔。

乾隆命工部尚书哈达哈为正使，内阁学士伍龄安为副使，打着皇太后的旗号，对魏氏行册封礼，高度赞赏魏贵人："久娴姆教，长奉女箴，礼法是宗。凛小

心而严翼，敬勤弗怠。"（《清高宗实录》卷二百五十三，乾隆十年十月甲申）

此次，乾隆册封四妃，即纯贵妃苏佳氏、娴贵妃那拉氏、愉妃珂里叶特氏和令嫔魏氏。

从奉命行册封礼的正使身份来看，乾隆是用了心的。册封贵妃，大学士出任；而册封愉妃、令嫔的正使，皆为尚书：前者为礼部尚书来保，后者为工部尚书哈达哈。来保以礼部尚书，获授领侍卫内大臣，而哈达哈以镶红旗都统兼工部尚书。

级别相当，规格相当。

足见乾隆对令嫔的册封礼，有意凸显对她的宠爱和重视。

此外，从乾隆册封令嫔的文书开始，每次晋升册封，始终有二字不变：册封令嫔时，称其"必选柔嘉之质"（《清高宗实录》卷二百五十三）；到了乾隆十四年四月初五日册封令妃，称她早侍深宫，有"柔嘉之质"（《清高宗实录》卷三百三十八）；二十四年十二月十七日册封为令贵妃时，赞誉她"柔嘉著范，钦承圣母"（《清高宗实录》卷六百〇三）；三十年五月初十晋封为皇贵妃，则赞赏"令贵妃敬慎柔嘉"（《清高宗实录》卷七百三十六）。

柔嘉者，温和善良也。

虽然乾隆四十年二月十一日册谥红颜薄命的魏氏为令懿皇贵妃的册文中极尽哀思，只有"嘉名""嘉号"（《清高宗实录》卷九百七十六）之类词汇，不称其"柔"，但到了六十年十月，公开密建皇储的秘密，册立魏氏所生的皇十五子颙琰为皇太子时，追赠魏氏为孝仪皇后，升祔奉先殿，乾隆说："惟令懿皇贵妃魏氏，德著诚庄，性昭淑顺，柔嘉维则。"（《清高宗实录》卷一千四百八十九）

"柔嘉维则"，语出《诗·大雅·烝民》："仲山甫之德，柔嘉维则。"唐朝大经学家孔颖达疏："柔和而美善。"这是魏氏宠冠后宫的内质，也是留给乾隆追思的印记。

乾隆最初为魏氏选择"令"的封号，也是从《诗经·大雅》中择字："如圭如璋，令闻令望。"（《卷阿》）在乾隆心里，魏氏犹如圭璋般的性子。

颙琰于乾隆五十四年被封为和硕嘉亲王，六年后登基，改元嘉庆，想必乾隆也是因为其生母魏氏留下的性格"柔嘉"所得启示。

乾隆对魏氏之深爱，誉之柔嘉，封之令号，谥之孝仪。不意一百多年过去，近代中国"睁眼看世界"的代表人物魏源在《默觚下·治篇十》中说"何尝不柔嘉而令色仪乎"，杂糅了乾隆礼赞魏氏的三大褒词，但赞叹的却是汉朝的三个男人（孔光、胡广、公孙弘）。

是巧合，也不乏诙谐。

乾隆以天朝上国自许，奉行闭关锁国，使大清王朝盛极而衰，而魏源提出"师夷之长技以制夷"的主张，要改革落后的中国。

当然，在乾隆厚遇魏氏的情分上，却比其政治偶像康熙有进步，改变了一大恶习。

康熙因皇八子胤禩的才干出众，深孚人气，怒斥其"系辛者库贱妇所生"（《清圣祖实录》卷二百六十一，康熙五十三年十一月甲子）。康熙所称的"辛者库贱妇"，即胤禩生母良妃卫氏（疑本姓觉禅氏），隶属满洲正黄旗，其父为正五品内管领阿布鼐。外家出身微贱，但也是上三旗。康熙因为胤禩派人送来的两只海东青奄奄待毙，恼羞成怒，发酵成著名的毙鹰事件，要与曾经非常倚重的爱子胤禩"父子之恩绝矣"。

康熙恨子之切，而辱妃之重，哪怕曾封其为妃，也是极尽恶毒之词。

孝仪皇后的出身不显贵，其父魏清泰为正黄旗包衣内管领下人。虽然清泰之父武士宜曾做过一个月内务府总管大臣，但不能改变魏氏家族作为汉军包衣的身份。

然而，乾隆并没有因此瞧不起魏氏，而是特别地宠爱。

一、魏氏于乾隆六年进宫，即在十年封贵人不逾一年，即升为令嫔，三年后再升令妃，于乾隆二十二年生下第一胎。魏氏入宫十五六年，一直没有生育，但在那个母凭子贵的帝制时代，乾隆仍对她特别恩宠。

二、自乾隆二十二年至三十一年间，令妃先后生育了皇七女固伦和静公主、皇十四子永璐（四岁夭折）、皇九女和硕和恪公主、皇十五子颙琰、皇十六子（幼殇）和皇十七子永璘。十年时间，除了忻贵妃戴佳氏生下一胎外，后妃成群的乾隆帝，只有魏氏一人在不停地怀孕生育。四子二女的生育大数据，更见乾隆是很宠爱魏氏的。

三、魏氏生下永璐后，即被晋封为令贵妃。魏氏生下颙琰第五年，乾隆再将其进位皇贵妃，全然不顾继皇后那拉氏的不满。

那拉氏断发，以示强烈不满，结果被乾隆采取了不废而废的方式，予以惩罚。魏氏虽然生前没有享受到皇后的殊荣，但她已然是乾隆后宫的女主人。

傅恒为人求情，乾隆说：你犯法怎么办？

1

乾隆三十三年六月，大清王朝发生了一宗大案。

此案是因新任两淮盐政尤拔世揭发前任而引发的。

其实，尤拔世还未上任就收集盐商违法勾当，上任伊始，开始向盐商们要孝敬。不料，总商江春等人因乾隆南巡接待出色受到褒奖，获赏了布政使衔，自然对新来的尤拔世不以为然，甚至连盐政"到任陋规"都不奉送。

尤拔世索贿未遂，恼羞成怒，连夜给乾隆帝写信："上年普福奏请预提戊子纲引，仍令各商每引缴银三两，以备公用，共缴贮运库银二十七万八千有奇。普福任内所办玉器、古玩等项，共动支银八万五千余两，其余见存十五万余两，请交内府查收。"（徐珂编《清稗类钞》第三册《两淮盐引案》）

普福与尤拔世之间隔了数任，尤氏不敢直接举报上任高恒，因为高是皇帝的小舅子。尤氏也不称普福贪赃乱法，而是装着为国分忧的态度向乾隆隔空喊话：皇上，您的银子收到了吗？

还有一笔巨款，乾隆帝狂喜过后，迅速给江苏巡抚彰宝下发密旨，让他赶往扬州会同尤拔世，对两淮运司账户进行盘查，结果查出普福涉嫌赃款额达银八万余两。

收到奏报，乾隆震惊，下旨将普福革职，并将其任所资财查封。

同时，乾隆传谕保和殿大学士兼军机大臣傅恒、东阁大学士兼军机大臣刘统勋负责此案，在京提审普福，扩大战果。

刘统勋做过多年的左都御史、刑部尚书，办案经验丰富。大堂之下，普福供认不讳，承认自己和盐商勾结合作，打着为朝廷聚财分忧的旗号，在预提盐引息银上大做文章。

盐商逃避巨额赋税，盐政捞足丰厚银两。他们在国家支柱性产业上为自己创造了巨额的财富。

即使是离任前夕，普福也不忘称自己囊中羞涩、盘缠匮乏，敲了盐商六千两白银，还从盐商缴纳的预提盐引息银中擅自无理由支取四万两银子。

2

刘统勋是廉吏，也是能臣，不但挖出普福这条蠹虫，还顺藤摸出了他的前任吉庆和后任高恒。

吉庆已在普福上任前一命呜呼，而高恒因为其堂兄高晋于乾隆三十年出任两江总督而要回避，回京署理户部侍郎，后被授总管内务府大臣、署吏部侍郎。

高恒的官越做越大，权越来越重，这主要是因为其皇亲国戚的身份。

高恒的先人本为关外汉人，于太祖攻取辽阳时归附，被编入内务府包衣。他的父亲高斌初为内务府差役，雍正元年任内务府主事，因为女儿在皇四子弘历潜邸做丫鬟，爬上了主子的床，成了暗定储君有名分的陪床女人——格格，后来被雍正钦定为和硕宝亲王的侧福晋。

高斌也是积极向上之人，受到了雍正皇帝的赏识，于雍正四年出任苏州织造，此后转任多省布政使，并在雍正驾崩前做到了江南河道总督。名为署理，实握实权。

宝亲王荣登大宝，侧福晋也要换一种称法。

高斌之女变成了仅次于富察氏皇后的贵妃，其家族也被抬旗入满进入了满洲镶黄旗。乾隆对高贵妃是极其宠爱的，把她第一个晋升贵妃，也第一个晋升为皇贵妃。若非早逝，说不定富察氏皇后去世后她会替补入主中宫，而后来受尽宠爱而荣辱巨变的继皇后辉发那拉氏（《如懿传》中的如懿原型）说不定也是另一种宿命。

乾隆十年正月，高氏皇贵妃病逝，被追谥为慧贤皇贵妃，却不减乾隆对其父高斌及其家族的特别关照。乾隆为高氏治丧刚过百日，国丈高斌被加太子太保、任吏部尚书、管直隶水利，年底以协办大学士入直军机处。乾隆十二年，高斌则以文渊阁大学士兼军机大臣，排名在保和殿大学士讷亲和张廷玉之后，成为位高权重的高中堂，足见乾隆对这位老泰山的推重。

高斌朝堂治绩一般，但以一位治河名臣传世。

3

高恒为高斌独子，因为姐姐为皇帝的宠妃，自然少不了姐夫的宠爱。

他以荫生身份进入户部当差，由主事升郎中，出监榷税，署理长芦盐政、天津总兵。

乾隆二十二年，高恒出任两淮盐政。此时，其父高斌已死，其姐也没有给乾隆生育子女，但是姐夫以此肥缺对待小舅子，也是情分厚重。

然而，高恒一上任，便借口衙门缺乏经费，在盐商领取盐引、缴纳盐税时多收费。

他既是盐政大人，更是皇帝内弟，少不了盐商们竞相巴结，他们不但包办了盐政衙门柴米油盐的生活开支，还各自每月孝敬五百两银子给高大人。

为了扩大财路，又师出有名，他专门利用乾隆南巡驻跸扬州行宫时，奏请预提纲引，每年为二十万至四十万两白银，得旨允行。

请来了最高指示，高恒又给盐商下了一道特别的命令：每引输银三两为公使钱。

这部分高恒没有上报户部，也不告知姐夫，都装进了自己的口袋。

乾隆不知内情，命他回京出任上驷院卿管理御马时还继续兼任两淮盐政。若不是高晋总督两江，高恒要回避，也未必有尤拔世揭露的两淮盐引的提前案发。

江苏巡抚彰宝和尤拔世向乾隆回禀："前任盐政高恒任内查出收受商人所缴银至十三万之多。"（徐珂编《清稗类钞》第三册《两淮盐引案》），高恒仆人张文学、顾蓼怀经手各项银二十万七千八百八十七两，各商代高恒办檀、梨器物银八万六千五百四十两，均该商等有心结纳，于中取利。

乾隆命人查抄高恒家产，发现"几值数十万，一应粗什物俱存，且平昔费用奢侈，核其见存赀产，不甚相悬"（《清高宗实录》卷八百一十五，乾隆三十三年七月甲辰）。

两个月后，军机大臣和刑部议罪："原任两淮盐政高恒、普福侵蚀盐引余息，高恒收受银三万二千两，普福私销银一万八千八百余两，均应照例拟斩监候，秋后处决。"（《清高宗实录》卷八百一十八，乾隆三十三年九月丁酉）

乾隆批准了定刑报告。

待到秋决勾到时，傅恒奏请乾隆批示执行时，问："请皇上念慧贤皇贵妃之情，免高恒一死。"

对傅恒素来尊重的乾隆帝，反问道："若皇后弟兄犯法，当如之何？"（昭梿《啸亭杂录》卷一《杀高恒》）

傅恒顿时战栗失色，乾隆即命诛杀高恒。

从傅恒为高恒求情一事来看，其中传递出两个信息：一、宫斗激烈，往往涉及她们背后的家族，然而孝贤皇后似乎与慧贤皇贵妃和睦，故而孝贤之弟愿意为慧贤之弟求情。二、乾隆对慧贤皇贵妃情深意笃，傅恒与乾隆郎舅情分更足，也知根知底，有意提醒乾隆以免后悔杀了爱妃的兄弟。

昭梿表现乾隆对高恒"怒其贪暴"，虽反映了乾隆从严反腐的决心，却忽视了一个重大问题：高恒等盐政弄出盐引，假公济私罪该处死，但也是乾隆多次南巡，驻跸扬州，需要大量的钱财挥霍，这才给了高恒们中饱私囊的最大机会。

乾隆在位，连年征战，军需巨大，而其个人奢华过度，开销巨大，加之物价上涨，财政日益拮据。虽然他在两淮盐引案中严惩包括皇亲国戚在内的贪官污吏，也不能以儆效尤，改变大清王朝盛极而衰的命运。

就在他禅位嘉庆的七天后，湖北爆发了震撼全国的五省白莲教起义。康乾盛世结束。

巡抚给皇子送几条鱼，乾隆怒怼：找打！

1

乾隆四十五年十一月，山西巡抚喀宁阿派人给多罗质郡王永瑢、多罗定郡王绵恩送去了请安信和几条鱼，没想到引起了乾隆皇帝的雷霆震怒。

永瑢是乾隆的六皇子，在十七岁时，即乾隆二十四年冬，奉命出继乾隆二十一叔、慎靖郡王允禧为嗣。他继嗣旁支，无疑被剥夺了承袭大统的资格，然而乾隆并未减少对他的父爱，仍命其管理内务府事务、充四库全书馆总裁、监管钦天监。以编修《四库全书》名世的大学问家纪晓岚，也不过是永瑢手下的首席编辑。乾隆五十四年十一月，封爵诸皇子，永瑢作为第一个皇子，被晋升为和硕质亲王。

绵恩则为乾隆长子永璜的次子，即长房长子次孙，聪敏恭谨，擅长骑射，深得乾隆喜爱，二十多岁便管理火器营、步军统领衙门、健锐营、虎骑营、内务府八旗等事务。他本无资格袭爵，却因乾隆四十一年大哥绵德犯事被革退，由其顶替晋爵。乾隆五十八年被晋升为和硕定亲王，成为乾隆孙子中晋爵亲王的第一人。

乾隆对他们深为倚信宠爱，然而，这些深得圣眷的皇子皇孙，天潢贵胄，却被封疆大吏的几条鱼给吓住了。

他们赶紧向乾隆报告，请罪。

乾隆并未一笑而过，而是借题发挥："据六阿哥、绵恩阿哥奏称，巡抚喀宁阿，平日并无往来，忽呈递请安片子，并送鱼数尾，未便收受等语。阿哥等驳回甚是。喀宁阿身为巡抚，与阿哥等毫无瓜葛，何必馈送？虽系微物，恐渐染成风，外省大臣与谙达、太监等，串通滋事。"（《清高宗实录》卷一千一百一十九，乾隆四十五年十一月辛丑）

乾隆下旨，对喀宁阿严重警告。

2

乾隆说要避免外省大臣与皇家侍臣、太监等交结，其实是严厉禁止所有大臣与皇子皇孙私下联系。

一经发现，严惩不贷。

一直在京城做官的喀宁阿，新近外放，撞到了枪口上，差点儿被乾隆革职严惩。

是年正月，云南布政使海宁举报武英殿大学士兼云贵总督李侍尧贪腐案，就是时任刑部侍郎喀宁阿带队，户部侍郎兼吏部侍郎和珅和监察御史钱沣一同侦办的。和珅机巧破案，升做户部尚书，喀宁阿也因有功被授山西巡抚，封疆一方。

喀宁阿给圣眷正隆的皇子皇孙送些"微物"，是贪缘，还是感恩，抑或慕名，都被自证清白者的"平日并无往来"所掩饰过去。乾隆没有深究原因，却是严旨申斥。后来喀宁阿一度被调至边疆云贵，仍为抚台，直至乾隆四十七年九月以署理左迁刑部尚书，八年后病逝任上。

这位出身满洲正蓝旗的治刑狱高手，没有像和珅那般大红大紫后身败名裂，但是他那几条鱼，成了乾隆严厉管束和防患儿孙的一份殷鉴。

乾隆生子十七人，活到最后公示皇储人选时仅四人（皇八子永璇、皇十一子永瑆、皇十五子颙琰和皇十七子永璘）。他始终牢牢地将皇权掌握在自己一人手中，绝不容许皇子们僭越染指。

他以皇祖康熙为榜样，连在位时间也"不敢上同皇祖纪元六十"（《清高宗实录》卷一千四百六十六，乾隆六十年九月壬子），但在对待皇子之事上，却把康熙倚重年长皇子以维护、强化皇权统治之事视若前车覆辙。

康熙重视皇子教育，无论是太子，还是庶子，经常命他们参预机务，协助自己处理重要政务，甚至赋予抚军大权，或在皇帝外巡行围时留守京师、综理政务，成为凌驾于内阁、议政处之上的特别权力中枢。

乾隆全然不同。他可以让皇子皇孙参与管理些服务性工作，但绝不容许他们对实际权力有所企图。

皇室成员与大臣之间的往来，或大臣攀附皇家阿哥，都是乾隆的禁忌。

毋庸置疑，康熙后期的皇储矛盾与储位之争，皇子们暗结亲信、各成集团，给他造成了严重的压力，以及不小的警示。

3

乾隆警示皇子，不得有非分之想，无疑是远甚于康熙的政治规矩。

乾隆十三年六月，二十一岁的皇长子永璜、十七岁的皇三子永璋，因为在孝贤皇后的丧礼上表现得不哀戚，激怒他们的亲爹乾隆帝发出了杀子之声："若不自量，各怀异意，日后必至弟兄相杀而后止。与其令伊等弟兄相杀，不如朕为父杀之。伊等若敢于朕前微露端倪，朕必照今日之旨，显揭其不孝之罪，即行正法。"（《清高宗实录》卷三百一十七，乾隆十三年九月甲戌）

蛛丝马迹，也是杀头之罪。

乾隆之所以有这样的警告，纯属猜测，而非发现真凭实据。这种严厉的警告，即便当年置身于激烈的储位之争中的康熙帝，对于皇长子胤禔要替父行万难之事——诛杀废太子胤礽，也只是痛斥"不谙君臣大义，不念父子至情之人，洵为乱臣贼子"（《清圣祖实录》卷二百三十六，康熙四十八年正月癸巳），给予长期幽禁的惩处。

康熙遵循了天命六年正月太祖后悔杀子、囚弟而颁发的祖训："吾子孙中纵有不善者，天可灭之，勿令刑伤，以开杀戮之端。如有残忍之人，不待天诛，遽兴操戈之念，天地岂不知之？若此者，亦当夺其算。昆弟中若有作乱者，明知之而不加害，俱怀礼义之心，以化导其愚顽。似此者，天地佑之，俾之孙百世延长。所祷者此也。自此之后，伏愿神祇，不咎既往，惟鉴将来。"（《清太祖武皇帝实录》卷三）

然而乾隆竟然训诫诸子，小心他的屠刀。

貌似寡情恶毒，却有防患未然之意。

他反思先人的骨肉相残，给雍正皇帝正名。

从九子夺嫡中胜出的雍正即位，虽有所谓康熙遗诏，但得不到皇族宗室、八旗王公、勋戚后代和满汉大臣的集体承认。雍正在整肃吏治、强化国力的同时，颁布《朋党论》要求全体臣工与自己"同好恶，公是非"，对反对派施行严厉的打压，甚至连自己的亲兄弟，都推行了刻薄寡情的铁腕政策，如八弟允禩、九弟允禟死于非命，三个哥哥幽禁至死，十弟允䄉和十四弟允禵长期被拘禁。

乾隆继位，继承了一个国力强盛的国家，但紧张高压的政治环境，在统治阶层形成了尖锐的内部矛盾。乾隆及时放出允禵恢复爵位，到了乾隆中期，他还将雍正铁定的允禩允禟案予以平反，将他们重新录入玉牒，恢复原名。

于此，乾隆提出了雍正曾经的忏悔："皇祖第八子允禩、第九子允禟，居心险诈，结党妄行，罪皆自取。皇考尚不忍重治其罪，仅令削除谱牒，更改其名以示丑辱……迨皇考晚年，屡向朕谕及此事，辄愀然不乐，意颇悔之，若将留以有待者。"（《清高宗实录》卷一千○四十八，乾隆四十三年正月甲戌）

允禩允禟受罚，乾隆的解释是："就两人心术而论，其潜蓄觊觎窥窃之谋，诚所不免。及皇考绍登大宝，伊等怨尤诽谤，亦属情事所有。盖伊两人，未尝无隐然悖逆之心，特未有显然悖逆之迹！"故而要体谅雍正"当日仁心，以申未竟之绪"。

然而，对于并没有具体拉帮结派、追逐储位实际行动的皇子皇孙，乾隆的戒尺已经高高在悬。

乾隆选择继承者，有点儿"借尸还魂"

1

清朝以满人入主中原，在巨丰的汉文化传统及其宗法制观念的重重包围下，虽然坚守着崇满抑汉的既定国策，但又不得不做出改变。

就拿选择继承者一事来说，这关系国本。

清帝从关外的不定储君，到入关后的明立储君、暗定储君，到最后的不立储君，皇位继承制的多样化，蔚然大观。

秘密建储是清朝皇位继承制度改革的最大特色。康熙晚年实施秘密建储计划来不及公示，而雍正即位之初迫于不稳定的形势秘密建储。作为第一个秘密建储的嗣君，乾隆最后将此制度化，延续乾、嘉、道三代，咸丰帝成了通过秘密建储即位的终结者。

作为定制者和传承者，乾隆帝即位之初即选择继承者，于元年七月，"循用皇考成式，亲书密旨，照前收藏"（《清高宗实录》卷二十二，乾隆元年七月甲午），并召集总理事务王大臣及九卿等公开建储之事，令总理事务王大臣作为监督人，见证总管太监谨收藏于乾清宫正大光明匾额之后。

乾隆继承雍正旧制，并对先帝创制歌功颂德："在我皇考神明化裁，创举于一时，而朕继志述事，踵行于今日。"

但是，他又旗帜鲜明地指出："此乃酌权剂经之道，非谓后世子孙皆当奉此以为法则也。将来皇子年齿渐长，日就月将，识见扩充，志气坚定，万无骄贵引诱之习，朕仍应布告天下，明正储贰之位。若夫以建储为嫌忌而不肯举行者，此庸主鄙陋之见，朕所深鄙者也。"

同一份建储讲话，乾隆表达了两种态度：

一、他继承了雍正的秘密建储制度，但不要求后继之君当作法则继承。

二、一旦暗定储君长大成熟，他还是要公开册立储君，广而告之。

他的皇祖康熙于十四年选择不足两岁的嫡长子为皇太子，结果储君渐长，皇储矛盾日深，严重削弱了皇权。

皇储矛盾和储位之争，吏治废弛，朝纲混乱，严重损害了康熙千古一帝的英名。

雍正在元年公开建储之事而不公示建储之人，杜绝了前朝皇子参预、干涉皇权执行，进一步集中和强化了皇权。

雍正时紧张高压的政治环境让后继之君乾隆即位后，迅速对前朝的政策安排进行了一系列更改，积极纠正了雍正朝的弊政：

一、雍正遗诏安排的顾命辅政大臣改为总理事务王大臣，虽然是大臣自请，但也是慑于新君。他们只是新君的办事员，而不是监护人。

二、罢军机处，设总理事务处。军机处是雍正一大辅政机构改革，却被乾隆上台不久废止。很快，乾隆体会到军机处对皇权集中和强化的好处，重建后，扩充人员，扩大权限，完善制度，形成定制。

三、豁免民欠丁赋及额赋，以儒家理念为指导思想，对老百姓实现有限的仁政。

四、改严苛为宽缓，以缓和雍正即位以来紧张的政治环境。如将雍正长期拘禁的允䄉、允䄉等释放，重封爵位，调整皇族内部关系，妥善处理了年羹尧案、隆科多案的遗留问题，释放了雍正朝因贻误战机而被下狱待斩的名将岳钟琪、傅尔丹，并对官员进行较为宽松的吏治管理。这既缓和了统治阶层长期以来的尖锐矛盾，同时也为后来官场腐败埋下了祸根。

二十五岁登基的乾隆，自许成熟，乾纲独断，不惜冒着不敬天法祖的风险，对雍正秘密建储发表自己的看法——这是自己所鄙夷的"庸主鄙陋之见"。

迄至乾隆十二年十二月乙酉日，他还在说世祖以降，"皆未有以元后正嫡，绍承大统者"，而"朕立意私庆，必欲以嫡子承统，行先人所未曾行之事，邀先人所不能获之福"。（《清高宗实录》卷三百〇五）

虽然他说此话时是在嫡次子永琮继嫡长子永琏之后，"嫡嗣再殇"，对诸王大臣表明自己再次考虑立嫡为储的心迹。

乾隆所以要做出改变，不走乃父雍正择贤而立的老路，或者是将择贤而立与嫡子继统结合，也是有原因的：

一、雍正即位时，唯一的嫡子弘晖已于康熙四十三年病逝，他无嫡可择；而乾隆登基时，他的嫡长子已经六岁多。

二、雍正即位，面对满洲皇族宗室、八旗王公的集体抵制，他要选择一个可持续嗣君以备不虞之需；而乾隆接过了雍正清理干净的权杖，有隐患，但无须设大防。

三、雍正经历了九子夺嫡之争，深受前车之鉴的苦痛；而乾隆自视有能力、有魄力掌控皇储关系，后来事实证明，他不仅压制住了诸皇子权力纷争，而且在嘉庆即位后仍独揽皇权。

2

乾隆秘密建储，很大程度上是走形式，注入的内容，还是康熙实践了三十七年但未成功的嫡长子皇位继承制。

他似乎要将自己精神偶像未竟的事业重新推演。

他或许深受宗法制观念影响，不甘心失败。

他应该对元后富察氏鹣鲽情深，彰显崇隆，以示贵重。

事与愿违。

他第一个密定储君，即富察氏所生第一子永琏，名字为雍正所赐，有承继宗器之意。此子七岁为储，可爱归可爱，谈不上真正的贤明，更达不到乾隆所谓"贵重端良"的高度。

不意两年后，此子病逝。

乾隆公开表示，永琏虽然未行册立之礼，但是其早已被密定为皇太子。

晓谕天下，并以皇太子的规格安葬这个九岁的娃。

这在清朝史无前例。顺治帝曾追封所属意的皇八子为荣亲王，为之建地宫，定葬礼规格，还是和硕亲王的哀荣。永琏之前，清朝只有过一个正式的皇太子，即康熙嫡长子胤礽，但被废长期幽禁至死后，雍正帝给了理密亲王的待遇。密者，寄望他死后继续忏悔。

这在清朝后无来者。永琏之后，他的皇父正式册立过一个为期四月的皇太子，即颙琰，但他成了嘉庆帝，死后以帝王的规格下葬。

乾隆第一次秘密建储，首选嫡子，却以失败而告终。

八年后，富察氏皇后为他生育了第二个嫡子，他取名永琮。按雍正为永琏取名，寓意连续继承者之意，永琮之名更有"可属承祧"（《清高宗实录》卷三百〇五，乾隆十二年十二月乙酉）之隐示。

乾隆又有再立嫡子为储君的打算，然而，永琮"秉质纯粹，深惬朕心"（《清高宗实录》卷一千一百八十九，乾隆四十八年九月戊午），却只活了二十个月。

一个不足两岁的娃，有望被立储，更谈不上什么择贤而立。

乾隆痛定思痛："复念朕即位以来，敬天勤民，心殷继述，未敢稍有得罪天地祖宗。"

他的嫡子继统的择储方针，再次推行受阻。

他在打富察氏皇后所生嫡子的牌，传递出母以子贵的信息，但可见，他对诸皇子有着严格的嫡庶之分。

有学者认为，清前满人讲究择贤而立，而不受汉人宗法制影响有嫡庶之分，故而有了最初的汗位推选制。

其实不然。

太祖努尔哈赤在建国之初指定的四大贝勒、天命七年三月所提出的八和硕贝勒共治国政制，又何尝不是嫡子入列，庶子无缘。

像努尔哈赤生子十六人，元妃佟佳氏所生的褚英、代善，继福晋富察氏所生的莽古尔泰、德格类，大妃叶赫那拉氏所生的皇太极及大妃乌拉那拉氏所生的阿济格、多尔衮、多铎，始终深受重用，分任重大，得封显爵。

四大贝勒除了二贝勒阿敏来自努尔哈赤二弟舒尔哈齐家外，大贝勒代善、三贝勒莽古尔泰、四贝勒皇太极都是努尔哈赤的嫡子。

天命五年，代善因被揭发与努尔哈赤的大福晋有染，且听信后妻谗言虐待前妻所生的儿子，被努尔哈赤废黜嗣位。努尔哈赤再立八和硕贝勒，将代善排除在外，其他三大贝勒入列，另外加入了嫡子德格类、阿济格、多铎、多尔衮，以及阿敏之弟济尔哈朗、代善嫡长子岳托，共议国政，商办国事。

嫡子嫡孙，严格区分。

顺治五年十一月，大同总兵姜瓖反清，太宗第五子即顺治帝五哥硕塞坚守防区，麾兵掩杀来敌，第二年又击败了前明参将刘迁的七千援兵，多有战功，因此在大同阵前，被前来督战招降的摄政睿亲王承制晋为亲王。

摄政睿亲王多尔衮假顺治帝谕旨，说："博洛、尼堪、硕塞皆不当在贵宠之列。兹以太祖孙故，加锡王爵。其班次、俸禄不得与和硕亲王等。"（《清史稿·硕塞传》）

多尔衮的所谓贵宠之列，该是太祖太宗嫡子嫡孙，有嫡庶之分。

太宗继福晋乌拉那拉氏所生的皇长子豪格，因生母不是中宫皇后，则为庶子，因军功卓著而被封和硕肃亲王，那是太宗生前的论功行赏，而太宗对其他诸子一概没有加封。

博洛、尼堪、硕塞确是太祖孙，而硕塞是太宗之皇子、世祖之亲兄，也是贵宠有别，与太祖庶子阿巴泰第三子博洛、褚英庶生第三子尼堪同等。

就是到了康熙朝，爱子如命的康熙虽然崇隆嫡子储君地位时，也注重对其他庶子的培养教育。但是，他对诸子的态度，又有了论生母地位高低的区别。八阿哥胤禩才能杰出，深孚众望，康熙重用他时仍不忘其是辛者库贱妇之子，给予最高的爵位不过贝勒。然而十阿哥胤䄉才智低下，为十四弟胤禵所藐视，但被康熙封为敦郡王，命办理正黄旗满洲、蒙古、汉军三旗事务，即分领旗务，参决大政，进入了康熙后期的特别权力中枢。

以康熙为榜样的乾隆，不免旧俗："是未尝不立嫡也，但不以明告众耳。"（《清高宗实录》卷一千一百八十九，乾隆四十八年九月戊午）

3

乾隆帝想选择一个贤能的继承者，却在潜意识里还是撕扯着前代汉人王朝传承的宗法制：嫡庶有别，嫡为首选。

这一思想，自有渊源。

他的老祖宗努尔哈赤，曾为前明总兵李成梁的侍从，后又做过明王朝的建州都督、龙虎将军，也因几次进贡到过繁华的京师，故而有倚信嫡长的先风。

他的父亲雍正帝即位之初，虽无嫡子也秘密建储，是择贤而立弘历，还是择势而选福惠，死无对证，但他却给后继之君弘历的嫡长子取名永琏。乾隆解释道："二阿哥永琏，乃皇后所生，朕之嫡子，为人聪明贵重，气宇不凡。当日蒙我皇考，命为永琏，隐然示以承宗器之意。"（《清高宗实录》卷七十八，乾隆三年十月辛卯）

乾隆第一次"恪遵家法，以皇次子为孝贤皇后所生，人亦贵重端良，曾书其名，立为皇太子"（《清高宗实录》卷一千〇六十六，乾隆四十三年九月乙未），把一个七岁的孩子抬举到"贵重端良"的高度，即不考虑年长两岁的皇长子大阿哥永璜，甚至因端慧太子的死迁怒于无辜的永璋，遗忘了给早已"诞毓皇孙"的永璜"备成人之礼"（《清高宗实录》卷三百六十，乾隆十五年三月戊午）。

继而，孝贤皇后所生的嫡次子永琮还未议立，却患豆疹而殇，乾隆暂停了建储的想法，并警示满汉大臣不得"有具奏当于阿哥之内，选择一人为皇太子者"，否则就是"离间父子，惑乱国家之人"，会遭到"立行正法，断不宽贷"的严肃处理。（《清高宗实录》卷三百一十七，乾隆十三年六月甲戌）

不意，元后富察氏所生的两个嫡子永琏、永琮相继幼殇。乾隆在其间或之后，又属意皇三子永璋、皇五子永琪、皇十五子颙琰。

这三位皇子都是庶子。

乾隆在嫡次子永琮出生前，曾谕知满洲王公大臣："以前以大阿哥断不可立之处，朕已洞鉴，屡降旨于讷亲、傅恒矣。至三阿哥，朕先以为尚有可望，亦曾降旨于讷亲等。"（《清高宗实录》卷三百一十七，乾隆十三年六月甲戌）

在乾隆十一年四月永琮出生前，乾隆曾考虑皇三子永璋，"尚有可望"，还向心腹重臣、保和殿大学士讷亲等征询意见。

不仅如此，乾隆十年正月，还将永璋生母纯妃苏氏晋升为贵妃。一同晋升为贵妃的还有娴妃辉发那拉氏，即后来的继皇后。

此次还晋升了一个皇贵妃，即乾隆元年册封的贵妃高氏，大学士高斌之女，时旧疾复发，来日不多，乾隆给了她一个临终的安慰奖。

苏氏为汉人，娘家也不显赫，但乾隆将她同宠妃那拉氏一并晋升，不无想给中途理想的储君人选永璋制造一个较为显贵的生母地位。

嫡次子出生，乾隆看不上永璋了，挑其毛病，称他对储位有非分之想，训斥他在嫡母孝贤皇后国丧期间不能尽人子之礼，将其有可能被暗定储君的分数急剧降为零。

选定储君，哪能是皇帝乾纲独断，不论满洲王公，还是汉人重臣，都不得"谓国家不可无皇太子以为表率"，貌似忠诚，实则侵权。

乾隆四十三年被处死的锦县秀才金从善，就是违令的榜样。

乾隆不许他人指手画脚，嘲讽隋文帝择储，受制妇人孤独后，结果导致隋朝速亡；讪笑唐太宗易储接受外戚长孙无忌的影响，英明知人却不知己子，引发武则天之祸；感叹唐玄宗立储悬而不决，听取太监高力士言，导致幸蜀兵变、灵武逼政。

有前车之鉴，他也没有停止对储君的选择。

他甚至对其皇祖康熙顶礼膜拜、赞誉"治隆唐宋"的明太祖朱元璋也不无嘲讽的意味:"若明洪武时,懿文太子既殁,刘三吾建议,谓皇孙世嫡,礼宜承统。洪武泥于法古,遂立建文为皇太孙,其后酿成永乐靖难之变。祸乱相寻,臣民荼毒,皆刘三吾一言丧邦之所致也。"(《清高宗实录》卷一千一百九十六,乾隆四十九年正月庚子)

此虽为后话,却说出了乾隆看到了汉人嫡长子皇位继承制的危害性,表达出自己"深鉴于历代建储之失",不会"如洪武之泥古立储封建,以祖宗神器之重,轻为付托",以实现"我大清宗社万年之福"。

然而,就因他在择贤而立的思想中,掺杂了强烈的首选嫡子或变庶为嫡的宗法制观念,最后选择了并不理想的嘉庆帝,并未实现他所寄望的"万年之福"。

4

不能忽视的是,继皇后辉发那拉氏于乾隆十七年四月二十五日寅时,给乾隆生下了皇十二子。

这是嫡三子。

生产的前一日,乾隆特地从畅春园回到紫禁城。第二天一大早,"上御太和殿受贺,遣内监赴集凤轩请皇太后安"(《乾隆帝起居注》第十一册)。狂喜的乾隆升转了一批官员,还为皇子取名为永璂。

乾隆再添嫡子,取名有深意,即想此子继承和永固大清王朝的千秋基业。

遗憾的是,十三年过去,即乾隆三十年闰二月,继皇后因乾隆晋升一妃子(可能是将令贵妃晋升皇贵妃,让曾以皇贵妃进位中宫皇后的继皇后感到了恐慌),断发触犯国俗,被乾隆将其从随驾南巡途中先行遣送回京。

清制国丧,对女人剪发是有严格规定的,随意剪发就是禁忌。

只有皇帝死了,皇后才剪发。《清史稿》卷九十二《凶礼志一》记载:"顺治十八年,世祖崩,圣祖截发辫成服,王、公、百官、公主、福晋以下,宗女、佐领、三等侍卫、命妇以上,男摘冠缨截发,女去妆饰剪发。"

或者丈夫去世,妻子剪发守别。乾隆十五年,皇长子永璜病逝,其福晋剪发去首饰。这是乾隆记忆犹新的。

继皇后断发,以示对乾隆的强烈不满。乾隆感到了死亡的诅咒,盛怒之下,决意严惩年老色衰且在更年期、经常性忤旨的继皇后，收走了她从娴妃到皇后的四份册宝夹纸。她位号犹存，却名存实亡，一年后郁郁而终。

这严重影响了永璂子凭母贵的前程。

更何况文武双全的皇五子永琪，提前进入了乾隆的视线。尤其是乾隆二十八年端午节九州清晏殿火灾之后，乾隆帝对从大火中背出自己的永琪更加钟爱了："朕视皇五子，于诸子中觉贵重，且汉文、满洲、蒙古语，马步射及算法等事并皆娴习，颇属意于彼而未明言。"（《清高宗实录》卷一千一百八十九，乾隆四十八年九月戊午）

只可惜永琪命薄，死于附骨疽，让乾隆哀伤不已，二十多年后还称他是自己最想立的继承者。乾隆在位三十余年，"国储凡三易"却始终事与愿违，更令他痛心的是属意者皆早逝。

乾隆盛赞永琪，遮掩了他对继皇后所生的嫡子永璂的潜在属意。然而，永琪死后，乾隆又对永璂委以重任，命其负责编纂《御制满蒙文鉴》总纲，并为他找来了顶尖级别的史学家钱大昕当老师。钱氏评价永璂"天资淳粹，至性过人"（《潜研堂文集》卷三十三），也从侧面反映出了乾隆对他的精心培育，使之优秀自幼养成。

乾隆对诸皇子的管束是空前严厉的，不如其皇祖康熙爱子而多有宽容。他动辄训斥，时有挑剔。乾隆三十一年五月辛巳，十五岁的永瑆给十五弟颙琰送一把扇子，被乾隆看到，甚为不悦，大做文章，说："落款作兄镜泉三字，则非皇子所宜，此盖师傅辈书生习气，以别号为美称，妄与取字，而不知其鄙俗可憎"，严重违背了"我国家世敦淳朴之风"。（《清高宗实录》卷七百六十）四年后，皇八子永璇因有急事，来不及告知师傅，擅自离开圆明园书房，不能及时应诏与永瑆前往黑龙潭祈雨，乾隆大发雷霆，并将其两名师傅革职。

永璂不然。乾隆似乎对他是无可挑剔。究竟是关于永璂的内容被乾隆删了干净，还是永璂完美得无懈可击，各有说法。

嘉庆帝还是暗定储君时，曾于乾隆五十一年为永璂十年祭，写过一首《过十二兄园寝有感》云："一生心血凭谁付，手泽长流在断篇。"（嘉庆帝《味余书室全集》）并写下按语："十二兄手抄清语一本，八千余句，乃生前日日展玩之书，今在予处，敬谨收藏。"

可见，永琪的文化造诣和为人修养深得乾隆最后属意的继承者颙琰的称赞和悲悯。

只是帝后失和，乾隆对继皇后那拉氏的恨之切，导致了永琪受到了亲爹的不公平冷遇，最终无缘储君之位，甚至英年早逝，乾隆只"诏用宗室公例治丧"（《清史稿》卷九十三《凶礼志二》），连皇子中最低爵位贝子的待遇都享受不了，明显不及乾隆二十五年皇三子永璋去世的"诏用郡王例治丧，辍朝二日"。

同为嫡子，嫡长子永琏和嫡次子永琮去世，乾隆追赠前者为端慧皇太子，后者为悼敏皇子。就连其胞弟、皇十三子即嫡四子永璟于乾隆二十二年七月二岁而殇，也被乾隆盛礼、重点随葬在端慧太子园寝。

那时，乾隆和继皇后还是恩爱夫妻。

一旦夫妻反目成仇，儿子也被株连。

乾隆最后在三十八年下定决心，彻底放弃永琪，重新选择了宠爱的皇贵妃魏氏（令妃）所生的颙琰，舍嫡就庶，并非择贤而立，照样是他曾批判的"因爱其母而欲立其子"（《清高宗实录》卷一千〇六十七，乾隆四十三年九月丁未）的做法。

他选中了并不优秀的颙琰，但在六十年九月公示储君人选时，将皇太子生母追赠为皇后。

母凭子贵，嘉庆即位时，也是以乾隆已故皇后所生子入承大统的。

不是嫡子，也是嫡子。

乾隆的嫡子情结，还是未了的。

更何况，他的秘密建储，几经辗转，却并不是做得很保密。

他也确实做到了暗定储君长大成熟后，即"布告天下，明正储贰"（《清高宗实录》卷二十二，乾隆元年七月甲午）。

他借了雍正秘密建储的那张皮，玩出了康熙嫡子继统的新花样。

继皇后被废，废掉了理想储君的前程

1

两部清宫戏《延禧攻略》和《如懿传》相继热播，都是反映乾隆的后宫情感纠葛。前者女一号为嘉庆生母令贵妃魏佳氏，后者凸显乾隆的继皇后那拉氏。

乾隆三十年五月，那拉氏忤旨断发，激怒乾隆，横遭冷宫之劫。他们反目成仇，乾隆命人收缴皇后、皇贵妃、娴贵妃、娴妃四份册宝夹纸，毁掉那拉氏的一切画像，并将伺候宫女剧减至两人，还不如一个答应所得的政治待遇。

乾隆对继皇后的恨，已然到了极致。

有史家认为继皇后反对乾隆寻花问柳，或晋升令贵妃为皇贵妃，不满乾隆的移情别恋，导致不忠不孝事件发生。

事情过去了十三年，乾隆仍不能释怀："孝贤皇后崩逝时，因那拉氏本系朕青宫时，皇考所赐之侧室福晋，位次相当，遂奏闻圣母皇太后，册为皇贵妃，摄六宫事。又越三年，乃册立为后。其后自获过愆，朕仍优容如故。乃至自行剪发，则国俗所最忌者，而彼竟悍然不顾。然朕犹曲予包含，不行废斥。后因病薨逝，只令减其仪文，并未降明旨削其位号。朕处此事，实为仁至义尽。且其立也，循序而进，并非以爱选色升。及其后自蹈非理，更非因色衰爱弛。"（《清高宗实录》卷一千〇六十六）

此话说于乾隆四十三年九月乙未出巡途中。是日，发生了一件大事，即锦县生员金从善跪在迎驾路边，条陈四事，其中两件就是奏请乾隆立太子、封皇后。

这就是金从善事件。

继皇后不废而废，乾隆决定"自此不复继立皇后"。

乾隆认为自己行事光明正大，上对天祖，下对臣民，再立不立皇后，都是自己的事情，无须一个小秀才指手画脚。

更何况乾隆早在三十八年密建皇储，只是没有昭告天下而已。他要将先帝雍正创建秘密建储制度化，如果公开，则遑论秘密呢？他的偶像皇祖康熙，就是因为长期实施嫡长子皇位继承制，公开储君，结果是皇子夺嫡，吏治废弛，朝纲混乱，从而侵害了皇帝的绝对权威，导致了无情皇家骨肉相残，乾隆即位后还在清洗前事。

乾隆乾纲独断，容不得外人说三道四。

他虽然以最严厉的惩罚对待继皇后，但是"并未降明旨削其位号"。

2

继皇后最后的遭遇，以及死后的待遇，都足见乾隆的冷酷。

他们曾经鹣鲽情深，是一对恩爱夫妻。

那拉氏于雍正十二年成为宝亲王侧福晋，乾隆即位后晋娴妃，十年后晋娴贵妃，在乾隆心里很有位置。

乾隆十三年三月，孝贤皇后病逝，仅四月后，乾隆即以中宫需要主持，册立那拉氏为摄六宫事皇贵妃，这是再次册立皇后的征兆。第二年八月，乾隆正式册立那拉氏为皇后。也就是说，孝贤皇后丧期刚过百日，乾隆就急着要以那拉氏成为中宫主人，若不是非常之爱是不能实现的。

在册文中，乾隆以孝贤的懿德与自己的恩爱开篇，烘托强调那拉氏"端庄惠下"，与自己"二十余年伉俪之情，恩深谊挚"，"继体坤宁"是实至名归。他们老夫老妻，伉俪情深。这是乾隆的真心话，也是真情话。

虽然是第一夫人，乾隆也是容不得她耍性子，"自行剪发"，这是"国俗"。

皇后要母仪天下，断然犯忌，就是大不敬，大不孝。

当初满人入关立国，对男子强推剃发令，激起了无数汉人的反抗。

"头可断，发不可剃。"（许重熙《江阴城守记》）

这是清初满洲统治者血腥推行的剃发改制，强行改变一个民族风俗习惯带来民族矛盾，但最终还是野蛮地在全国实施。这是对天下男儿的要求。但女人却不能擅自剪发，否则就是对既定的"衣冠皆遵本朝之制"（《清世祖实录》卷十九，顺治二年七月戊午）的冒犯。

皇后也不能例外。

3

继皇后因不满乾隆，以擅自剪发来对抗，结果遭到万劫不复的厄运。

当时，乾隆正宠令贵妃，将再次怀孕的令贵妃晋升为皇贵妃，仅次于继皇后。

继皇后也是从贵妃晋皇贵妃后，升为皇后的。

乾隆对新宠妃重演"循序而进"，让继皇后感到了危机。此等危机记述，在后来嘉庆帝纂修《清高宗实录》时，必然删除，但后宫争斗，也不会在皇帝实录中出现。

令贵妃魏氏出身卑微，其父魏清泰为正黄旗包衣管领下人（乾隆朝还是姓魏，至嘉庆朝抬旗入满后改姓魏佳氏）。她自乾隆十年由贵人晋升为令嫔，三年后升为令妃，乾隆二十四年晋封为令贵妃，再六年后进位为皇贵妃。

自乾隆二十二年至三十一年十年间，令妃先后生育了四子二女（皇七女固伦和静公主、皇十四子永璐、皇九女和硕和恪公主、皇十五子颙琰、皇十六子和皇十七子永璘），为后妃中生育最多之人，也是频率最高的，足见乾隆很宠爱令妃。

但是，至乾隆四十年正月令妃病逝，乾隆始终没有册立她为皇后。

乾隆钟爱令妃，以仅次于皇后的皇贵妃尊崇她，但如果贸然册立其为皇后，无疑有升其子为嫡子将来立为储君的可能。乾隆曾有过两次公立嫡子为储的表现，结果储君命薄。乾隆三十八年冬，乾隆秘密立颙琰为储，不好将汉军出身的令皇贵妃晋升皇后，那样，他的秘密建储也就不是秘密了，可能会重蹈其同辈、父辈争储的宫廷内斗。

颙琰资质平庸，却被乾隆密建皇储，除了令妃受宠外，还有一个主要原因，即乾隆此时存活的能充分选择的儿子并不多：

皇四子永珹已于乾隆二十八年出继履懿亲王允祹为嗣子，皇六子永瑢于乾隆二十四年出继慎靖郡王允禧为后。他们都是奉旨出继，不能重返本宗。

留在乾隆世系的五子中，皇八子永璇举止轻浮，不得体，多次遭到乾隆公开斥责；皇十一子永瑆文才杰出，但不好骑射，为人吝啬，天性阴忮，好以权术驭人，持家苛虐，为乾隆所不喜；皇十七子永璘最小，却最不成器，整天游荡，惹是生非，亦为乾隆深恶痛绝。

除了皇十五子颙琰外，还有一个皇十二子永璂。永璂为继皇后所生。从乾隆曾暗定储君永琏、拟定太子永琮的情形来看，他们与永璂有两个相似点：一、都是皇后所生（永琏、永琮已殇，永璂成了唯一的嫡子）；二、名字第二字都隐示继承宗器之意。这两点，为包括颙琰在内的其他十四子所没有。

乾隆十七年四月，已做了两年皇后的那拉氏在翊坤宫生下皇十二子，乾隆帝高兴地取名为永璂，明显有特别的寓意——继承大清基业。

后来，乾隆在继皇后去世后，于三十六年任命永璂负责纂修《御制满蒙文鉴·总纲》。这是很少命皇子办差的乾隆的一个特例，可见永璂颇有文才和组织能力。

"一代儒宗"钱大昕《潜研堂文集》卷三十三《复倪敬堂书》云："皇十二子天资淳粹，至性过人。"这说的就是永璂。钱氏为乾隆十六年南巡在江宁访得的大学问家，被特赐举人，命内阁中书，再考中进士，擢侍讲学士，于乾隆三十四年入值上书房，教授永璂读书。

钱大昕与纪晓岚齐名，但钱排名在前——"南钱北纪"。乾隆延请顶级学者教授永璂，可见对此子非常重视和关心，然而因为继皇后被黜，导致永璂见弃。

乾隆不想给继皇后翻案的机会。

乾隆暗定嘉庆为储，却因搬抄雍正泄了密

1

康熙第二次废储后，实施秘密建储计划，也有暗定储君的人选，却因西北战事给耽搁了，结果被隐而不露的胤禛后发制人，利用康熙第三次择储的疏漏抢占

了先机。

雍亲王成为雍正帝。

他即位不到一年，就实施秘密建储。他公开立储其事，却隐秘储君其人，为形势所迫。

他的即位遭到了皇族宗室、八旗王公、勋戚后代及满汉大臣绝大多数的集体抵制。就连他信任的云贵总督高其倬，给他这位新皇写折子，还不忘将已被他拿下的皇十四弟胤祯之名抬头写于顶格。

雍正担心满洲统治阶层矛盾激化，反对派会给他致命一击，所以他要将继承者的名字书写于密旨，藏于乾清宫正大光明匾额后，以备不虞之需。

最后揭晓者、皇四子弘历成为乾隆帝。乾隆帝效乃父风采，继续秘密建储之事，但他为了名正言顺，最先考虑的还是嫡长继承。虽然他将秘密建储视为定制，将此皇位继承方式制度化，但他首重嫡子、然后择贤，也是一种实情，或者说是被迫。

秘密建储的好处，在于有暗定储君的存在，但不出现储权分割皇权，实现了皇权的高度集中和强化。

乾隆对前朝嫡长子皇位继承制多有批评，但也不能免俗。他即位之初暗定的储君为孝贤皇后所生的嫡长子永琏，这是雍正帝为其暗定的继承人。

永琏早殇，乾隆曾考虑过庶出的皇三子永璋，然而孝贤皇后又产一子，这是乾隆的嫡次子永琮。乾隆再次欲立嫡子为储，可惜永琮两岁患痘而殇，使其计划落空。

此后，乾隆考虑过皇五子永琪，也对继皇后所生的皇十二子永璂特别上心。

永琪英年早逝，成为乾隆帝一生的心伤。

帝后失和，无可挑剔的永璂最终不得立。

年纪越来越大的乾隆帝在整理自己的文治武功之时，在打造自己的天朝上国之际，还是要选择理想的帝国继承者。

雍乾二帝对于皇子的教育极为重视，特设上书房对年满六岁的皇子进行规范教育。然而，他们对皇子采取了严密控制的手段，甚至皇子不经请示，临时离开书斋，也会遭到乾隆帝的严厉惩罚。

乾隆择储，不需要他在政坛有所异响，也不需要他在沙场有所壮举，关键在于他能契合自己的喜好。

因为秘密建储制度下，只有皇帝的乾纲独断。

2

终于，乾隆三十八年冬，乾隆皇帝第二次秘密建储。

他没有公开其事。

直至乾隆四十三年九月乙未日，乾隆东巡途中遇到了一个叫作金从善的锦县生员，拦路奏请要"建储立后，纳谏施德"（《清史稿·高宗本纪五》）。

乾隆要给出杀人的理由，再次强调不再复立皇后时吐露出一个消息，他在乾隆三十八年冬已行秘密建储。

只是当时"手书应立皇子之名，密缄而识藏之。并以其事谕知军机大臣，特未明示以所定何人"（《清高宗实录》卷一千〇六十七，乾隆四十三年九月丁未）。

乾隆没有透露入选名单，说："至乾隆六十年乙卯，予寿跻八十有五，即当传位皇子，归政退闲。"

好家伙，不愧为千古一帝，做了四十多年皇帝、活了快七十年的垂垂老者，竟然如知天命般猜测到自己的超长"待机"。

这不是他第一次出现如此预言，乾隆三十八年，他也说过待其八旬开六归政时封爵诸子的话。

大臣们对他能活多长、在位多久，并不感兴趣，他们每时每刻都在山呼万岁，但是对于储君人选，少不了猜测。

不错，乾隆三十八年冬，大清王朝确实发生了一件大事。

《清高宗实录》卷九百四十六记载，当年癸亥冬至日，朝廷要进行大规模的祭祀活动，乾隆做了史无前例的配套性安排："祀天于圜丘，上亲诣行礼。遣官祭永陵、福陵、昭陵、昭西陵、孝陵、孝西陵、景陵、泰陵。上命皇十五子颙琰祭孝贤皇后陵。"

前两款并不新鲜，但第三款暗藏玄机。

当时，大臣应该深感莫名，而皇子们也心有猜忌。

那时的皇十五子，还名叫颙琰。颙琰之名，为乾隆六十年九月正式册立其为皇太子时所改。乾隆不希望嗣君登基后，效仿皇祖雍正大兴避讳运动，改掉自己的文化创意和政治寓意（如永琮、永璟，前者有光宗耀祖之意，后者有永固基业之望。永琏之名是雍正取的，不能计入乾隆功劳，但他是先帝属意的继承者），故而先发制名。

结合此前的冬至日祭祀人员安排，这一年的新举措，就是一个大动作。

以往只有乾隆至圜丘祭天，多了斋戒三日一项，而很少安排祭祖陵和孝贤皇后陵。平时祭孝贤皇后陵，也都是派遣官员肩负重任。

皇子代表皇帝，祭祀元后，破了天荒。

在诸皇子中，颙琰还不到十五岁，比他年长的还有皇八子永璇（二十九岁）、皇十一子永瑆（二十三岁）和皇十二子永璂二十三岁，以及出继做了郡王的皇四子永珹（三十六岁）和皇六子永瑢（三十二岁）。

3

五年后，乾隆帝欲盖弥彰地重提旧事，惊动朝野。

既然乾隆声称三十八年冬已行密建皇储之事，大臣们很快便联想到皇十五子颙琰即其暗定储君。

因为颙琰之母魏氏（还未抬旗入满改姓魏佳氏），当时是乾隆最爱的宠妃，又是后宫地位最高的皇贵妃，有再度新立为后的可能，以实现子凭母贵。

最主要的是，乾隆作为皇子时有过前兆。

雍正元年十一月"己丑，圣祖仁皇帝期年大祭，上亲诣奉先殿行礼，复诣寿皇殿瞻拜圣祖仁皇帝御容，行礼尽哀。上命皇四子弘历祭景陵"（《清世宗实录》卷十三）。

雍正担心反对派对其出行不利，或途中暗杀，或京师政变，故而推出最终揭晓的暗定储君弘历作为雍正祭陵的代表人。

弘历的储君身份虽未公开，但在雍正心里已然是继承者。

此事，发生在雍正秘密建储的三月后。

乾隆密建皇储之际，特别地派出齿序不居长但生母地位高的颙琰，自然有深意。

当然，乾隆考虑已久，为了不泄密，在一年前就做了舆论渲染。

乾隆三十七年十一月，颙琰十三岁生日，乾隆特发上谕："皇十五子年已长成，业经赏与端罩，致祭奉先殿，亦著开列。"（《清高宗实录》卷九百二十一，乾隆三十七年十一月庚戌）

端罩，即清代一种服饰。这不是乱穿的，有严格的制度规定，皇帝、诸王、重臣等在冬季时替代衮服、补褂套穿在朝袍、吉服袍等袍服外的翻毛外褂，圆领、对襟、平袖、长及膝、左右垂带。

乾隆提前给颙琰安排了出行服装，且安排到奉先殿观摩皇帝如何致祭的程序。

可以说，乾隆不露声色地给颙琰上了一堂储君代祭课，为一年后其正式出场做了准备。

乾隆对颙琰的父爱特别，也是皇恩浩荡。

然而事实上，乾隆并不放心。所以，他在乾隆四十三年宣示已行建储之事时说："是年冬至南郊大祀，命诸皇子侍仪观礼。因以书立皇子之名，默祷上帝，如其人贤，能承国家洪业，则祈祐以有成。若其不贤，亦愿潜夺其算，毋使他日贻误，予亦得以另择元良。"（《清高宗实录》卷一千〇六十七，乾隆四十三年九月丁未）

值得注意的是，奉命致祭孝贤皇后陵的颙琰，是否参加了乾隆主祭的南郊大祀？

如果他在孝贤皇后陵前同时致祭，也就作为特例缺席南郊大祀。

如果他先参加南郊大祀，然后致祭孝贤皇后陵，乾隆再次预演，以裨益他有特别表现。

至于乾隆所言，若其不贤，让老天夺走他的性命，那主要是说给质疑的天下臣民听的。

嘉庆即位背后的政治危机难公关

1

乾隆禅位嘉庆，当了三年太上皇。

嘉庆元年（1796年）正月初一，乾隆帝举行传位大典，禅位给皇太子嘉庆。四年正月初三日，乾隆驾崩于养心殿。

三年间，乾隆仍居住在养心殿，掌控朝政，为大清王朝的最高统治者。他不时御殿受朝，嘉庆侍立或设小座于一旁。

年过八十五岁的乾隆帝衰颓已久，说话需要凭借同时侍立一旁的和珅猜测传达，但他仍牢牢地将皇权控制在自己的手中，让嘉庆帝只是一个名义上的皇帝，而和珅却等同于摄政，权倾朝野。

嘉庆元年正月十九日，已为太上皇的乾隆帝对属国使者说：我虽归政皇帝，但大事仍为我办。此语，也是契合乾隆禅位诏书精神。他只是不想在位时间超过皇祖康熙，而不是真正舍弃皇位，故而很明确地规定："皇太子于丙辰正月上日即皇帝位。朕亲御太和殿，躬授宝玺，可称朕为太上皇帝。其尊号繁文，朕所弗取，毋庸奏上。凡军国重务，用人行政大端，朕未至倦勤，不敢自逸。部院衙门及各省题奏事件，悉遵前旨行。"（《清仁宗实录》卷一）

此间三年，所出帝命和帝谕，皆太上皇或太上皇授意以嘉庆帝谕出。

继顺治初年多尔衮摄政、康熙初年四大臣辅政之后，清朝再次出现皇权与皇位偏离。作为傀儡皇帝的嘉庆，不但对太上皇乾隆要逢迎屈从，就连对乾隆的大宠和珅也得屈从示好。这为乾隆驾崩不久，嘉庆亲政后迅速处死和珅埋下了前因。

2

嘉庆要扳倒和珅之心由来已久，只是一直碍于乾隆在世。

所以，嘉庆四年正月初三日，乾隆帝驾崩，嘉庆帝安排文华殿大学士兼公爵和珅主持治丧。和珅没料到，五天后，嘉庆在朝会上突然发难，宣布太上皇遗诏，"革大学士和珅职，下狱治罪"，并组织王大臣会同查案。一周后，即元宵节，嘉庆帝下诏，公布和珅二十大罪，三日后处死。

历时不过半月。嘉庆帝动作迅速，干净利落。

嘉庆之所以如此恨朝廷的柱石重臣和珅，也是有诸多原因的：

一、嘉庆即位后，临朝听政，然而乾隆突然临朝，嘉庆让位，侍在乾隆一旁，而乾隆安排和珅站立另一旁。和珅与老态龙钟的乾隆一唱一和，和珅成了太上皇的扩音器和传话筒。和珅就等同摄政，满朝文武上奏什么，他就听取乾隆说话，自己下判断，把持朝政，丝毫不给一旁尝试理政的皇帝发言权。

二、和珅可以随意"骑马直进圆明园左门，过正大光明殿，至寿山口"（《清史稿·和珅传》），或"乘椅桥入大内，肩舆直入神武门"，去私自觐见乾隆帝，无疑打过嘉庆的小报告，自然遭嘉庆忌恨。和珅恃太上皇的宠，成为内阁首席大学士兼军机处领班大臣，结党擅权，加之嘉庆的主动示好，使之权欲日益膨胀。

三、和珅既为权臣，也为弄臣，自知擅权敛财为乾隆所知，但不被责罚，故而更加胆大妄为。另外，他自许乾隆最重视的儿女亲家，故而对乾隆"言不称臣，必曰奴才"，显示满洲君臣之间的主奴关系亲切，又以恭谨而侍的态度，对待乾隆帝甚至新君嘉庆。但在嘉庆看来，和珅仍然是"二皇帝"做派，不给新君多少情面，"随此使令，殆同皂隶，殊无礼貌"（《清仁宗实录》卷三十七，嘉庆四年正月）。

当然，从理政能力上来看，和珅确实是一个成熟而富有才干的政治家，这一点是平庸的嘉庆所不及的。

3

嘉庆帝给和珅宣布的二十条大罪有些勉强，但这表明嘉庆要彻底结束和珅擅权的时代。

和珅借太上皇宠信的威势，经常给新皇难堪。

嘉庆即位之初，其老师朱珪作为两广总督，上表恭贺是作为人臣的本分，和珅却跑到乾隆面前告状。朱珪过生日，嘉庆写诗赏赐，又被和珅偷了没写完的诗稿，对乾隆说嘉庆在笼络人心。

在此前的乾隆五十九年，六十四岁的朱珪总督两广，曾让向中国倾销大量鸦片且妄图入侵中国近海疆域的英帝国主义吃尽了苦头。朱珪督军坚守，御敌有功，受到了乾隆帝的关注。乾隆决定，送给新君嘉庆一个登基礼物，即拟升朱珪为大学士。

孰料，朱珪对于治下的现有战船强度差而不能出海抗击很不满意，主动将自己平时节俭下来的五千两银子捐出造船，却被和珅添油加醋，向乾隆诬告朱珪身为两广总督，对于夷寇在浙广沿海活动频繁并抢劫财产不闻不问，没有出海督帅缉捕。

乾隆信以为真，不升反降，把朱珪贬为安徽巡抚。

和珅三番五次地打脸嘉庆帝，无疑使嘉庆欲除之而后快。

然而，此时的和珅身兼各种要职，职权范围括及政、军、财、文等方面，还代表皇帝管理着两黄旗。嘉庆投鼠忌器，还公开下旨，和珅无需对他行三跪九拜之礼。故而，和珅在心里认为嘉庆不敢与之抗衡。

乾隆五十七年随英国使臣马戛尔尼访华的副使乔治·斯当东，在《英使谒见乾隆纪实》中说和珅："这位中堂大人统率百僚管理庶政，许多中国人私下称之为二皇帝。"

和珅的这个"二皇帝"，至嘉庆初年，俨然是太上皇乾隆之下，而非新皇帝嘉庆之下。

和珅的权力达到顶峰，也是在乾嘉过渡时期，充分利用乾隆衰朽不放权的空隙，主要政敌福康安、阿桂相继去世，而后继之君嘉庆不敢行使皇权。他影响和干预不在皇帝手中却由太上皇把持的皇权，营私舞弊但方式隐秘，三年来，"竟无一人奏及者，内外诸臣，自以皇考圣寿日高，不敢烦劳圣心，实则畏惧和珅，箝口结舌"（《清仁宗实录》卷三十七，嘉庆四年正月）。

天有二日，当空的却是太上皇乾隆。乾隆更加倚信和珅，导致无人敢奏劾和珅问题。缘于此，和珅佐助乾隆处理军国政务时，阻碍嘉庆寻求本该属于自己的皇权，结果导致乾嘉之际爆发五省白莲教起义。和珅弄权舞弊，不惜借军费激增大肆敛财，而最后留给嘉庆的清朝，历时五年、动用十六省数十万军力、耗资两亿两白银才算结束了这一场大规模内战。

虽然嘉庆帝从和珅家里查抄了数以亿计的财富，足以支付昂贵的军费，但乾隆以降、和珅主导的吏治腐败，却不可逆转大清王朝迅速衰败的现实。

嘉庆七年二月二十四日，嘉庆帝说："我朝列圣相承，乾纲独揽，皇考高宗纯皇帝临御六十年，于一切纶音宣布，无非断自宸衷，从不令臣下阻挠国是。即朕亲政以来，办理庶务，悉尊皇考遗训，虽虚怀延纳，博采群言，而至用人行政，令出惟行，大权从无旁落。"（梁章钜《枢垣纪略》卷一《训谕》）这也算是以圣人自许，独揽大权，但也把和珅擅权，归为了无人领受的空档期。

妻舌痛斥宗室枉法，嘉庆怒怼：你该下狱！

1

电视剧《康熙王朝》中有个班布尔善，不是一个善茬。

他在首辅索尼死后，极力怂恿鳌拜叫板康熙帝，力劝他取而代之。最阴险的是，他在康熙阖门擒获不可一世的鳌拜时，竟然组织死士埋伏宫外，冲击宫门。

他的个人目的很明确：鳌拜击毙康熙，他便勤王复仇。康熙扳倒鳌拜，他便趁乱弑君。

龙虎相斗，豺狼在后。

殊不知吴六一带领一群侍卫，张弓搭箭，仗刀誓死，给了他致命一击。

《清圣祖实录》卷二十九记载："班布尔善，系宗室辅国公，授为大学士，附和鳌拜，藐视皇上，结党行私，悖负国恩"，议罪二十一款，"种种情罪，所犯重大，应将班布尔善革职、立斩，系宗室，改立绞。将伊亲生未分家子孙革去宗室，妻子为奴"。

虽然少年天子并未对他满门抄斩，仍将其两个儿子、两个侄儿革除辅国将军，改作闲散宗室，但班布尔善被作为鳌拜集团从犯处死了，首犯鳌拜却只被幽禁。

班布尔善是太祖第六子塔拜第四子，即康熙的堂伯，索尼死后，他以领侍卫内大臣兼领内秘书院大学士。

然而，班布尔善作为皇族成员，不捍卫皇权，而是逢迎威福自专的鳌拜，构陷四辅臣中的二号人物苏克萨哈致死，操纵票拟，擅用家奴为官，票拟重臣革职。

他阴谋夺位，罪大恶极，迫使康熙帝不得不对其处以极刑。

可以说，班布尔善是大清王朝立国后第二个被公开处死的皇族成员（第一个当是皇太极处死的哈达公主莽古济，太祖处死褚英则在立国的前一年）。

2

康熙处死班布尔善，其实背叛了祖训。

早在天命六年正月，太祖曾召集代善、阿敏、莽古尔泰、皇太极等，祝告天地，焚香设誓："吾子孙中纵有不善者，天可灭之，勿令刑伤，以开杀戮之端。如有残忍之人，不待天诛，遽兴操戈之念，天地岂不知之？若此者，亦当夺其算。昆弟中若有作乱者，明知之而不加害，俱怀礼仪之心，以化导其愚顽。"（《清太祖武皇帝实录》卷三）

太祖努尔哈赤对天起誓，是鉴于自己曾处死长子褚英、囚死二弟舒尔哈齐的人伦惨剧，痛定思痛，发出的忏悔之意："似此者，天地佑之，俾之孙百世延长。所祷者此也。自此之后，伏愿神祇，不咎既往，惟鉴将来。"

他现身说法，颁发祖训。继任者皇太极并未当回事，不但囚死堂兄阿敏等，还将对自己有不满情绪的亲妹莽古济施以凌迟之刑。

权力之争，即便家人亲戚，也不能幸免于难。

与清室皇家有不少渊源而后家道中落的潦倒文人曹雪芹，在《红楼梦》第八十二回中，借文弱的林黛玉发出深沉之音："但凡家庭之事，不是东风压倒西风，就是西风压倒东风。"

寻常人家如此，皇家宫苑亦如此。

但是，清朝的皇帝，始终占了上风。

班布尔善也该死。处在拱卫皇帝的要津，又主持内院工作，却想借权臣之手，达成篡弑的政治目的。只不过他张狂外露，不如主持议政王大臣会议的安亲王岳乐向鳌拜妥协做得巧妙，藏得隐秘，差点儿躲过了康熙帝新账旧账一起算。

康熙绞杀班布尔善，以全尸保住了皇家脸面，也震慑了蠢蠢欲动的宗室阴谋者。

3

班布尔善之后，康熙曾命宗室进入内阁辅政。

康熙十六年七月，以礼部尚书获授武英殿大学士的勒德洪（勒德浑）也是皇族成员。他是太祖五叔公（五祖）包郎阿的曾孙。太祖祖父觉昌安、父亲塔克世死于明朝总兵李成梁的阴谋后，努尔哈赤起兵复仇，四祖家族成员集体背叛，甚至阴谋围攻，唯有五祖包郎阿及其子孙率先追随太祖，多有军功，得了红带子的觉罗身份。勒德洪的父亲机达席库获二等轻车都尉。

勒德洪与明珠同时获授武英殿大学士，因为觉罗身份，勒德洪班次在前。但是，明珠与保和殿大学士索额图缠斗倾轧，尔后索额图去职，明珠及其亲信大学士余国柱操纵内阁票拟，卖官鬻爵，结党营私，作为皇族成员的勒德洪无视他们侵害皇权，严重失职渎职。

康熙授意词臣高士奇联络左都御史徐乾学，通过江南道御史郭琇参劾明珠八大罪状。康熙对内阁成员重新洗牌，只保留了一个对自己忠诚且廉正的保和殿大学士王熙，将"勒德洪、明珠，著革去大学士，交与领侍卫内大臣酌用"（《清圣祖实录》卷一百三十三，康熙二十七年二月壬子）。

嘉庆初年，以两广总督兼协办大学士的吉庆为官廉洁，治吏严明，不意在永安平乱中处理失当，被革除协办大学士，留任总督。与他素来不和的广东巡抚瑚图礼，手持密谕，矫旨追责。吉庆不甘受辱，吞食烟具，寻了短路。

再如嘉庆朝，吏部尚书协办大学士琳宁，东哥大学士加太子太保禄康，他们身为宗室，却因失察身边的人员犯罪而丢了中堂的位置。更有趣的是，禄康家人开局聚赌之外，属下兵丁竟然参与了嘉庆十八年天理教首领林清领导的攻打紫禁城一役。

在平定林清癸酉之变中建有大功的礼亲王昭梿，对于这些"皆不终其位"的"本朝宗室辅臣"做了一个总结："盖以天潢骄纵，易以致咎。"（《啸亭杂录》卷二）

然而，昭梿讥讽禄康等人时，却没有料到自己因平叛有功不得赏而发了几句牢骚被揭发。嘉庆二十年十一月二十六日，嘉庆帝谕旨内阁："昭梿承受世封，席丰履厚，平日以田租细故，在顺天府、步军统领、刑部等衙门，涉讼累累。然而于府第中仍如此非刑虐下，实属奇贪异酷，仅止革去王爵，不足蔽辜。俟结案时，仍当治以应得之罪。"（《清仁宗实录》卷三百一十二）

嘉庆帝不但将昭梿革去亲王，还押入宗人府拘禁了数月，收走了近千亩田产。因为昭梿不但妄自尊大、目无君上、凌辱大臣、滥用非刑等，还公然背叛了圣祖康熙帝钦定的"永不加赋"国策。

宗室辅臣在官场不得善终，咎由自取。

第五篇

帝国余晖

曹操后裔帮助道光帝毁了清朝

1

清嘉庆二十五年（1820年），仁宗嘉庆帝驾崩。宣宗道光帝继位，接过了一个烂摊子，也接过了两个著名的大臣：一个是体仁阁大学士、太子太保兼工部尚书曹振镛，一个是光禄卿穆彰阿。

道光在位三十年，曹、穆二人先后任首辅，各主政十五年，为皇帝极其倚重。史料没有明示曹振镛与穆彰阿有师徒名分，但结合二人的工作履历来分析，是老曹一手培育了小穆，他们有名副其实的师生关系。

当然，很多人会质疑，《清史稿》说曹振镛做事"小心谨慎，一守文法"，而穆彰阿"保位贪荣，妨贤病国"，一个大忠，一个大奸，怎么成了师徒。

赵尔巽撰写《清史稿》时，还特地做了对比强调："宣宗初政，一倚曹振镛，兢兢文法；及穆彰阿柄用，和战游移，遂成外患。一代安危，斯其关键已。"

历史真的如此吗？

道光继承的大清王朝，康乾盛世余威已消耗殆尽，先帝嘉庆虽有心挽狂澜，但内力不济，"虽一件一件地解决乾隆盛世留下的危机，却又一步一步地陷入更深的危机"（阎崇年语）。道光接手，虽在整顿吏治、整厘盐政、开通海运、平定张格尔叛乱、严禁鸦片上做了一些努力，同时本人力行节俭、勤于政务，但作为一个帝王，他的资质不高，大清王朝积重难返，越发衰败。

清史学家萧一山在《清代通史》中说："嘉庆以后，武力不竞，纪纲败坏，教徒纷起，民不聊生。但仁宗之淳厚，宣宗之节俭，均有可称。"

嘉道中衰，回天乏术。另一位清史大家孟森说："宣宗之庸暗，亦为清朝入关以来所未有。"

2

宣宗之庸暗，其重用的曹、穆二相出力甚多。老曹和小穆师徒的衣钵精神，就是"多磕头，少说话"。

相传，曹振镛是没做一天皇帝的魏武帝曹操的嫡脉后裔，是大清一朝从政长达53年真正的不倒翁。

他是进士出身，乾隆以他是户部尚书曹文埴之子，"才可用，特擢侍讲。累迁侍读学士"。至嘉庆，他得到重用，不断升迁，任过工部尚书、吏部尚书兼协办大学士、体仁阁大学士兼管工部，加太子少保，晋太子太保。某次嘉庆外巡，老曹被留守京师代理政务，故在其老家歙县民间至今还有"宰相朝朝有，代君三月无"一说。

道光上台，曹振镛升为太子太傅、武英殿大学士，充上书房总师傅，领班军机处，晋太子太师，历十五年荣耀只增不减。其死后，道光痛哭流涕，下诏表彰："大学士曹振镛，人品端方。自授军机大臣以来，靖恭正直，历久不渝。凡所陈奏，务得大体。前大学士刘统勋、朱珪，于乾隆、嘉庆中蒙皇祖、皇考鉴其品节，赐谥文正。曹振镛实心任事，外貌讷然，而献替不避嫌怨，朕深倚赖而人不知。揆诸谥法，足以当'正'字而无愧。其予谥文正。"入祀贤良祠。

老曹真是这样贤良吗？

他出任首辅十五年，除了参与平叛张格尔有功外，传记七百余字中，其他政绩未列一二。其最大的特色是，道光帝要特别嘉奖他领导的军机处时，他赶紧上表，坚决谢绝。他被擢升太傅而推掉部门的集体表彰。如此一来，道光认为这位领导干部主动让功，却不知他是以退为进，拿大家的功劳来给自己做加荣增宠的资本。让大家之功，彰自己辅弼之效，挠得道光心里痒痒，认为此"心腹之臣。问学渊博，献替精醇。克勤克慎，首掌丝纶"，更加恩宠信任。

他人不受奖，此公独享荣。让功倍添宠，怙权专自用。《清史稿·曹振镛传》里把老曹抬得老高，务虚不务实。

当代学者习骅却在《中国历史的教训》中给曹振镛取了一个美丽的名字"巧官",他说:"即使酿成天大的祸事,也追究不到巧官,自有一把手担着。直到好处都归了奸臣,恶名都归了皇帝,这类游戏才算结束,这才算老曹们的高明之处……现在大家都痛骂道光皇帝丧权辱国,这当然不冤。但是,有人想过曹振镛之流的'功劳'吗?"

历史中的曹振镛巧言令色,留下了怎样的丰功伟绩呢?

嘉庆帝生前评价"旻宁性质朴,不奢华",道光帝也擅长秀节俭,规定"宫中用膳,每日不得超过四碗",太后过生日他用打卤面招待内臣太监。曹振镛侍候新主子,擅长揣测圣意,花钱从内监处买来信息。道光穿打补丁的裤子上朝,文武百官感叹唏嘘却无动于衷。此时,只见曹振镛不经意将弄了几个补丁的朝服显摆给新君看到,那是他故意做旧的,这一下就拉近了与道光帝的距离,还引发了一场轰轰烈烈的旧服要比新装贵、新装故意打补丁的衣装革命。

道光十年,两江总督加太子少保陶澍督办海运,剔除盐政积弊,改行淮北票法损害旧商利益。曹振镛家世代经营盐商,他闻讯后立马让家人停止经营。家人不解,曹振镛说:"焉有饿死之宰相家?"其实他们早已以盐业专营权,赚了个盆满钵满缸满仓满,这次率先示范博得美誉后,改弦更张,再谋大业,故而说哪有什么王法能损害到宰相家的利益。《清史稿》大张旗鼓地表扬曹振镛支持盐改"世特以称之",其实也是被骗了。

道光十五年,道光帝将外放总督被尊为"三朝阁老、九省疆臣、一代文宗"的阮元调回京师,拜体仁阁大学士,管理刑部,调兵部,成为曹振镛畏惧的真正劲敌。谁料曹振镛死前来了一个奇招,重点表扬阮公如何优秀能干,如何才高八斗,临了特别强调阮公政绩不菲、佳作不断,让皇帝听着,奇了怪了,幸亏老曹这个厚道的重臣提醒,既然阮元有大把的时间写诗著文,那些所谓的政绩是不是掺了水分?曹振镛没有等到和阮元过招就死了,但他到死也为其接班人穆彰阿扫除障碍花了心思。两年过去,道光帝许阮元致仕,返扬州居住,给半俸,临行加太子太保衔算是结束。

关于曹振镛的大巧若拙,习骅在《中国历史的教训》中,专有《巧官曹振镛》行文上万字,写得全面精彩、淋漓尽致,很值得一读。

3

穆彰阿曾在嘉庆二十年，署刑部侍郎，因一日进呈二十余件立决本，皇帝大怒，"诏斥因循积压"，降为光禄卿，掌祭祀、朝会、宴乡酒醴膳羞之事。

道光上台后，穆彰阿再获重用，出任内务府大臣，擢左都御史、理藩院尚书，代理漕运总督，担任工部尚书。道光七年，命在军机大臣上学习行走，后授军机大臣，值南书房，兼翰林院掌院学士，任兵部尚书、户部尚书、协办大学士，进太子太保，成为总理大臣兼军机首席曹振镛的得力帮手。

若无道光的第一宠臣曹振镛的保举，穆彰阿是不可能这样青云直上、紧跟其后的。老曹死后，小穆接替，成为上书房总师傅、武英殿大学士，管理工部，晋文华殿大学士。

穆彰阿掌权后，比其师曹振镛更善揣摩道光的心思。

鸦片泛滥，禁烟呼声高涨，道光任林则徐为钦差大臣到广东禁烟，第一次鸦片战争爆发。

穆彰阿见道光帝主战之意动摇，快速反应，主张与英军议和。《清史稿·穆彰阿传》说："穆彰阿窥帝意移，乃赞和议，罢则徐，以琦善代之。"

道光厌恶战争，穆彰阿就反对向英军进行自卫反抗，主持签订了一系列不平等条约。虽然这些丧权辱国的条约均需道光帝最后拍板，但作为首辅大臣兼军机领班的穆彰阿是拟定者，责无旁贷："穆彰阿当国，主和议，为海内所从诟。上既厌兵，从其策。"

他借主持乡试、会试，总裁国史、玉牒、实录，"门生故吏遍于中外，知名之士多被援引，一时号为'穆党'"。著名的湘军主帅曾国藩也是穆彰阿的得意门生，曾在十年内数度升迁，成为多个部门的二品大员。

黄小配《洪秀全演义》第一回"穆彰阿惑主害青宫 钱东平访贤游幕府"写道："道光登位，至二十来年，外患渐渐吃紧起来。这时宠任一位丞相穆彰阿。这人本是个宗室人氏，专一揽权结党，把门生故吏布满朝廷。性又嗜杀，常说道：古人说的好，'辟以止辟'是很有道理；不是这样，怎能够威挟下民？故他管理刑部时，杀人倒不下万数。当时童谣说道：'生不见穆相彰阿，死不见五殿阎罗。'"

黄小配还将传说中道光踢死皇长子奕纬一事，渲染成穆彰阿进谗激怒道光帝，踢死所谓的青宫太子。

曹振镛死后，穆彰阿专权独宠，"终道光朝，恩眷不衰"。但也遭人恨，咸丰帝奕詝还未登基时，就极度忌恨穆彰阿，他登基十月后，就下旨数其罪："穆彰阿身任大学士，受累朝知遇之恩，保位贪荣，妨贤病国。小忠小信，阴柔以售其奸；伪学伪才，揣摩以逢主意。从前夷务之兴，倾排异己，深堪痛恨！如达洪阿、姚莹之尽忠尽力，有碍于己，必欲陷之；耆英之无耻丧良，同恶相济，尽力全之。固宠窃权，不可枚举。我皇考大公至正，惟以诚心待人，穆彰阿得肆行无忌。若使圣明早烛其奸，必置重典，断不姑容……第念三朝旧臣，一旦置之重罚，朕心实有不忍，从宽革职永不叙用。"

其实，穆彰阿与咸丰帝也有师生之谊。

道光十七年，六岁的奕詝进上书房读书，汉文师傅为杜受田，而上书房总师傅正是穆彰阿。按理，道光选择能力不济奕詝的奕詝为储君，应该参考过穆彰阿的意见，但让穆首相没想到的是，他这个天子学生差点要他的命。

道光的立储朱谕伪装了一个假想敌

1

由陈宝国主演的电视剧《恭亲王》，较全面地展现了晚清恭亲王奕䜣的传奇一生。让观众不无感慨的是，造化弄人，极具才干的他身为皇家阿哥，却在争夺帝位的过程中不幸落选，居位亲王，只能一生为奴，自此他在自己的从政生涯之中经历起伏，每每临危受命，化解朝廷灾难。

其实，道光二十年（1840年），年近花甲的道光皇帝开始考虑"国本"的继承者时，也曾一度举棋不定。

皇次子、皇三子两三岁早夭。

皇长子奕纬也是二十三岁暴毙，其死因正史没有交代。黄小配的《洪秀全演义》及一本《老太监的回忆》说是给道光失措踢死的。

无论如何，都是道光心中的痛。

道光考虑立储时，皇七子奕𬤝刚出生，皇五子奕誴因耿直粗鲁不为道光喜欢，被过继给三叔惇亲王绵恺，这自然剥夺了老五继承的可能性。

由此，有可能被立为储君的，只有皇四子奕詝和皇六子奕䜣。

2

很多人包括一些清史学者，对道光临终前发布的第二道朱谕即立储朱谕觉得行文格式特殊，认为道光立储中意的是奕䜣，而非奕詝。

古人书写的格式，往往由右至左，而立储朱谕仅竖写三行字，右边是"皇六子奕䜣封为亲王"，中间是"皇四子奕詝立为皇太子"，左边是以满文竖写的"皇四子奕詝立为皇太子"，故大家认为，道光手写立储朱谕的最后时刻，还想着立皇六子奕䜣为接班人。

另外，道光在此前，颁布了第一道朱谕："皇四子奕詝着立为皇太子，尔大臣等何待朕言，其同心赞辅，总以国计民生为重，无恤其他。"这是从右至左写的。而且，大清以往的立储遗诏，都是从右至左，似成惯例。

这似乎更能佐证，道光立储，想得最多的是奕䜣。

曾任袁世凯小站练兵的幕僚徐珂，在《清稗类钞》中专有一条"文宗保全奕䜣"，称："宣宗倦勤时，以恭王最为成皇后所宠，尝预书其名，置殿额内，有内监在阶下窥，见末笔甚长，疑所书者为奕䜣，故其事稍闻于外。宣宗恶知之，乃更立文宗。"徐氏绘声绘色，如临其境。

然而有三点值得怀疑：

一是道光不会因为奕䜣为哪个妃子宠爱，就立为储君。《清稗类钞》中所言皇后，有奕䜣生母，但她的封号是其子奕䜣在咸丰帝不情愿的情形下强加上去的。道光生前并没有让她成为皇后。

二是道光既然心仪奕䜣，不可能因为外间传闻而朝令夕改。

三是立储如此私密大事，道光不可能让非心腹人士在场。所以，野史稗说，不足为信。

徐珂对道光立奕䜣为储君，似一直耿耿于怀。他在"文宗传位之异闻"条中，坚持"恭王为宣宗第六子，天资颖异，宣宗极钟爱之，恩宠为皇子冠，几夺嫡者数"。他还称，道光弥留时还在喊"六阿哥到否"，奕䜣之母病危时咸丰前来侍疾问候，她误以为是恭亲王奕䜣，恍惚说"阿玛本意立你为太子"，都不免是徐某人自圆其说，继续演绎。

不仅徐珂如是说，还有不少人渲染道光写立储下笔时，都是先写了好多遍奕䜣的名字。

《清朝野史大观》第三册收录李岳瑞《春冰室野乘》，称道光皇帝晚年最钟爱恭亲王奕䜣，"欲以大业付之，金合缄名时，几书恭王名者数矣"。

清末民初天嘏在《满清外史》中也写道："欲以神器付之，于金匮缄名时，几书奕䜣名者数矣。"大家似乎都在数十年前的上书房现场观摩。更有甚者，《近现代名人小传》干脆称是奕䜣让位给奕詝的，道光还明示了奕詝，要他知恩图报。

很多野史自相矛盾，如《斌退随笔》中说的奕䜣生母孝全皇后"欲鸩杀诸子"案，而其死于道光二十年正月，"宣宗亲定谥曰孝全皇后"。道光是个孝子，既然是"母太后大怒，立命赐死"的罪妇，他断然不会亲自拟定追谥。而此美谥，咸丰即位后默认。

奕䜣的优秀，不容否认。

《清史稿》写道：恭亲王奕䜣"与文宗同在书房，肄武事，共制枪法二十八势，刀法十八势，宣宗赐以名，枪曰'棣华协力'，刀曰'宝锷宣威'，并以白虹刀赐奕䜣"。

道光十七年，五岁的奕䜣入上书房读书，接受极为严格而又特殊的文化教育。他天资聪颖，颇有才气，先后拜穆彰阿、潘世恩、卓秉恬、翁心存、贾桢等名师为师，学习儒家经典、诗文、满蒙汉文字、武功骑射。年长他两岁的奕詝也在一起读书。

奕䜣仁德宽厚，奕䜣聪颖明达。奕䜣较易于接受新事物，是很多保守大臣眼中的"鬼子六"，恃才傲物，锋芒外露。

道光帝喜欢奕䜣不假，但他执政后期，国家刚经历了一场鸦片战争，拉开了被迫签订一系列丧权辱国不平等条约的序幕。这对道光而言，无疑是一种耻辱，一种提起外国就敏感的耻辱。然而，他明知自己有错，还是坚持己见，缺乏帝王所需的明晰的洞察力。

诚如美国历史学家费正清所说："他（旻宁）看来是一位谨慎小心的甚至是胆小的统治者，宁可与几个心腹顾问进行密议，而不愿接受实际的批评或警告。"道光帝要的还是一个循规蹈矩的后世之君，而不对他的屈辱的外交史进行颠覆翻案。

清史大家孟森也说："宣宗之庸暗，亦为清朝入关以来所未有。"虽然道光帝很清楚奕䜣接班会使国家发展得更好，但他拘谨怯弱的性格决定了他对储君选择的标准。他厌恶战争，他需要一个坚持"正道"而非具有锐气的接班人，而在此点上，稳重拘谨的奕䜣较之趋新应时的奕䜣要略胜一筹。

也许最初道光帝立的皇太子是奕䜣，或许历史的走向又是另一种表述。但回到道光帝的立储朱谕上来，其书写形式，并不能真实地反映出他立储时的矛盾心理。

古人写一段文字，如道光要群臣合力辅佐储君奕䜣的第一道朱谕，从右至左，格式正常。但立储朱谕，三行字，他既可以从右至左地书写，也可以先将最主要的"皇四子奕䜣立为皇太子"写在中间，再在左右两边写次要文字。

古人书写竖写牌位、匾额、主碑，都是以主体内容居中，两边为次。按古代宗法制度，宗庙或墓地的辈次排列，以最尊贵的始祖居中，二世、四世、六世位于始祖的左方，称昭；三世、五世、七世位于右方，称穆。故以为，年迈衰老的道光帝虽是一个遵循祖制的守成之君，写如此格式的立储朱谕，并不能说明其有内幕和决定的矛盾性，因为其内容并不同于先帝们立储的内容。

按以往惯例，先帝们在世时立接班人的遗嘱，都是一道朱谕，指定谁，再让群臣协力辅佐。而道光为此一件事，弄了两份材料，本身就打破了常规，意在相互佐证。第一道朱谕，可以视为第二道朱谕的强调内容，他明白有不少人希望是奕䜣继位，但他让大家包括奕䜣本人都失望了。

只不过他在立奕詝为太子时，专门加了一句不需要满文作证的"皇六子奕䜣封为亲王"。那可以说明他对奕䜣的政治位置做了一个交代和补偿，昭告后世在自己驾崩之前，让自己喜爱的另一个儿子做了亲王。如他的叔公弘昼，不也是在其曾祖父临死前的雍正十一年封的和亲王吗？他希望奕䜣也能真心辅佐咸丰帝，"棣华协力"。

所以说，像道光的那道立储朱谕，并不值得后世争议。

慈禧爱国的一面

1

咸丰十一年（1861年），咸丰帝爱新觉罗·奕詝驾崩于承德避暑山庄，唯一存活的皇子载淳继位，其生母慈禧与皇后慈安两宫并尊，称圣母皇太后。

两任后世之君同治、光绪都是几岁登基，慈禧三番垂帘，一直掌控，成为晚清政权实际的最高领导者，执掌权柄四十八年之久。

即便授权给小叔子奕䜣主持朝局，慈禧对倡导洋务的他还是不放心，经常掣肘，后来慈禧干脆借故革除了奕䜣的议政王头衔，启用贪腐的庸官奕劻出任领班军机大臣兼总理衙门事务大臣。

慈禧从宫廷斗争中夺得政权的手法残忍，拍板签订了不少丧权辱国的卖国条约，从中国国家主权的角度出发，早已被钉上历史的耻辱柱。

1885年，清军在中法战争中赢得镇南关大捷，成功阻止法军登陆台湾的优势局面下，慈禧却以主动求和、签订不平等的《中法天津条约》来结束战争。

为此，左宗棠不好指摘慈禧，而直指主和的李鸿章："对中国而言，十个法国将军,也比不上一个李鸿章坏事""李鸿章误尽苍生,将落个千古骂名"。但没有慈禧拍板,李鸿章再有声威,也是无济于事。

1894年中日甲午战争战败后的《马关条约》、1900年庚子拳乱之后的《辛丑和约》,也都是李鸿章为首席谈判大臣,但慈禧作为最高权力责任人,均有不可推卸之责任。

甲午海战前,慈禧明晓日本动武倾向,但对内务府挪用北洋水师添置装备的军费为其办万寿大典,兴奋不已。

庚子事变后中国面临《辛丑和约》的巨额赔款时,其奢靡之风仍未见明显收敛,使晚清已捉襟见肘的财政问题更加严峻,民生凋闭。

对当时官场上下贪腐成风,慈禧洞察而不喝止,甚至对言官弹劾也是一百个不高兴,从而彻底地蛀空了大清这个曾经的"天朝上国"。

故而,《清史稿》对慈禧也有一个较客观的评价:"及文宗末造,孝贞、孝钦两皇后躬收政柄,内有贤王,外有名将相,削平大难,宏赞中兴。不幸穆宗即世,孝贞皇后崩,孝钦皇后听政久,稍稍营离宫,修庆典,视圣祖奉孝庄皇后、高宗奉孝圣皇后不逮十之一,而世顾窃窃然有私议者,外侮迭乘,灾祲屡见,非其时也。不幸与德宗意恉不协,一激而启戊戌之争,再激而成庚子之乱。晚乃壹意变法,怵天命之难谌,察人心之将涣,而欲救之以立宪,百端并举,政急民烦,陵土未干,国步遂改。综一代之兴亡,系于宫闱。呜呼!岂非天哉?岂非天哉?"

这个孝钦,即为慈禧。

2

但一码归一码,不能否认,这个不断对列强屈膝的女人,曾经因谏请咸丰抗击列强而险遭杀身之祸,重用险遭咸丰砍头的曾国藩、左宗棠等汉臣而实现"晚清中兴",最坚定地支持左宗棠收复新疆,着实显示出了不起的政治才干,远比咸丰帝要高明得多。

1860年8月,英法联军攻占天津。外敌入侵,国门洞开,懦弱的咸丰惊慌失措,唯有恸哭,而慈禧却冷静沉着,知道要找能干的奕䜣来商量对策。

对此,晚清宫廷史官恽毓鼎《崇陵传信录》有详细的记载:"英法联军突破了清军道道防线并攻陷天津这日,正逢咸丰帝在圆明园的天地一家春与后妃共宴。酒至一半,军机处奏报:英、法联军已陷天津。咸丰帝痛哭不止,皇后钮祜禄氏与诸嫔妃哭成一团,只有慈禧一人走向前来,对痛哭不已的皇帝建议:'事危急,环泣何益。恭亲王素明决,乞上召筹应会之策。'"

九月二十一日,清军在八里桥一役失利,英法联军进逼北京,咸丰决定以北狩为名,逃往热河(承德)避暑山庄。当时还是懿贵妃的慈禧极力谏阻,请求咸丰留在北京,继续抵抗,为此触怒咸丰,差点儿招来杀身之祸。此事让逃到热河的咸丰芥蒂在怀,认为她这是忤逆圣旨、后宫干政,故还曾想杀懿贵妃。

据时任大学士潘祖荫的笔记所载,在热河,咸丰曾对宠臣肃顺说,他马上会效仿汉武帝为防止太后与外戚专权,杀掉太子刘弗陵生母的"钩弋故事"。

《清稗类钞》清楚写到咸丰要主动效法汉武帝,除掉懿贵妃。

庄吉发《清史拾遗》也称:"帝晚年颇不满意于慈禧,以其佻巧奸诈,将来必以母后擅权破坏祖训。平时从容与肃顺密谋,欲以钩弋夫人例待之。"

但大难不死的懿贵妃,在奕䜣与英法联军签订《北京条约》后,深以为耻,还是劝咸丰废约再战。咸丰病危,只好作罢。

3

咸丰元年(1851年)一月,洪秀全、杨秀清等人在广西桂平金田村组织起事。

五月,曾国藩在刘蓉、罗泽南等人的推动下,上《敬陈圣德三端预防流弊疏》批评咸丰。咸丰帝还没有读完,就愤怒地将奏折摔到了地上,立刻召见了军机大臣要定他的罪,若非祁寯藻、季芝昌等人苦苦为他求情,曾国藩很可能遭遇不测。

慈禧掌权后,全力支持曾国藩带领湘军集团征战太平天国,使之成为晚清"中兴四大名臣"之首,官至两江总督、直隶总督、武英殿大学士,封一等毅勇侯,谥曰文正。

左宗棠多次拒绝湖南巡抚的邀请,从而引起咸丰的怀疑,询问郭嵩焘:"左宗棠不肯出山,系何缘故?"咸丰正告:左宗棠当出为朕办差!

咸丰九年,左宗棠正在给骆秉章做幕友,得罪零陵总兵樊燮,遭樊一状告到京城，说左宗棠是"劣幕"。咸丰下令樊的远房姐夫、湖广总督官文处理，若属实则将左宗棠"就地正法"，幸得胡林翼、郭嵩焘等人的仗义执言，潘祖荫、肃顺等大臣的披沥上陈，才使一场轩然大波得以平息。

同治六年，阿古柏在俄国支持下，在新疆自封为王，建立哲德沙尔汗国，宣布脱离清廷，使一百六十万平方公里的国土从大清版图上消失。

清廷内部爆发"海防"与"塞防"之争，直隶总督兼北洋大臣李鸿章认为两者"力难兼顾"，主张放弃塞防，将"停撤之饷，即匀作海防之饷"；陕甘总督左宗棠认为新疆自古以来物产富饶，在战略上也非常重要，应该趁英国、俄国还没有完全介入的时候，及时收复新疆。"若此时即拟停兵节饷，自撤藩篱，则我退寸，而寇进尺"，收复新疆，势在必行。他主张用战争换和平，用战争维护国家的统一。

最后，在慈禧的大力支持之下，左宗棠以钦差大臣督办新疆军务，拥有筹兵、筹饷和指挥全权，朝廷给予了左宗棠比较充分的军饷。一年时间，新疆全境收复，使中国六分之一的大好河山没有沦丧他国。

这是晚清历史最扬眉吐气的一件大事，是晚清夕照图中最光彩的一笔。

此事，慈禧功不可没！

狂人们的超级推销员胡林翼

1

晚清中兴四大名臣，有两个版本：

一个为曾国藩、李鸿章、左宗棠、张之洞，都是位极人臣的一品大员。

一个为曾国藩、左宗棠、胡林翼、彭玉麟,尽是湖南人,湘军的领袖人物。

王闿运说过:"中兴之业,实基于胡。"这个"胡",就是胡林翼。

左宗棠、李鸿章的出山,与曾国藩有着千丝万缕的联系,但最主要的荐举之功,还是仰仗胡林翼。

当年李鸿章在曾国藩幕中当机要秘书,胡林翼多次督促曾大帅放人。

2

胡林翼,字润之,是一个奇才,也有不少奇遇。

他出身官宦之家,其父胡达源是探花郎出身,翰林院的编修,詹事府的少詹事,四品京官。

家学好,这个高干子弟自然在那个年代读书早。他六岁随祖父胡律臣识字,读《论语》,八岁陪着祖父在益阳修志馆编志书。

恰巧此时,老乡陶澍将赴任川东兵备道,顺道回乡探亲,拜访胡律臣,看到胡林翼,"惊为伟器",说:"吾已得一快婿。"

陶澍主动要和胡家订下娃娃亲,将自己五岁的女儿许配给八岁的胡林翼。

十年后,十八岁的胡林翼与十五岁的陶琇姿在桃花江陶氏别墅完婚。

婚后,他师事同里蔡用锡前辈。他教书"务为有用之学,不专重文艺,而于兵略、吏治尤所究心"。胡林翼"师事两年,涵濡渐渍,服膺终身"。

陶澍是促成嘉道年间经世之学重新活跃的代表人物,在中国首倡商品经济,办事干达,政声极佳,此时已是大清王朝的封疆大吏,实权派,自然会福泽快婿。

胡林翼偕夫人送岳母贺夫人去南京陶澍两江总督任所,留居节署一年,深受熏染,"精神殊为一变"。

这个富家公子,也沾染了不少公子哥习气,出入花柳巷里喝花酒。

道光十六年,胡林翼中进士,进翰林院做编修,常与长沙人周寿昌出入花街柳巷间。某晚,他正与周狎妓某娼家,突遇坊卒夜里巡查,周赶忙躲避进厨房,换了身衣服没被抓住,而胡被抓回去问讯。胡不敢吐露身份,受尽侮辱。等到他被释放出来,遂与周绝交,认为其临难相弃,不够朋友。其后,胡林翼治军招勇,就不喜用长沙籍人。

此事真假难说，载于黄濬《花随人圣庵摭忆》。此书还说，胡林翼寓身陶澍总督署内，在南京纵情山水，并流连忘返于秦淮河畔、钓鱼巷中时，有人密告陶澍，不料陶说："润之之才，他日勤劳将十倍于我，后此将无暇行乐，此时姑纵之。"

此事，《湘军人物年谱·胡林翼年谱》也有记述："常恣意声伎，夫人以告乃父。澍从容告女曰：'此子功名盖世，劳苦到头，亦应让其尽兴三两年，过此恐终身无憩息矣。'一日，澍忽置酒高会，宾僚毕集，首座独虚。众疑贵宾莅止。俄尔林翼入，颇有太原公子褐裘而来之概。澍指以首坐，林翼略不谦顾，昂然入席，众皆愕然。澍素严肃，酒数巡，忽谐语曰：'润之即日离宁，此去其必有遇。人患子婿之不努力，我独望润之莫过努力。'"胡林翼"由是折节读书，一生谨守文毅规戒，而不负期许"。

3

胡林翼先后充会试同考官、江南乡试副考官，历任安顺、镇远、黎平知府及贵东道，咸丰四年迁四川按察使，次年调湖北按察使，升湖北布政使、署巡抚。在武昌咯血死。作品有《胡文忠公遗书》等，岳麓书社出版有五卷本《胡林翼集》。

胡林翼虽英年早逝，但能文善武，懂经济，擅理政，是一个复合型人才，生平推功让能、调和诸将之力甚强。

咸丰六年，胡林翼升湖北巡抚，极力笼络时任湖广总督的满族权贵官文。

当时，总督与管辖的巡抚总是不睦，动辄掐架，暗地互弹。湖南巡抚骆秉章就不买官文的账，故而助长了大秘左宗棠要官文的远房小舅子、二品永州总兵樊燮给自己下跪，不跪就大骂"王八蛋，滚出去"。

左宗棠恃才傲物，但不管怎样樊燮也是和骆秉章平起平坐的大员，他敢对樊总兵侮辱、动粗，无疑是座主骆秉章就不把官文、樊燮放在眼里，借机发挥而已。

胡林翼不同，虽只有半级的差别，却主动向官文低头，请自己的母亲收官文的小老婆做义女。这就是说，胡林翼的干妹妹只能是官文的侍妾。

这不打紧，胡林翼处处对官文让利。久而久之，官文对干舅哥胡林翼无不言听计从，在很大程度上支持了湘军，为平定太平天国奠定了良好基础。

《清史稿》载："林翼威望日起，官文自知不及，思假以为重，林翼益推诚相结纳，于是吏治、财政、军事悉听林翼主持，官文画诺而已。不数年，足食足兵，东南大局，隐然以湖北为之枢。"

曾国藩说："林翼坚持之力，调和诸将之功，综核之才，皆臣所不逮，而尤服其进德之猛。"

4

至于胡林翼为何主动对材质平平的官文示弱卑躬，无疑是一种官场求生之道。

可以说，是胡林翼这一颗主动示弱的棋子，舞活了湘军这一盘棋。

当时，朝廷虽然利用湘军对抗太平军，但也在湘军周边布局满人监控，官文就是西线一把很有力量的督战利刃。

好在曾国藩等人清醒，没有在攻陷天京之后再战满人，成就了湘军大佬在晚清政坛的权柄赫赫。

胡林翼早逝，未能享有位极人臣的殊荣。但其才行品望，却在时人看来，远在曾国藩、左宗棠之上。

与胡、曾同时代的人，做过山西道监察御史的李慈铭说胡林翼："老谋深识，烛照不遗，固中兴第一流人。"

清末史家沈卓然认为胡应位列同治中兴功首，指出："世徒知曾、左之贤，而不知胡文忠固在曾、左之前。盖胡公之学与才，实无逊于曾、左；而于政治、文章、经济、军事，固无所不学，无所不致其用也。更考其生平，不独坐镇武昌，坚守不摇，以扼形势之要；且于课厘馈饷，擘画尽善，遂使当时诸军无饥馁之扰，克奏中兴之业。由此而论，允推功首。即其察吏安民，兴利除弊诸政，亦皆大端，足为后世之法式。"

胡林翼虽先于大他一岁的曾国藩成为封疆大吏，但此后运气不佳，常受他人牵累，宦途不顺。曾国藩后来所任的两江总督一职，本来是咸丰帝准备授给胡林翼的，肃顺提议："胡林翼在湖北措注尽善，未可挪动，不如用曾国藩督两江，则上下游俱得人矣"，咸丰帝称善，遂如其议。（薛福成《庸庵笔记》卷一）

幕僚画图说曾国藩忘恩负义

1

咸丰四年（1854年）春，在老家湘乡守孝的曾国藩，奉旨夺情到长沙操办团练。练了几个月，曾大人求功心切，亲自督率湘军水师，与太平军战于湘江铜官渚。

为打好此战，曾国藩是摩拳擦掌，鼓足了干劲。他虽然做过几届副部长，但也是坐了十年冷板凳。

这是曾国藩的人生首战，他还没真刀真枪地跟人家干过。虽然他在京城做过兵部副部长，但也是文官挂职。

朝廷也等着曾大人的好消息。

敌军人数并不多，千把人，或是几百人。

但谁料想，此战，与曾国藩对阵的是太平天国的名将石祥祯。

这是个高手。不，这是个超高手。

人家石祥祯是太平军的智囊和战神石达开的哥哥，也很有本事。

打虎亲兄弟。祥祯骁雄绝伦，冲锋陷阵，无坚不摧，众钦其勇，号为"铁公鸡"。

曾国藩苦心经营的几道防线，都被石祥祯接连攻破。

曾国藩万分羞怒，万念俱灰，双眼一闭，双腿一蹬，跳入了滚滚湘江。

这是曾国藩铁血征程上的第一次跳水，这个大山里来的书生是个旱鸭子。（跳水是不是曾国藩的障眼法，不得而知，后来他在湖口又一次故伎重演。）

此时，湘江上依旧战火未歇，目睹曾国藩跳水的人不多。幕客章寿麟奋不顾身，立时纵身入水，将曾国藩拖了上来。

一心求死的曾国藩想再度跳江自杀，章寿麟将其死死抱住，并不断做劝慰工作，使曾国藩恢复了继续战斗的勇气。

初战失利获救，让晚清中兴名臣团队的领袖曾国藩，锻炼了一回"屡败屡战"的心智与韧性。

如果没有当日章寿麟的奋身一跃，不知稍后之城中，竟是谁家之天下？更莫说太平天国覆灭，曾氏封侯拜相，总督两江，亦带领湘军文武在晚清政坛加官晋爵。

后续历史证明，章寿麟的奋身一跳，不仅救起了曾国藩，也挽救了内忧外患、风雨飘摇中的大清王朝。

虽然后来曾国藩处理天津教案遭人诟病，但他还是官至武英殿大学士，爵封一等毅勇侯，常年总督中国最富庶的两江和最有权势的直隶。这还不打紧，曾国藩领着湘军老兄弟和晚清四大名臣团队，硬是将残朽的大清朝延续了不少寿命。

章先生功在曾侯，功在大清。因而，老同事李元度称章先生"援一人而援天下"。

但是，救命恩人章寿麟，却在后来的日子里，始终未得曾中堂过多的好处和照顾，一直"沉沦牧令"，当过几任县令，最高也就一个不大不小的知州，屡失肥缺。

2

曾国藩死后，光绪三年（1876年），章寿麟宦意销蚀，告老还湘，经洞庭，入湘江，途经"手援"旧主的故地铜官渚，触绪纷来，不能自已，遂画了一幅《铜官感旧图》，写了一篇自记，半述旧事，半发牢骚：

二十二年前，我拼了命地救了你，让你有命飞黄腾达，连老婆都封了一品诰命。而我，你的救命恩人，为你车前马后，为你出谋划策，忙里忙外，到头来顶多混了个小小的四品官。当年和我一样跟着你打江山的，不是总督便是巡抚，不是中堂也是大将。

你曾国藩就是死了，也得了大清朝给文臣的最高级谥号："文正"。

你公正吗？

我现在回家，也是告老还乡，家里的小孩子还要问我老家伙从哪里来。

这哪是衣锦还乡。这只是残体归根。

老天何其不公！湘江何其不公！故主何其不公！

湖湘士子，立身于世，首推功业。章寿麟本有愿成就一番事业，封妻荫子，而结局不遂所愿，曾国藩未能"有其义之至当焉，并以念后之君子"。

你不仁，莫管我不义。你非君子，我便是小人。

章寿麟衡量得失，郁积愤懑，哀命运不济，叹造化弄人，创作图文，传至朋僚故旧，得左宗棠作序、李元度撰文、王闿运题诗，各有玩味。

3

湘军集团相关人物深有感触，又有后世名贤追随前人，或序或跋，或记或歌，或赞或诗，对当年曾氏战败欲自杀的情况多有叙述，各有感怀与臧否。

同是曾氏幕僚出身，且为曾氏投水的见证人，大家都有话说。

李元度称"价人虽不自以为功，天下后世必有知价人者"，貌似高扬章氏风范脱俗，其实是一味挖苦、嘲讽其自以为是"援一人以援天下，功在大局不浅"。

陈士杰对章氏坎坷不遇，艰难困顿，稍具同情，也不忘对他欲使天下后世知晓其戡乱大功，潜在齿冷。

左宗棠与曾国藩行事格格不入，常有微词，但对其为人操守、处事原则多有崇敬。他对章氏有援手之功却仕途平淡，不无悲悯情怀，然对其矜夸伟功、归隐大怨甚是不屑。

曾氏之所以能襄赞中兴盛举，关键在于道德文章之余，极具经世致用的激情与壮怀。其早将生死忘乎战场，是历史之必然、人力之勤勉，章氏有些言过其实罢了。

睿智的左宗棠，"身无半亩，心忧天下；读破万卷，神交古人"，在政治上是强硬人物，且主张外交和军事同时进行，先之以议论，决之以战阵。

他曾看不起曾国藩，不时地自立门户，但在曾氏死后，莫由追悔："谋国之忠，知人之明，自愧不如元辅；同心若金，攻错若石，相期无负平生。"

深受维新思想影响的侯昌铭，写道"喜见凌烟竞策勋，画图谁识故参军"，曾倡导尊孔读经的饶智元感慨："南征宾客多貂尾，回首山丘总泪垂……"

外围人士也来凑热闹。

俞樾、张謇、徐世昌、蔡元培等虽未见过这个居功至伟的章先生，但曾大人名声如雷贯耳，于是纷纷抒发不同感想、各自看法。

再后来，吴纬炳、袁克文、严复、章士钊，也曾写诗著文，评判章寿麟的是非荣辱。

笔墨官司，煞是有趣，不为情仇，却为情伤。

又是不料想，章寿麟精心绘制的《铜官感旧图》——曾国藩跳水获救图——后来佚失。

好在，章氏二子章华、章同做过翰林学士，曾邀名流林纾等人补绘，续请名流题款作记，辑成《铜官感旧图题咏册》。内有感旧图七幅，两百余篇诗文手迹，分为八册，于宣统二年（1910年）石印刊行，后有1969年台湾文海出版社影印出版，再不曾有其他版本问世。

面对流荡恩怨之情、酸辛之气的图画与文字，很多人不无感伤和苍凉。先后题者二百余人，皆借铜官旧事发挥，或感叹世事弄人，或评判历史功过。

曾文正公统率湘军，不少乡党、同年、师友、门生、兄弟，甚至许多幕僚，如著名的李鸿章、彭玉麟、郭嵩焘、左宗棠、刘蓉、罗泽南、李元度、丁日昌，也风雨同行，加官进爵。

满人塔齐布、川将鲍超，也因跟对了人，建功立业。

曾氏"三立"而成一代"完人"，缘何对救命恩公章寿麟始终未予恰当的回报？

是其怕将章氏推举后，章氏将当年靖港壮举，居高台广而告之，还是其看准了章氏仅有"牧令"才干，量能任人，适得其位？

同样共过事的王闿运，曾对章寿麟善言相劝，"凭君莫话艰难事，侥得侥失皆天意"，且直言曾氏兵败，乃听信章氏舅父彭嘉玉计策突袭靖港，有遗恨寿麟的嫌疑。

曾国藩或真忌恨章寿麟。但有一点，章氏格局不大，因故主未给大大的好处，不能助其扶摇直上，就回以揭短，自嗟沦落，可怜余生。

此等书生气短，难同英雄知己。

屡败屡战的曾国藩输给了一次教案外交

1

道光十五年（1835年），曾国藩会试未中，次年恩科会试再次落第，但他仍不服输，在道光十八年，第三次参加会试，终于中试，殿试位列三甲第四十二名，赐同进士出身。朝考，曾国藩列一等第三名，被道光帝亲拔为第二，选为翰林院庶吉士，后升为检讨。

曾国藩入翰林院后，正式成为掌院学士、首席军机大臣、文华殿大学士穆彰阿的门生。穆彰阿最初也是遇到了道光皇帝最亲信的巧官曹振镛，从做翰林院庶吉士、检讨干起，一路升迁，担任军机大臣二十余年，善于揣摩上意，深受宠信，权倾内外。

穆彰阿执政乏术，但弄权有方，多番提点曾国藩，使之十年间累迁内阁学士、礼部侍郎，署兵、工、刑、吏部。

虽说穆彰阿对皇帝的治绩出力甚少，被咸丰帝骂过："穆彰阿身任大学士，受累朝知遇之恩，保位贪荣，妨贤病国。小忠小信，阴柔以售其奸；伪学伪才，揣摩以逢主意。从前夷务之兴，倾排异己，深堪痛恨！"但他给清廷举荐和培育了曾国藩这个中兴奇才，可谓是一件最大的功绩，不负道光帝特下诏夸奖他有识人之明、荐才之功。

穆彰阿这个著名的权臣，对其他有能力的干臣，不是排挤，就是谗杀，杀人无痕，还得褒奖。林则徐就是得其所致，横遭诬陷，惨遭流放。但其待曾国藩如亲生儿子，循循善诱，让曾国藩醍醐灌顶、茅塞顿开，感动得泪眼婆娑，当即表忠心，将永不忘恩师大恩大德，立志做一个对国家有用之人。

穆彰阿对曾国藩的悉心提携，类似曹振镛当年培育穆彰阿一样，也是想弄一个巧官体系接班人。故而，曾国藩在帝都十年七迁，连跃十级，混到了二品大员，甚至多次在实权衙门当值，却一直是碌碌无为，有许多闲暇与人谈道论学。尤其到了咸丰朝，新皇帝厌恶穆彰阿，因而对穆彰阿的得意门生也没有什么好感。

2

咸丰元年，洪秀全、杨秀清等人在广西金田村起事。

二年，曾国藩因母丧回老家丁忧，响应朝廷号召在湘组织团练。第三年八月，曾国藩才获准在衡州招兵买马，打刀买枪，严肃军纪，组建湘勇。

书生治兵，难免失利。

曾国藩首战长沙铜官渚，遇到太平军悍将、石达开的哥哥石祥祯，结果一对阵败局已定，曾国藩羞愧得连番跳水。

后来在湖口，当四十四岁的曾国藩遇到二十四岁的石达开，也是一败涂地，跳水被救。石家兄弟是曾大帅的克星，也是他"屡败屡战"的试金石。

曾国藩"长于策略，短于指挥"，但他处理得很好，连续给不信任他的皇帝上了两份奏折：一份是《内河水师三获胜仗折》，一份是《水师三胜两挫外江老营被袭文案全失自请严处折》，改"屡战屡败"为"屡败屡战"，无疑是一种军事战略上的完胜之道。

经过十二年铁血征战，曾国藩攻破天京，成为这场旷日持久战争的最大胜利者，成为晚清"四大中兴名臣"之首。他尽其所能和李鸿章、左宗棠、张之洞等为日益衰朽的大清延续了数十年寿命。

咸丰始终对曾国藩有戒心，到了他驾崩的那一年才给曾国藩一个较为匹配的权力和身份：奉旨督办四省（苏、皖、浙、赣）军务，其巡抚、提镇以下悉归节制。直至同治年间，遇到慈禧掌权，曾国藩也算是真正受到了重用，官至太子太保、两江总督、直隶总督、武英殿大学士，封一等毅勇侯。

曾国藩死后，朝廷闻讯，辍朝三日，追赠太傅，谥以最高等级的"文正"，祀京师昭忠、贤良祠。他的儿子曾纪泽、孙子曾广銮也先后承袭了一等毅勇侯爵位。

3

但天津教案的处理，却成了曾国藩政治荣耀史上的一个败笔。

1860年，英法联军侵占天津时，法国侵略者将作为英法联军议约总部的望海楼行宫强占为领事馆。

1862年，法国传教士在与望海楼隔河相望的天津城东关小洋货街建造仁慈堂一所，专门收养中国孤儿。

1869年，法国人又在望海楼旁强占土地建造望海楼教堂。不久，法国驻津领事丰大业又拆毁了望海楼行宫，盖起了法国领事馆。

1870年夏，仁慈堂疫病流行，数十婴孩相继染病死亡。教会便将几具尸体装入一个洋货箱中于夜间埋于坟地，不料却被野狗扒出，"死人皆由内先腐，此独由外先腐，胸腹皆烂，肠肚外露"。人们又挖出不少货箱，均一棺数尸，胸腹皆烂，肠肚外露。

与此同时，天津不断发生有人用药迷拐幼孩事件，乡民拿获用药迷拐幼童之匪犯三人，其中一人为法国天主堂教徒，被天主堂经三口通商大臣崇厚要去。民众愤怒，怀疑教堂虐杀儿童，"挖眼剖心"，且与迷拐儿童有关。

同月十八日，民众又抓获迷拐儿童的案犯武兰珍，其供认系受教堂门丁王三指使，"令其出外迷拐男女。前在穆庄子拐得行路一人，曾得洋银五元"。

消息传开，民情汹涌，士绅集会，书院停课，反洋教情绪高涨，全城笼罩在仇教的激愤之中。

六月二十一日，天津数千名群众聚集在教堂前面。法国领事丰大业认为官方没有认真弹压，持枪在街上碰到天津知县刘杰发生争执，开枪射击，当场杀死刘杰随从一人。

民众激愤，先杀死了丰大业及其秘书，之后又杀死了十名修女、两名神父、两名法国领事馆人员、两名法国侨民、三名俄国侨民和三十多名中国信徒，焚毁了法国领事馆、望海楼天主堂及当地英美传教士开办的四座基督教堂。

教案发生后，中外震惊。英、美、法、德、俄、比、西七国驻京公使联合向总理衙门提出抗议，要求惩办教案人犯，随即调派军舰到天津海口和烟台进行武力恫吓。

二十三日，清政府急派两年前由两江总督改任直隶总督的曾国藩前往查办。当时，曾国藩正在休病假，尚未痊愈。临行前，"阻者、劝者、上言者、条陈者纷起沓进"，多数主张不可前往，幕僚史念祖认为赴天津办案"略一失足，千古无底"。

曾国藩涉足政治多年，对其中的利害关系不会不知。然而他并没有犹豫，一方面在于朝廷倚重，职责所在；另一方面他也希望通过自己的努力使事态以最稳妥的方式得到解决。

赴津前，他给两个儿子留下了带有遗嘱性质的书信："余此行反复筹思，殊无良策。余自咸丰三年募勇以来，即自誓效命疆场，今老年病躯，危难之际，断不肯吝于一死，以自负其初心。"

曾国藩到天津后，知道此案曲在洋人。丰大业率先寻衅，数次开枪，激起众怒，理应持平办理。然他深知外国强盛如故，而中国遭遇了两次鸦片战争均以失败割地赔款而告终，又经历了太平天国、捻军十多年内乱，兵力和财力损耗巨大。津案又涉及法、英、美、俄、比利时和意大利等多个列强，"万一牵动各国同时推波助澜"，"中国此时之力何能遽与开衅"？他权衡再三，终于决定"不欲以百姓一朝之忿，启国家无穷之祸"，遂奏明"立意不开兵端"。

于是，曾国藩发布告示《谕天津士民》，对天津人民多方指责，诫其勿再起事端，随后释放犯法教民和涉案拐犯，引起天津绅民的不满。至于结案之法，"终不外诛凶手以雪其冤，赔巨款以餍其欲"。

七月十七日，法国驻华公使罗淑亚抵达天津，与曾国藩会晤。在厚葬死者、重修教堂、追究地方官责任的要求面前，他均无异议。但他强调，在确认凶手方面，该案有其特殊性，"常例群殴毙命，以最后下手伤重者当其重罪。此案则当时群忿齐发，聚若云屯，去如鸟散，断不能判其孰先孰后，孰致命，孰不致命……"

于是，曾国藩说，"拟一命抵一命"，既然洋人被殴毙命二十人，那么，中国官府也处决二十名案犯好了。最后，商议决定最后处死为首杀人者二十人，充军流放二十五人，并将法方要求处死的天津知府张光藻、知县刘杰革职充军发配到黑龙江"效力赎罪"，赔偿外国人的损失四十六万两银。

清廷决定，由三口通商大臣、代理直隶总督崇厚为专使，率使团至法国道歉，以示与法国"实心交好"。

当时正遇普法战争爆发，法国无暇东顾。法国第三共和国首任总统梯也尔接见崇厚，崇厚把同治帝的道歉书呈递，并希望法国对中方惩凶与赔款感到满意，梯也尔回答："法国所要的，并非（中国人的）头颅，而是秩序的维持与条约的信守。"

对这个交涉结果，朝廷人士及民众舆论均甚为不满，全国舆论大哗，"自京师及各省皆斥为谬论，坚不肯信"，"诟詈之声大作，卖国贼之徽号竟加于国藩。京师湖南同乡尤引为乡人之大耻"。京师湖广会馆因此将原来引为湘人骄傲的曾国藩匾额拔除烧毁。

朝廷让李鸿章接替曾国藩。交接当年，曾问李："你与洋人交涉，准备怎么办？"李答："我想与洋人交涉，不管什么只同他打痞子腔。"

李鸿章最后判决将原来二十名死刑改为十六名死刑、四名缓刑，其余不变。

曾国藩被痛骂，"外惭清议，内疚神明"，一年后郁郁而终。

当代湘籍外交家袁南生在一次谈论湖湘文化里的外交人物时说道："曾在近代外交史上，是洋务外交的首家、道义外交的名家、军事外交的大家，当然，也是教案外交的输家。"

赵烈文为何不劝曾国藩称帝？

1

在《能静居日记》同治六年六月二十日中，有这么一段话：

"初鼓后，涤师来畅谭，言得京中来人所说，云都门气象甚恶，明火执仗之案时出，而市肆乞丐成群，甚至妇女亦裸身无裤。民穷财尽，恐有异变，奈何？余云：'天下治安，一统久矣，势必驯至分剖。然主威素重，风气未开，若非抽心一烂，则土崩瓦解之局不成。以烈度之，异日之祸，必先根本颠仆，而后方州无主，人自为政，殆不出五十年矣。'"

先看此具体时间，即公元1867年7月21日晚，距清朝1911年2月12日覆灭，不到四十四年。

惊天之语，出自赵烈文之口，是他跟座主、时任两江总督曾国藩说的。

曾国藩不愧是晚清四大中兴名臣之首，还是不希望清朝灭亡，问："当南迁乎？"

赵烈文直接说：直接完蛋，东晋、南宋就是榜样！

曾中堂是深信不疑赵秘书的。他只能说"日夜望死"，还是不想看到清朝灭亡。

曾国藩没有看到清亡，赵烈文也没有看到。但是，历史应验了赵氏天才般的语言。

2

赵烈文是曾国藩半路上收的幕僚。

咸丰五年底，曾国藩坐困南昌，走了不少幕僚，周腾虎极力向曾推荐居家的小舅子赵烈文。

曾国藩下聘金百两，修书一封请赵。赵烈文欣然上路，十二月到南康大营。

曾国藩初见赵烈文，觉得书生意气，需要多磨炼。第二年正月，曾大帅命赵烈文参观驻扎樟树镇的湘军水陆各营。

哪知，赵烈文看后，来了一句："陆军营制甚懈，军气已老，恐不足恃。"

曾国藩闻言很不高兴，认为赵说大话。赵是高干子弟，父亲做过湖北按察使，但他连考个乡试都是三次不中。曾国藩高薪聘请赵烈文，也完全是看在周腾虎的面子上。

周通晓古今史事，工诗文，受曾国藩赏识，荐腾虎与左宗棠进京面圣，临行丧母而失去良机，上书《两淮盐说》被采用，御史宗稷之有"海内贤才，以腾虎与左宗棠齐称"之赞语。

赵烈文是何等的聪明，感到曾国藩并非虚心纳谏，遂以母亲有病为理由，向曾辞行。

曾国藩虚情假意了一番，自然放行。正当赵烈文将行之际，曾国藩收到周凤山部湘军在樟树吃了败仗的消息。

曾国藩要赵烈文说出如何看出周军不可恃。这时，赵变聪明了，只以不幸言中搪塞过去。

曾氏还是识才，知道赵烈文不比周腾虎差，于是盛情挽留，虚怀请教。

时间一长，赵在曾的大营里越来越受器重，倚为心腹，让他参赞军务。最后到与曾无话不谈，有时一日几次。

赵烈文既敢私下里同曾国藩谈论清朝必亡，说皇帝、慈禧太后、恭亲王等人坏话，并将这些谈话内容无所顾忌地写进日记，足见他和曾国藩的关系之亲近程度，同时也可以从曾国藩对赵氏放言的默认中看到曾国藩对朝廷还是有些不满意。

3

虽然慈禧给了汉臣曾国藩至高无上的官爵，但曾国藩也明白那是利用，利用他杀戮太平军和捻军时也对自己进行了武力设防。

荆州将军、湖广总督官文镇守武昌，拥重兵据长江上游，不谙政事，被曾国藩批评"才具平庸"，但朝廷对他不断加官晋爵，加文渊阁大学士、太子太保。就连能干的湖北巡抚胡林翼，也不得不认其小妾做干妹妹。

江宁将军富明阿坐镇扬州，据长江下游。这个富明阿，本姓袁，是明末名将袁崇焕的六世孙，编入汉军正白旗。他是清廷的死忠分子，赴江宁前掌神机营，回京后仍受命负责神机营。

博多勒噶台亲王僧格林沁是清廷倚重的大将，所率大清精锐屯兵皖、鄂之交，节制调遣直、鲁、豫、鄂、皖五省兵马，虎视金陵。

同时，曾国藩对掌管淮军集团的门生李鸿章虚与委蛇，也是清醒的。李鸿章要以曾国藩当大旗时就口称恩师如何如何，但曾国藩要想调度淮军，必须有李大帅在场。

因为慈禧对李鸿章也下足了本钱，虽然官职只是个巡抚之类，但极受重用。曾国藩死后，李鸿章急剧升温，官至直隶总督兼北洋通商大臣，授文华殿大学士。后来李鸿章也投桃报李，凡丧权辱国的卖国条约签订，只要慈禧授命，李中堂当仁不让。

曾国藩洞察入微，即便攻陷安庆之后，人才最多，兵力最强，势力范围最广，足以控制长江中上游，与清朝、太平天国形成三足鼎立之势，成为最后胜算最大的一方，但他没有轻举妄动。

赵烈文清楚，曾国藩虽然握有重兵，但能够直接指挥的军队只有十二万人左右，而真正的嫡系只有曾国荃的五万人。

曾国荃的五万湘军，攻占金陵后，也是腐败丛生、骄纵难驯。更何况，曾国藩也会考虑，一旦称帝，在他身后不但有滚滚骂名，而且自己的子嗣也未必是强悍的九弟曾国荃的对手。

清史大家萧一山在《清代通史》中，曾专门写道"曾国藩不做皇帝"，引用不少笔记小说材料，说胡林翼、左宗棠、彭玉麟、郭嵩焘、李元度以及热衷帝王术的王闿运等，都试探过曾国藩对"鼎之轻重，似可问焉""王侯无种，帝王有真"及"东南半壁无主，老师岂有意乎"的反应。

曾国藩装聋作哑，而查其大秘赵烈文的《能静居日记》，却始终不见赵氏劝进和曾氏有意的文字。

4

当然，赵烈文也摸透了曾国藩战天京狂喜之后的鸡肋心理。

在曾国藩攻破天京，成为这场持久战争的最大胜利者后，王闿运出场了，向座主兜售帝王术，希望他改回汉人的天下。

曾国藩犹豫过，但还是拒绝了。

他不是不想当皇帝，只是有三大隐情制止了他：

一、他所接受的儒家思想影响至深，他怕为了一时的痛快，招来后世的非议。至于因此老百姓再为权力之争付出血腥的代价，那也是他的忠奸论所考虑的。

他是一个做事严谨的人，赢得了洪杨一役，但儒家忠君礼教观念深层次地制约着他只能做一个学者型大臣。即便他信任的赵烈文预言清朝覆灭将不出五十年，曾国藩也还是带着黄粱美梦而不敢越雷池一步。

二、他怕手下的这帮兄弟再造他的反，当然他也会想到他文弱的儿子们难保将来不被他强势的九弟曾国荃杀掉取而代之。

曾国荃小曾国藩十三岁，跟着哥哥曾国藩一路杀过来，是湘军陆师最重要的将领，因善于挖壕围城而有"曾铁桶"之称。他因绞杀太平军有功，被咸丰帝封为"伟勇巴图鲁"和一品顶戴，而此时的曾国藩还是以二品兵部侍郎衔领导湘军。同治三年七月，湘军破太平天国的天京（南京），对无辜平民展开屠杀与抢掠，平民死伤无数，南京人称曾国藩、曾国荃兄弟，哥哥为"曾剃头"，弟弟是"曾屠户"。这一点，曾国藩也是不无顾忌的。

曾国藩是名义上的湘军共主。然而，不论其有多大的铸造完美人生的决心和魅力，内部也不时地出现矛盾、哗变和分裂，形成诸多派系。刚烈的王鑫不仅拒绝曾氏欲收作弟子的美意，又遭排斥带老湘营脱离单独作战，英年早逝后，余部又被左宗棠编练为新楚军。刘长佑统率的江忠源旧部，不断增益，辗转作战，基本上不受曾氏节制。胡林翼打造的鄂军，脱胎于黔军，虽借鉴过罗泽南的湘军营制，但主要活动在湖北，也相对独立在曾氏军权体系之外。

李鸿章以曾国藩弟子自许，但在自立门户后，对恩师并非绝对恭顺。左宗棠虽也劝过曾国藩自立，但他与曾国藩行事格格不入，常有微词。睿智的左宗棠，"身无半亩，心忧天下；读破万卷，神交古人"，在政治上是强硬人物，且主张外交和军事同时进行，先之以议论，决之以战阵。

曾国藩顾虑与清廷一战没有胜券在握，清廷对他一直在设防，也担心这个受咸丰贬黜、险些被砍头的汉人拥兵自重。

咸丰四年，曾国藩在铜官渚水战中被太平军击败，七月二十五日，重整水陆各军后，出师攻陷岳州。十月十四日取武昌。咸丰帝大喜过望，令曾国藩署理湖北巡抚。然而，曾经在咸丰那次要治曾罪中为他苦苦求情的大学士祁寯藻进言，称"曾国藩以侍郎在籍，犹匹夫耳，匹夫居闾里，一呼，蹶起从之者万余人，恐非国家福也"。咸丰帝收回成命，仅赏曾国藩兵部侍郎头衔。其实，这顶帽子早在道光二十九年曾国藩就戴过。

李鸿章为曾国藩捉刀"天下第一折"?

1

清史研究名家叶曙明在其新书《书生的事业：李鸿章大传》中，有三句话是关于李鸿章是否为曾国藩捉刀著名的《参翁同书片》的：

一、有不少史家认为，同治元年（1862年）轰动朝野的《参翁同书片》，就是李鸿章离开曾国藩幕府前的最后一篇杰作。

二、曾国藩考虑到翁家的权势，这份劾章该如何落墨，大费脑筋。最后的五百余字定稿，据说是李鸿章执笔的。

三、这一劾章被曾国藩称为"天下第一折"，到底是不是李鸿章手笔，因曾、李、翁三人，均效法金人之缄，只能姑存一说待考。

一道参折，为何被曾国藩所谓为"天下第一折"？

按理，当时的曾国藩，已是两江总督、协办大学士，督办苏、皖、浙、赣四省军务，任命书上白纸黑字地写着有权节制巡抚、提督，故而参一个早不想干了的安徽前巡抚翁同书，是没有什么了不起的。

但在其心里，撼太平天国容易，撼翁家难！

从标示的时间为"同治元年正月初十日"来看，是在慈禧发动辛酉政变不久，慈禧刚刚联合议政王、恭亲王奕䜣扳倒了曾国藩的好友肃顺等咸丰的八大顾命大臣。

翁同书的父亲翁心存那时正是慈禧跟前的重臣。他是咸丰和奕䜣以及新君同治的上书房总师傅，曾官拜多个要害部门的尚书兼体仁阁大学士，虽曾被肃顺参倒，但此前不久偕百官迎驾回京有功，被慈禧请出山以大学士管理工部。

翁同书虽不怎样，但他背后的大神翁心存还是握有实权的翁中堂。他不但是首席帝师，而且权倾朝野，你曾国藩要参翁同书忠奸不辨、误用歹人、措置失当、贪生怕死、连失两城的罪状，也得掂量自己的分量。

但是，曾国藩主意已定，继续参，而且指向明确，来个死谏："军兴以来，督抚失守逃遁者皆获重谴，翁同书于定远、寿州两次失守，又酿成苗逆之祸，岂宜逍遥法外？应请旨即将翁同书革职拿问，敕下王大臣九卿会同刑部议罪，以肃军纪而昭炯戒。臣职分所在，例应纠参，不敢因翁同书之门第鼎盛瞻顾迁就！"

此折一上，逼得朝廷两难，既要照顾翁家两朝帝师脸面，又得顾忌曾氏用兵征战在外，故不情愿地依大清律将翁同书判"拟斩监候"。

翁同书没被砍头，实判流放西北，三年后病死。

翁心存亦急病死。

锋利的刀笔，让朝廷不得不接受！

2

曾国藩发动幕中秘书们各写一份奏折。

不少史家写书，包括雷颐在《李鸿章与晚清四十年》中，都说在曾幕主持机要的李鸿章出手不凡。

区区六百字，笔笔刀刃，架当今于大义，置翁同书于不覆。

曾国藩也称赞，少荃天资，于公牍最相近，所拟奏咨函批，皆有大过人处。将来建树非凡，或竟青出于蓝，亦未可知。

少荃即李鸿章，因此更受同年父曾国藩（李鸿章的父亲李文安与曾国藩是同榜进士，故称同年）的器重和推荐，扶摇直上，一直做到直隶总督兼北洋大臣、文华殿大学士，成为慈禧专政后期倚重的爱臣，多次临危受命，为慈禧出面签订了不少卖国条约。

李鸿章也不时对外宣称"我的恩师曾文正"，曾国藩这张牌子，也给李中堂带来了不少好处。

如此看来，李鸿章也蛮懂尊师重道的。

但是，他在抱紧曾国藩的大腿击倒翁心存时，却犯了一次欺师灭祖的致命错误。

道光二十七年，李鸿章在北京参加会试，主考官是大学士潘世恩，副主考官为户部尚书杜受田、内阁学士朱凤标、吏部侍郎福济。

李鸿章的房师为翰林学士孙锵鸣。

有一句著名的话说"天下翰林皆后辈，朝中宰相两门生"，"宰相两考生"

指的就是晚清重臣李鸿章、沈葆桢，而他们的房师是孙锵鸣。孙当年充会试同考官，李、沈都在孙锵鸣手下考取进士及第。

孙锵鸣的座师为翁心存，故翁心存是李鸿章的太师傅。

不仅如此，李鸿章考取进士，进入翰林院做编修，就得力太师傅翁心存的关照和影响，翁心存对李鸿章后来组建淮军迅速崛起于江苏，也予以极大的支持。

这个关系，在李鸿章攻击翁家门生遍布朝野时，不会不清楚！

所以说，李鸿章真的捉刀《参翁同书片》，难道就不怕外人指责他抱着曾老师的大腿，就敢对翁师公搞一回欺师灭祖？

这种欺师灭祖行为，是让人不齿的，必然给言官及清流们攻击的口实，口水也会将李鸿章淹死。此事，不见于史料的记载。

3

曾国藩《参翁同书片》，是同治元年正月初十日上的。

这个时间段，李鸿章已出走，另立门户。

当时，李鸿章组成了淮勇铭字（刘铭传）、鼎字（潘鼎新）、树字（张树声）、庆字（吴长庆）四营。

同治元年（1862年）正月初七，曾国藩收到朝廷寄谕：现在贼势趋重镇江，而金陵苏常各匪复图窜扰江北，李鸿章所统水陆各军六七千人，如能早行赶到，不独镇城可资保卫，亦可壮江北声势。正月二十四日，四营都到了安庆报到，驻扎在北城门外营地。

这就是说，在"同治元年正月初十日"之时，李鸿章的淮军已组建完毕，而且有了一定的战斗力，即说曾国藩上《参翁同书片》时，李鸿章早已离开了曾国藩，独立门户，就不可能再在曾幕中捉刀代写。

若参片真是李鸿章所为，但从正月初十到二十四日，短短十四天时间，李鸿章能如此神速地从曾国藩幕中转为组建淮军已成规模的淮军老大吗？

李鸿章以年家子的身份，在曾幕为机要秘书，虽被重视，却不被重用。胡林翼多次向曾国藩举荐李鸿章"知兵任战"，但涤帅不以为然，不想让他走，反而奏请李鸿章继续留营办差，不给实缺。

咸丰五年，李元度以新招的三千平江勇，不敌太平军李侍贤一万大军，兵力悬殊，徽州失守。曾国藩大怒，为掩饰"筹划未密"之过错，具奏弹劾故旧李元度不听号令。李鸿章出面，晓之以理，动之以情。

曾国藩不为所动。于是，咸丰十年（1860年）十月间，李鸿章遂愤而辞出湘军大营，投奔江西兄长李瀚章处去了。当时，李瀚章为江西吉南赣宁道道台，襄办江西团练，正好为老弟李鸿章迅速办好淮勇探索了一些路径和方法。

也就是说，咸丰十年十月，李鸿章与曾国藩分道扬镳，那么就不会有同治元年李鸿章还在曾幕为之捉刀《参翁同书片》一说了。

然而翁同书失掉寿州，为咸丰十一年的事情了。

否则，后来李鸿章和翁同龢的激烈争斗，或者就是洋务派与清流派政见不一的较量！

4

这一份著名的《参翁同书片》，被《唐浩明评点曾国藩奏折》评价为"一道不能不接受的参折"，"这是曾氏众多参折中最负盛名的一道"。

此折之所以负盛名，其原因有二：一是被参者为近代中国最有名望的翁氏家族的成员，二是这道参折本身是一篇极好的文章。

第一被告翁同书，未必罪大恶极。

曾国藩以协办大学士总督两江，督办四省军务，总负责进攻太平天国的都城天京。巡抚、提镇以下悉归节制。

曾大帅手握大权，必要立威，决意找丢弃寿州的安徽前巡抚翁同书算旧账。

翁同书曾任贵州学政，咸丰三年奉旨协助琦善办理军务，八年六月授安徽巡抚，帮办满洲亲贵、钦差大臣胜保军务，安徽境各军均归其节制。他上任不久，太平军和捻军联手，再次攻陷庐州，占领两淮。翁同书移军定远，太平军和捻军自天长犯三河集，翁率军击破之，收复天长。太平军和捻军不甘心，继续侵扰定远，同书督兵再次击溃。

曾氏胞弟国华，就是于三河镇"力战，死之"，"骸未收"。

湘军大败，成就了太平军的"三河大捷"。

第二年，捻军大举围攻，陷六安，攻定远。翁同书与胜保两军夹击，大破之，复六安。捻军再次联合太平军，以数万之众来犯，定远沦陷。

翁同书被革职留任，移军寿州。

英法联军犯京师，胜保请召苗沛霖练勇入援，命翁同书传旨。苗沛霖虚与委蛇，不肯北上。翁同书请示，辞去巡抚一职，率之同行。朝廷不允。

在寿州，翁同书也是无钱无兵无将的光杆司令，而胜保一会儿要招抚捻军主将孙葵心，一会儿又起用手握重兵、跋扈反复的苗沛霖。

翁同书只好求助于寿州团练头领徐立壮、孙家泰，而徐、孙与苗早有私怨。

太平军和捻军在英王陈玉成的指挥下，猛攻寿州。而苗与捻军阴谋联手，攻打寿州。

寿州危急！翁同书全力抵御，同时与苗达成协议：翁向朝廷请奏宽免苗围城之罪和杀了苗的仇人徐立壮后，苗撤围。等翁请来赦免令和献上徐的首级后，苗抗不听命，拒不撤围，围攻益急，纵兵四扰，逼走翁同书。

曾国藩把所有的事情都推到翁同书的身上，未必体察详情，或者明知故打。

胜保举荐的苗沛霖，原是安徽的一个秀才，不甘寂寞，反复无常，追随捻军张乐行造了几年反，后来逃回乡里打出"御捻"的旗号招兵买马，拥兵十万，认识了胜保后投效朝廷，逼走翁同书后，立马起兵反清，成为太平天国的奏王，后诱捕陈玉成献给胜保，旋又带兵造反，最后被清军僧格林沁击败，为部下所杀。

翁同书犯了逃跑主义错误，也犯了委曲求全的错，这是曾国藩追责的主要罪状。但曾国藩哀弟情切，把胜保的举人不当悉数算在翁同书的身上，也是有问题的。

翁同书前后奏折矛盾，也是情势所迫，他也多次向朝廷报告苗沛霖不可靠，但苗毕竟是胜钦差所荐，又拥兵十万，貌似是可以团结的对象，不可轻易拒之门外以资敌。

当然，翁同书确是弃城而走，情非得已但有违国法。更何况曾经屡败的曾国藩，屡战成了征讨太平军和捻军的大元帅。

就是说，曾可以投河，但翁不可以出走。

5

传说李鸿章捉刀而不实的杰作，毕竟让曾国藩"一纸弹章惊九天"，威逼朝廷向翁家开刀。

慈禧不能反驳足以拥兵自重、割据江南的曾国藩，此时正是曾国藩战天京的关键时刻，只能牺牲翁家。

或许慈禧还找翁心存密谋如何如何处理。

翁同书被免职、召回京师，刑部弄了一个"拟大辟"，即要砍头。但一个"拟"字藏了玄机，就如死缓，可能关几年就放了。

翁同书算是幸运，斩监候却赋闲在家，对外曰"父心存病笃，暂释侍汤药"。翁心存死了，朝廷"复命持服百日仍入狱"。

翁同书下狱，应该是有人玩了动作，第二年"改成新疆"。这个流放很快结束，"都兴阿请留甘肃军营效力，以花马池战捷，获贼渠孙义保，赐四品顶戴"。

这些，如果没有最高统治者慈禧的授意，是绝对做不到的。

曾国藩报复翁同书。

李鸿章也为师出头。

曾国藩和李鸿章攻击翁家，看似成功，但慈禧做出的反应却出人意料：

一、1862年，翁心存死后，朝廷优诏赐恤，称其"品端学粹，守正不阿"，赠太保，入祀贤良祠，谥文端。赐其长孙、同书之子曾源进士，曾荣举人，曾纯、曾桂并以原官即用，曾翰赐内阁中书。逾年，《文宗实录》告成，以心存曾充监修总裁，赐祭一坛。朝廷未因曾、李攻击翁同书的靠山树大根粗而有动摇，追责翁父的意思，反而对其嘉勉更多。

二、至于翁曾源，被恩准直接参加殿试，还被钦定为状元。此子据说患有癫痫症，能独占鳌头，未必不是朝廷对革除其父翁同书官职并所谓追责的另一种支持。

三、1865年，翁同书死后，下旨复原官，赠右都御史，谥文勤。曾经的死囚犯在曾国藩攻陷天京后，朝廷给翁同书平反加赠，无疑狠狠地扇了曾、李一个耳光。

四、翁老三同爵不受牵连，不断升迁，1877年死在湖北巡抚兼湖广总督任上。

五、翁老二同龢，在其父死后，被慈禧定为同治帝师，后又任光绪帝师，且兼任户部、刑部、工部尚书，都察院左都御史，长期留守权力中心。虽然曾国藩、李鸿章都挂了大学士,但主要是疆臣,见到翁同龢还得恭恭敬敬称呼"翁师傅"。

就在曾国藩死的那年,翁同龢成了军机大臣,后来又兼总理衙门大臣,直接与李鸿章长期争锋,而李鸿章却一直处在颓势。

翁、李较量,是晚清政敌之争的一大风景。

吴永口述《庚子西狩丛谈》曾有一节,袁世凯报告李鸿章,说李开缺协办大学士,将有翁补上,李的反应是,你告诉他休想!旁人要是开缺,他得了协办,那是不干我事。他想补我的缺,万万不能!

慈禧给李鸿章的答复是,军机大臣翁同龢,以协办大学士兼户部尚书。

这个历史的安排是机缘的巧合,还是慈禧的用心?

或许,曾国藩和李鸿章心里很清楚。

曾国藩一生在追寻圣贤事业,但在打击翁家一事上却不光彩。

"中国维新第一导师"翁师傅

1

翁同龢虽然最后的结局苍凉,落了一个谕旨革职,永不叙用,抑郁而终。但在他五十多年的仕途上,一直节节高升,位居中枢,领袖清流,很是显耀。

翁同龢的名字未列中兴名臣,但却在朝局中举重若轻,深得最高统治者慈禧的赏识和器重。可以说,翁同龢是慈禧最放心的朝廷大佬,非曾国藩、李鸿章甚至奕䜣、奕劻所能及。

他是咸丰六年的状元郎,这是靠真才实学考上来的。

当然，他的出身很好，父亲翁心存是咸丰帝上书房总师傅，担任过工、刑、兵、吏四部"首长"，就职体仁阁大学士，教过咸丰帝和同治帝，以及大名鼎鼎的恭亲王。

翁同龢进入挑剔的慈禧的法眼凭的是真本事。翁家兄弟三人，老大翁同书、老三翁同爵也有能耐，但只能在巡抚、总督任上止步，不能像老二翁同龢那般扶摇直上，在竞争激烈、派系林立的晚清大变局中，占据了极其重要的一席。

他先后入值弘德殿、毓庆宫，成为同治、光绪二朝帝师。

同治和光绪，两宫太后，满朝文武，都是恭恭敬敬、客客气气恭称他"翁师傅！"

本来同治驾崩后，翁师辞职，慈禧不允，让其教小皇帝光绪。

同治死得蹊跷，晚清官员李慈铭《桃花圣解盦日记》说他"嘻戏游宴，耽溺男宠，日就裸瘠，旋患痈，项腹各一，皆浓溃，日未昏，殆不知人"，濮兰德、巴克斯《慈德外记》载："私家著述，皆谓太后纵帝游荡，及至得疾，又不慎重爱护，以至深沈不起……盖帝常履饮于外，至翌晨召见军机时犹未归也，或醉中言语失次，杂以南城猥贱之事"，等等。不论怎样，作为帝师的翁同龢，都有不可推卸的负责，所以新君即位，他的辞职也算是引咎。

然而同治的生母慈禧，不但没有对翁同龢追责，而是更加委以重任。这从另一面可以看出，同治死于天花而非花柳。至于同治是否去过八大胡同，非此文所要述及。

2

翁同龢不但续任首席帝师，而且累兼要职。

慈禧下旨，翁同龢迁户部尚书，充经筵讲官，晋都察院左都御史。不久，又迁刑部尚书，调工部。

这都是实权实惠的大衙门。翁同龢长期掌管建设、刑法、财政和监察大权，但他始终保持着清正廉洁、忠勤职守，很得慈禧喜欢。

早在他任刑部右侍郎时，就平反了著名的杨乃武与小白菜冤假错案，可谓是晚清中国法制体系自我完善的典型。

光绪六年（1880年），廷臣争俄约久不决，慈禧懿旨派惇亲王、醇亲王及翁同龢、潘祖荫每日在南书房看折件电报，拟片进呈，至改定始止。

光绪八年十月，翁同龢第一次出任军机大臣，参与处理了云南巡抚杜瑞联军费报销舞弊案、中法越南交涉事宜。

光绪十年，翁同龢充会试总裁、顺天乡试考官，两蒙赐"寿"，加太子太保，赐双眼花翎、紫缰。他请假回乡修墓，朝廷传旨海上风险，命驰驿回京，恩眷甚隆。

这些要职和优待，都是慈禧主动给的。皇帝至光绪十五年在名义上亲政之前，慈禧才是握有人事任免、陟罚臧否的实际领导者。即便光绪亲政后，慈禧仍然掌握着最高权力。

光绪二十年，翁同龢再任军机大臣。在甲午战争中，他坚决主战。清军战败，中日和议期间，翁同龢极力反对割地，又联合俄英德谋阻割地，最终情势无法挽回。

3

危难之秋，翁同龢临危受命，兼过总理各国事务大臣，以协办大学士任户部尚书。

为何猜忌擅权的慈禧能长期让这个皇帝身边的亲信负责中枢要津，身兼数职？

单说一个户部，这是国家的财政核心。翁父翁心存也在此任长期经营，必有不少故吏旧属，他稍微玩些小动作，也是神不知鬼不觉。

原因只有一条，他是慈禧最放心的重臣！慈禧明白，翁同龢是大公清白之人。

电视剧《走向共和》将翁同龢表现为李鸿章的主要对手，经常刁难北洋、裁减军费。

翁同龢对外敌入侵主战，契合清流派的主张。但他不长于军事，而李鸿章对北洋水师多有夸辞。

清人胡思敬记述：当翁问及北洋舰队接战事，李"怒目相视，半晌无一语"，良久反诘道："师傅总理度支，平时请款辄驳诘，临事而问兵舰，兵舰果可恃乎？"

翁对曰:"计臣以撙节为尽职,事诚急,何不复请?"

李愤然答曰:"政府疑我跋扈,台谏参我贪婪,我再哓哓不已,今日尚有李鸿章乎?"

李鸿章知兵而不知国家财情,翁同龢知国家财力而不济兵需。

翁同龢治户部,必然要从大局着想管控财政支配,而李鸿章要强化战力而一心扩大军购。

二人矛盾的症结应该在此,主要为公,夹杂私怨。

翁同龢还是清醒的,多次对李鸿章施以援手:

甲午战事起,翁同龢即令户部拨银六百五十万两,支持总理海军衙门购买新式船舰。

李鸿章亲信旧属盛宣怀创办中国第一家自办银行中国通商银行,翁同龢从户部拨银一百万两"生息官款"存于该行,作为最初营运资金。

《走向共和》中的翁同龢,自诩清流,自命清高,领袖群伦,不顾大局,很有成事不足败事有余的反映。未必公允!

此人若无大能耐,绝不会被精明的慈禧长期忍耐和器重,放在掌管全国钱粮的位置上。

翁、李之争,说到底是帝、后两党政见之争。翁同龢与孙家鼐、志锐、文廷式等形成帝党集团,顽强地与后党抗衡,而李鸿章则为后党重臣。

4

翁同龢作为晚清的实力大佬,只因性格孤傲、支持新政,遭慈禧及后党忌恨。

甲午战败,朝野震惊,翁同龢自知拒绝付款给北洋军购,负有责任,但他动员清流众议李鸿章接战不力、理应斩首,甚至称慈禧修颐和园挪用了海军军费,把众怒的矛头直指慈禧。这些自然更加激怒了慈禧。

几年后,翁同龢向光绪推荐了康有为,议行新政,亲自草拟《明定国是诏》,拨银一千五百两作为强学会的活动经费。

康有为称翁同龢为"中国维新第一导师"。

康有为搞新政,也是借君主立宪之名,暗行争权夺利之实,向慈禧讨要最高权力。慈禧大怒,发动政变,复出训政。

翁同龢惹火烧身。

其实,翁同龢被罢免是光绪决定的。

翁同龢推荐康有为,又与之争权,都以帝师自居,翁更加跋扈,对帝出言不逊,最后弄个晚节不保。

好在翁同龢死后,慈禧还是给了他一个"文恭"的特谥。

左宗棠是否与洪秀全密谋反清?

1

左宗棠曾是八股文考试的积极参与者,十五岁参加长沙府联考,拿了亚军,信心百倍,先后进长沙城南书院、湘水校经堂苦读,又是七次蝉联第一。但没想到,有这样好成绩的学霸在湖南省联考以"搜遗"入选,三次全国统考都是不及格,"成就"了他"屡试不第"的无奈。

左宗棠终究不是考场上的斗士,也没有范进那种不中举誓不休的毅力和恒心。

他是一个典型的经世致用的实践者,在攻读儒家经典之余,留意农事,遍读群书,对那些涉及中国历史、舆地、兵法、经济、水利等内容的名著视为至宝,刻苦钻研,为他后来带兵打仗、施政理财做好了充分的准备。

考场失意,却同样可以一跃登天。左宗棠十八岁时拜访长沙学界翘楚贺长龄,贺氏即"以国士见待"。

贺家兄弟熙龄先生本是左宗棠的老师,对其非常喜爱,称其"卓然能自立,叩其学则确然有所得",后来师生还结成了儿女亲家。

首倡商品经济的政界大佬陶澍，欣然以一代名臣之尊，主动提议让他唯一的儿子与左宗棠的长女订婚。

像曾国藩一样，左宗棠也是因为太平天国起义而起家。他先后给湖南巡抚张亮基、骆秉章做大秘，出佐湘幕，出力甚勤，得座主言听计从，从而名动全国，一些高官显贵在皇帝面前竞相举荐，咸丰帝亦给予了极大的关注。

但也因此而引起了一些人的忌恨和诽谤，湖南零陵总兵樊燮构陷，险些使左宗棠性命不保。

2

事情是这样的，樊燮是湖广总督官五姨太娘家亲戚，被远房姐夫官文推举接任零陵总兵。因为慵懒，偏生又脑满肠肥，体重接近二百五十斤，虽为武官却几乎不骑马，只坐八人大轿，被讥讽为"轿子总兵"，甚至连阅兵都坐轿子。

永州人消遣他说："樊总兵阅兵——坐着看。"

咸丰九年，左宗棠正在给骆秉章做幕友。

某日，樊燮来访，认为左宗棠只是个不在编的秘书，故拒绝叩拜行礼。

左素来心高气傲，自认为骆省长的臂膀，相当有气焰，对轻慢于他的军分区司令员樊燮非常不悦，举脚便踢，大骂"王八蛋，滚出去"。

樊燮一状告到京城，说左宗棠是"劣幕"。

咸丰下令湖广总督官文处理，若属实则将左宗棠"就地正法"，幸得胡林翼、郭嵩焘等人的仗义执言，潘祖荫、肃顺等大臣的披沥上陈，才使一场轩然大波得以平息。

但这件事似乎对左宗棠打击很大，何况人到四十还屈居幕僚，无所作为。时人说"天下不可一日无湖南，湖南不可一日无左宗棠"之语，那都是没用的话。

他得另谋出路。

因而有了黄小配在《洪秀全演义》中的描述：太平军打到湖南，左宗棠正隐身东山白水洞，原因不光是避乱，而且因久取科名不第而想建功立业，也想与洪秀全见了面密谋反清。

所以，当湖南巡抚请他出山时，左氏一再拒绝，从而引起咸丰的怀疑，询问郭嵩焘："左宗棠不肯出山，系何缘故？"还正告说："当出为我办事！"左宗棠心里清楚，如令清政府得知有灭族之罪；从太平军中逃走，洪秀全对他也不会善罢甘休。洪秀全见左宗棠深夜逃离，曾派一队人马追赶，追赶不到而入山搜捕。左氏在逃离洪秀全时，也马上离开白水洞，辗转去了湘潭。

这桩历史秘闻，正史有记述，并非空穴来风。

范文澜《中国近代史》写道："当太平军围长沙时，左宗棠曾去见洪秀全，论攻略建国策略"，秀全不听，宗棠夜间逃去。

简又文《太平天国全史》说："左宗棠尝投奔太平军，劝勿倡上帝教，勿毁儒释，以收人心。……不听，左乃离去，卒为清廷效力。"

萧一山《清代通史》、张家昀《左宗棠：近代陆防海防战略的实行家》、稻叶君心源《清代全史》等，皆有类似记载。

后来湘军崛起，左宗棠看到代表汉人和湖南的曾国藩很有希望，才为之筹饷、筹械。因接济曾国藩部军饷，以夺取被太平军所占武昌之功，朝廷才命左宗棠以兵部郎中用，"外援五省，内安四境"，为湘军的斗争，为镇压太平军出了大力气。

再后来，他自立门户，收编英年早逝的王鑫的余部为新楚军，和法国舰队司令勒伯勒乐组织中法混成的常捷军，一路杀将过去，最后还是封侯拜相，成为东阁大学士、军机大臣、二等恪靖侯。

随着曾国藩研究的逐步深入，湘军将领拥立曾自立的谜底渐被揭开。曾氏久受压抑，周围大将为集团着想，趁乱之际谋划让曾国藩黄袍加身，这种可能存在。同样久受压制、险被咸丰砍头的左宗棠，是不是也积极谋划和行动，不得而知。

3

梁启超称赞左宗棠："五百年以来的第一伟人。"

道光二十八年，胡林翼向时任云贵总督林则徐推荐左宗棠，但左宗棠因事未赴任。第二年，林则徐返乡，约左宗棠于长沙舟中相见。

二人彻夜长谈，关于西北军政的见解不谋而合。林则徐认定将来"西定新疆",舍左君莫属,特地将自己在新疆整理的宝贵资料全部交付给左宗棠,临终前还命次子代写遗折,一再推荐左宗棠人才难得,称其为"非凡之才""绝世奇才"。左氏不负林公厚望,最后成为比林更有历史分量的民族英雄。

同治六年(1867年),阿古柏在新疆自封为王,自立国号为哲德沙尔汗国,宣布脱离清廷。俄国乘机占据了伊犁,英国也虎视眈眈,意图瓜分西北。一百六十万平方公里的新疆,从大清的实际版图上消失了。

在这种局势下,清廷内部爆发"海防"与"塞防"之争。权倾朝野的直隶总督兼北洋大臣李鸿章认为两者"力难兼顾",主张放弃塞防,将"停撤之饷,即匀作海防之饷"。

陕甘总督左宗棠正在进军平定陕甘,对新疆了解很多,他认为新疆自古以来物产富饶,说:"天山南北两路粮产丰富,瓜果累累,牛羊遍野,牧马成群。煤、铁、金、银、玉石藏量极为丰富。所谓千里荒漠,实为聚宝之盆。"新疆在战略上也非常重要,应该趁英国、俄国还没有完全介入的时候,及时地收复新疆。"若此时即拟停兵节饷,自撤藩篱,则我退寸,而寇进尺",收复新疆,势在必行。他主张用战争换和平,用战争维护国家的统一。

慈禧看到两大重臣两份不同意见的奏折后,进行了仔细的平衡分析。左宗棠长期在西北用兵,对西北的形势了解多,慈禧感觉到左宗棠的意见是有道理的。同时,她也很想收复新疆,新疆是大清版图中间的很大一部分,失去这样大的领土,她要承受千古骂名。

光绪元年三月二十八日,左宗棠以钦差大臣督办新疆军务,拥有筹兵、筹饷和指挥全权,朝廷把收复新疆的大权完全交给了左宗棠。在慈禧的大力支持之下,左宗棠收复新疆的军饷是比较充足的。

1875年,左宗棠率六万湖湘子弟从兰州出发,抬棺西行,移驻肃州,就近指挥新疆战事,各路大军陆续西行出关。

左宗棠将战略目标定在攻克北疆的乌鲁木齐,任命部下大将刘锦棠作为主力,并且给他订了一个指导思想——"师克在和",以及一个战略方针——"取其要害"。

在"先北后南,缓进急战"的策略指导下,开始军事行动。1876年8月18日,刘锦棠等夜袭黄田,继而攻克古牧地,一举收复了乌鲁木齐。后来打到11月,收复玛纳斯,天山北路全部被收复了。第二年,左宗棠乘胜追击,分兵三路挥师南下，齐头并进，先后拿下达坂、吐鲁番等城，肃清和田之敌，取得完全胜利，1878年的1月2日，收复了除沙俄侵占的伊犁外的全部新疆地区。

就在曾纪泽赴俄重开谈判伊犁归属时，左宗棠在新疆备战，威逼对方签署《中俄修订条约》（即《中俄伊犁条约》），收回了伊犁和特克斯河上游两岸领土。

一年时间，新疆全境收复。这是晚清历史最扬眉吐气的一件大事，是晚清夕照图中最光彩的一笔。左宗棠最伟大的贡献为收复新疆，巩固边防，使中国六分之一的大好河山不沦丧他国。

左宗棠在新疆注意兴修水利、筑路、屯田、植树等，建议以新疆建省，意义深远。后人曾写诗称赞："大将筹边尚未还，湖湘子弟满天山。新栽杨柳三千里，引得春风渡玉关。"

曾国藩有一次和曾国荃聊起左宗棠，说："论兵战吾不如左宗棠；为国尽忠，亦以季高为冠，国幸有左宗棠也。"

著名历史学家缪凤林先生说："唐太宗以后，对于国家领土贡献最大的人物，当首推左宗棠，实非过誉。"就连美国前副总统华莱士也这样评价他："左宗棠是近百年史上世界伟大人物之一，他将中国人的勇武精神展现给俄罗斯，给整个世界。"

时至今日，新疆人民还在盛传左公威名，左公柳绿荫依旧，惠及天山下的儿女。

同为湘中之人、同为造福新疆的王震将军，在1983年8月把左宗棠曾孙左景伊约至家中，评价道："左宗棠在帝国主义瓜分中国的历史情况下，力排投降派的非议，毅然率部西征，收复新疆，符合中华民族的长远利益，是爱国主义的表现，左公的爱国主义精神，是值得我们后人发扬的。解放初，我进军新疆的路线，就是当年左公西征走过的路线。在那条路上，我还看到当年种的'左公柳'。走那条路非常艰苦，可以想象，左公走那条路就更艰苦了。左宗棠西征是有功的，否则，祖国西北大好河山很难设想。"

临别时，王震将自己珍藏的钤有本人印章、签名和红笔批语的《左宗棠年谱》送给左景伊做纪念。可见王震对左宗棠的评价是在深入研究的前提下做出的。

郭嵩焘为何死后险遭开棺鞭尸？

1

晚清湖湘多俊才，大都年轻时遭际不幸，洪杨一役成就了许多大人物，如鼎鼎大名的曾国藩、左宗棠。

湘阴人郭嵩焘却要算一个特例。他和曾国藩一样，都经历了两次会试不中，后考取进士，但有不同：曾国藩在多个部级衙门当过副职，但一直不为皇帝待见，甚至爆发太平天国之乱后，上一份《敬陈圣德三端预防流弊疏》批评朝政，咸丰帝没有读完，就愤怒地将奏折摔到地上，立刻召见了军机大臣要定他的罪。

郭嵩焘则不然，他拿到仕途入场券后，出任翰林院编修，被权柄赫赫的肃顺推荐给咸丰帝，被皇帝多次召见单谈。

咸丰帝颇赏识郭嵩焘，命他入值南书房当顾问。

咸丰帝对他说："南斋司笔墨事却无多，然所以命汝入南斋，却不在办笔墨，多读有用书，勉力为有用人，他日仍当出办军务。"

不久，咸丰帝派他到天津前线随僧格林沁帮办防务。僧格林沁是蒙古王爷、皇家亲贵，但郭嵩焘是皇帝派来的，算是监军。

僧格林沁是咸丰朝最倚重的大将。皇帝把郭嵩焘派给僧王，无疑想给郭一个最高档次的镀金机会。

即便后来郭嵩焘书生意气，不知通权达变，不行协调为任，导致整顿山东沿海税务失败，被僧格林沁上书弹劾，受"降二级调用"处分，但仍回南书房。

此时郭嵩焘已是闲人，但咸丰帝仍让他回到身边，就是想给他机会。

2

同治五年（1866年），署理广东巡抚的郭嵩焘，同两广总督瑞麟不合，罢官回籍，在长沙城南学院、思贤讲舍讲学。

九年后即光绪元年，军机大臣文祥举荐郭嵩焘再度出山，授福建按察使。此时，最高统治者是慈禧，她是真正的一个人说了算。她原来的权力盟友慈安和奕䜣，都已靠边站。

此时，清廷筹议兴办洋务方略。郭嵩焘上书《条陈海防事宜》，讲自己的主张和观点，认为将西方强盛归结于船坚炮利是非常错误的，中国如果单纯学习西方兵学"末技"，是不能够起到富国强兵的作用的。只有学习西方的政治和经济，发展中国的工商业才是出路。

郭嵩焘因此而名噪朝野。

凑巧，云南发生马嘉理案，英国借此要挟中国，要求中国派遣大员亲往伦敦道歉。

无疑，郭嵩焘临危受命，赴英"通好谢罪"。但对于国家最高当局而言，派人出使敌国，必然要选有真本事和不辱使命的人物担纲重任，断然不会找个替罪羊。

谈得好，可以减免丧权辱国的程度。慈禧选择郭嵩焘，自是深思熟虑，几经权衡。

光绪元年八月，清廷授郭嵩焘为出使英国大臣。他是中国历史上第一位驻外使节。

3

郭嵩焘使英，消息传开，朝野沸腾，群情汹汹。

亲友为他出洋"有辱名节"深感惋惜，甚至认为出洋即"事鬼"，与汉奸一般。

同乡好友、著名文人王闿运撰写一对联，讽刺："出乎其类，拔乎其萃，不容于尧舜之世；未能事人，焉能事鬼，何必去父母之邦。"

王闿运还在日记中写道："湖南人至耻与为伍。"

在长沙准备乡试的考生，集会声讨他，不仅烧毁了他修复的玉泉山唐代名刹上林寺，还扬言要捣毁他的住宅，开除他的湖南省籍。

满朝文武中，他曾力荐的曾国藩已死，左宗棠虽是姻亲但因旧怨而不和，只有李鸿章为他撑腰。

由于中英尚未就马嘉理案谈判妥当，郭嵩焘出使延期。光绪十一月四日，郭嵩焘署理兵部侍郎，上《请将滇抚岑毓英交部议处疏》，要求将对马嘉理案负有直接责任的云南巡抚岑毓英交部严处，抨击了那些盲目自大、封闭守旧的官僚士大夫。

郭嵩焘出使前夕，慈禧曾数次召见他，多加勉励，当面保证："旁人说汝闲话，你不要管他。他们局外人，随便瞎说，全不顾事理……你只一味替国家办事，不要顾别人说闲话。横直皇上总是知道你的心事。"

足见慈禧对郭嵩焘寄予了厚望。

4

光绪二年冬，郭嵩焘率随员三十余人启程赴英，在伦敦设立了使馆。光绪四年，郭嵩焘兼任驻法公使。

郭嵩焘非常留意英国的政治体制、教育和科学状况，访问了学校、博物馆、图书馆、报社等，结识了众多专家学者，并以六十高龄潜心学习外语。

郭嵩焘将沿途见闻记入日记《使西纪程》，盛赞西方的民主政治制度，主张中国应研究、学习。

他给李鸿章写信说，我们必须风俗敦厚，人民家给户足，以此作为基石，然后才可以谈到富强……船坚炮利是最末微的小事，政治制度才是立国的根本。

李鸿章作为郭嵩焘最坚定的同情者和支持者，说："当世所识英豪，与洋务相近而知政体者，以筠仙为最。"筠仙，即郭嵩焘的号。

行前，朝廷应总理衙门之奏请，诏命郭嵩焘将沿途所记日记等咨送总署，这正合郭嵩焘之意。书稿寄到总理衙门，被同文馆刻印出版。

李鸿章先睹为快，大加称赞："总署钞寄行海日记一本，循览再四，议论事实，多未经人道及者，如置身红海、欧洲间，一拓眼界也。"

洋务派的中央代表奕䜣，甚是激赏。

孰料，顽固派攻击蜂拥，谩骂不止。

王闿运说："殆已中洋毒，无可采者。"

张佩纶称："今民间阅《使西纪程》，既无不以为悖。"

就连主张"筹洋""变法"的早期维新派代表人物薛福成,也在日记中追忆:"昔郭筠仙侍郎,每叹羡西洋国政民风之美,至为清议之士所诋排,余亦稍讶其言之过当。"

然而最有代表性的,当属翰林院编修何金寿参劾他"有二心于英国,想对英国称臣"。

何金寿上"奏为使臣立言悖谬,失体辱国,请旨立饬毁禁其书,以维国体而靖人心,恭折仰祈圣鉴事。窃臣近见兵部侍郎郭嵩焘所撰《使西纪程》一书,侈言俄、英诸国富强,礼义信让,文字之美;又谓该国足称二霸,高掌远跖,鹰扬虎视,犹复持重而发,不似中国虚骄自张。一再称扬,种种取媚,丧心失体,已堪骇异。其中尤谬者,至谓西洋立国二千年,政教修明,与辽、金崛起情形绝异,逼处凭陵,智力兼胜,并不得以和论等语。我国与各国和议之成也,内外臣工痛念庚申之变,皆思卧薪尝胆,以国家自强为期,为异日复仇雪耻之地。今郭嵩焘敢于创为不得言和之论,岂止损国体而生敌心,直将隳忠臣匡济之谋,摧天下义愤之气。至祈天永命等语,更属狂悖。夫所谓祈天永命者,谓当敬天修德,以图立国保民。即所谓自强之说,并非克抑贬损,委屈事敌,苟且以求旦夕之安。诛其立言之隐,我大清无此臣子也。窃思古人使于四方,原在不辱君命。今郭嵩焘奉使之后,痛哭登舟,畏葸情状,久为敌人所笑。又自知清议难容,故为此张大恫吓之词,以自文其短,而挟以震骇朝廷,为将来见功地步。此等居心,已不可问。乃复著为书篇,摇惑天下人心。其书中立言,尚恇怯如此,安望其抗节敌庭,正论不屈乎?臣愚以为中外情形,人人所知,但在努力自强,无待反复多论。即确有所见,祗当密疏上陈,不应著书彰暴。况其中委屈情事,有谋国者所宜言,而断非使臣宜言者。相应请旨,立将其《使西纪程》一书严行毁禁,庶于世道人心尚堪补救。臣愚昧之见,是否有当,伏祈皇太后、皇上圣鉴。谨奏。光绪三年五月初六日"。

两派争论不休,闹到慈禧那里。慈禧迫于舆情,只好给对总理衙门发下谕旨,同意将郭嵩焘的《使西纪程》毁版!

"'本日翰林院编修何金寿奏请毁《使西纪程》一书折,军机大臣面奉谕旨:该衙门知道。'钦此。'相应钞录原奏,传知贵衙门钦遵办理可也。'钦此。"

《清史稿》说:"中国遣使,始于光绪初。嵩焘首膺其选,论交涉独具远识。"

今日所见岳麓书社版郭嵩焘《伦敦与巴黎日记》,即为《使西纪程》。岳麓还出版了煌煌十五卷本《郭嵩焘全集》,蔚为大观。

5

祸不单行。

光绪三年七月,郭嵩焘的副使兼驻德公使刘锡鸿暗中对郭多加诋毁,指责郭有"三大罪":"游甲敦炮台披洋人衣,即令冻死亦不当披";"见巴西国主擅自起立,堂堂天朝,何至为小国主致敬";"柏金宫殿听音乐屡取阅音乐单,仿效洋人之所为"。

刘锡鸿公然在使馆中扬言:"这个京师之内都指名为汉奸的人,我肯定不能容下他。"并又密劾郭嵩焘罪责"十款",极尽罗织诬陷之能事。

刘锡鸿指责郭嵩焘的罪状,不仅是鸡毛蒜皮,且都合乎国际礼仪。英人说郭为"所见东方最有教养者",确实刘弹劾郭的一大罪证。

光绪五年,郭嵩焘与继任公使曾纪泽交接后黯然回国,称病回籍,而乡党传言要烧了他的坐船。

光绪十七年,郭嵩焘病逝,终年七十八岁。李鸿章上奏请宣付国史馆为郭嵩焘立传,并请赐谥号,但未获准。

清廷上谕再次强调:"郭嵩焘出使外洋,所著的书籍,颇受外界争议,所以不为其追赠谥号。"

郭嵩焘逝世九年后,还有京官上奏要求对他开棺鞭尸。

功过千秋事,自有历史说。郭嵩焘曾说:"流传百代千龄后,定识人间有此人。"

张之洞做了十七年冷板凳后一日升三级

1

"晚清四大中兴名臣"中,张之洞的发迹史与曾国藩、李鸿章、左宗棠截然不同。作家唐浩明的三卷本长篇历史小说《张之洞》,虽有虚构,却以史为鉴,较全面地展现了晚清政坛巨人张之洞不平凡的政治人生。

曾、李、左虽也是满腹经纶的儒臣出身,但此三人是靠镇压太平天国运动发家,铁血征程,拼军功而上。张之洞是彻底的清流,可以说他成为一方大员之前,手上只有墨渍而无血迹。

2

张之洞出生时,其父张锳是贵州兴义府代理知府。家族世代为官,都做得不小,其堂兄张之万是道光丁未科状元,压倒同科的李鸿章、郭嵩焘,后来做过兵部尚书、东阁大学士、太子太保。

有这等优渥条件,社会自然不会埋没张之洞的天生异禀。

道光三十年(1850年),十三岁的张之洞应县试,得中秀才第一。两年后拿了顺天府乡试冠军,取得参加会试的资格。这样的成绩,在科举史上实属罕见。但因种种缘故,他直到二十七岁才中进士。

张之洞二十三岁那年将应会试,因张之万为同考官,循例回避。第二年应恩科会试,同样的原因,又没考成。

同治元年,张之洞进京参加会试,遇到考官范鹤生。范考官在晚清政坛籍籍无名,但若非他的两次力荐,张之洞很难提前脱颖而出。

历史学家冯天瑜、何晓阳的《张之洞评传》是这样说的:同治元年(1862年)三月,之洞入京会试。三场试毕,各生试卷循例分送各同考官品评,再呈主考取舍。之洞试卷送至内阁中书范鹤生处,范颇称其才,亟荐于主考郑小山,终未获隽。范鹤生惜才心切，为之"竟夕永叹"。会试不中，但之洞仍被挑取为誊录第三名。按清制，誊录为书吏之职，朱笔誊写乡试、会试之试卷，再呈考官评阅，以防舞弊。……同治二年（1863年）三月，之洞赴京再次参加会试。无巧不成书，之洞的试卷这次居然又送至考官范鹤生案头。范再次力荐，得中，榜列第一百四十一名贡士。范鹤生欣喜不已，赋诗四首以记之。

对于此事，翁同龢日记云："见范鹤生处一卷，沉博绝丽，繁征博引，其文真汉史之遗，余决为张香涛，竟未获隽，令人扼腕！"（《清代名人轶事辑览》第二册）

唐浩明在《张之洞》中，对此事极尽笔墨，对其结果更是进行有趣的描述。

张之洞复试榜列一等一名，殿试策论"制科之设与国家选拔人才"，打出八股取士"四平八稳"的常格，不为几个阅卷官喜欢，主张列为三甲之末。

也是张之洞的运气来了，主考官、户部尚书宝鋆很欣赏张论，力排众议，将其列为二甲之首，呈请刚刚垂帘听政的慈禧圈定。

慈禧知道张之洞，于是朱笔一画，改第四为第三，使之成为一甲探花郎。

3

同治二年，张之洞进入翰林院，授七品衔编修，正式步入仕途。

此后，张之洞做过浙江乡试、四川乡试的副考官、湖北学政、四川学政，建经心书院、尊经学院，整顿学风，延请名儒，尽心尽职提拔有真才实学的人，颇得众望。

转眼十七年过去，大才张之洞一直在文教部门打转，屈居低层。光绪五年（1879年），张之洞才补国子监司业，补授詹事府左春坊中允，转司经局洗马，正五品。

张之洞始终本着"不仅在衡校一日之长短，而在培养平日之根柢；不仅以提倡文学为事，而当以砥砺名节为先"的原则为官，虽然谈不上有惊天动地的政绩，但其所撰《輶轩语》《书目答问》二书，至今还为学人重视和借鉴。

慈禧的亲生儿子同治帝驾崩，载湉幸运地被慈禧看中，继位为光绪帝。这种改变清朝皇位父终子及的承继祖制，也彻底改变了张之洞的政治人生。

小说《张之洞》对此有过详细的表现。慈禧选择夫侄兼姨侄载湉继位之前，因同治载淳无儿子、无亲兄弟，于是考虑过从道光帝的曾孙辈中选一个过继，未果，于是从道光的孙辈、咸丰的侄辈中选，恭亲王奕䜣的长子载澂、次子载滢及醇亲王奕譞的儿子载湉三人候选。

载湉获胜，原因有三：

一、奕譞和奕䜣都是帮助慈禧发动辛酉政变的大功臣，而奕䜣出力最大，出任议政王，与慈禧听政时有矛盾。奕䜣和慈禧一样，都是极具权力欲望的主，不像奕譞那样听慈禧的遥控。

二、载澂是把载淳带出宫逛窑子、惹了一身梅毒的罪魁祸首，让慈禧恨之入骨。载滢是一个药罐子，长得尖嘴猴腮，不入慈禧的佛眼。载湉长得清秀活泼，更是慈禧胞妹所生，亲上加亲。

三、载澂十八岁，载滢十一岁，而载湉只有四岁，离亲政年龄至少有十年，且其生父奕譞远比奕䜣老实听话没主见，正好给慈禧继续专权独断创造了先决条件。此点最重要。

慈禧逆袭祖制，再度垂帘。奕䜣虽有不满，但因载澂带坏同治早逝而未获罪的缘故，只好默认。奕譞也是亲王，其他王公大臣不好作声，谁料一个叫吴可读的吏部主事跳出玩了一个尸谏，抗议慈禧提出的光绪承继咸丰为子、日后生子便给同治为嗣的继嗣兼继统论，给皇家内部争论的事添油引火。徐桐、潘祖荫、翁同龢等大员纷纷上奏，驳论吴谏不合时宜，击不中要害。

沉寂多年的张之洞，高赞慈禧的立嗣即立统如何高瞻远瞩，说：今上日后"皇子众多，不必遽指定何人承继，将来缵承大统者即承继穆宗为嗣。此则本乎圣意合乎家法，而皇上处此亦不至于碍难"。

张之洞如此一说，很称慈禧心意。慈禧召见张之洞，隔帘问答，张之洞的回答很有见地，当时的清流一党，虽以军机大臣兼大学士李鸿藻为首，而核心却是这个貌不惊人的张之洞，这很让精明的慈禧疑虑。慈禧自此还是关注着张之洞的一举一动。

光绪七年，十八省都抚大多为湘军大佬，慈禧深感忧虑，培植牵制湘军的李鸿章也自许曾国藩门生。此时，与军权无关的张之洞上书，建议革去恃功骄纵的曾国荃的陕甘总督，给暮气沉重的两江总督刘坤一安排彭玉麟代理总督，被慈禧欣然接受。

慈禧凤心大悦，对这个"委婉曲折，忠心可悯"的干才，连升三级，使之一举冲天。

自此，张之洞官运亨通，或实授或署理两广、胡广、两江总督多次，死前做到了光绪一朝最后一任体仁阁大学士。至于后来，张之洞与刘坤一等签订《东南互保条约》，狠狠地扇了慈禧一记大耳光，那是后话。

清代嫡长接班计划为何总落空？

1

清朝自努尔哈赤开国，历任十二代皇帝。前面八任皇帝，除雍正子女存活率不高外，纵观清朝太祖以降所有的接班人，除了同治以毫无争议、毫无竞争的绝对优势成为唯一候选人登基外，只有道光帝和咸丰帝这一对父子才是名正言顺的嫡长子继位，其他皇帝都不是先帝的嫡长子，甚至按皇帝血统论而言，帝位旁落庶子。

所以，绝大多数人都相信清朝没有立嫡立长的传统。

其实不然。清朝从太祖努尔哈赤开始，就注重对嫡长的培育。只是计划屡屡落空。

清朝皇族一直都是枝繁叶茂，世代相传，也使得到了清朝末年，虽最后四任皇帝子嗣稀薄（咸丰仅存同治一子，同治之子胎死腹中，而光绪、宣统这对最强大的捡漏叔侄都是绝嗣），但是还能组成一个强大的皇族内阁。

2

努尔哈赤还未建国称汗,便指定元妃佟佳氏所生的嫡长子褚英为事业接班人,孰料褚英不争气,不但和五大臣与诸兄弟争权发生冲突,还阴谋提前取代努尔哈赤,故而被废,幽禁在高墙之内,三年后被其父亲处死。电视剧《太祖秘史》将此历史安排为努尔哈赤称汗之后的事情是不符合真相的。褚英死于1615年。

1616年,努尔哈赤在赫图阿喇登基为汗,建立后金,设四个贝勒,同是元妃佟佳氏所生的次子代善为大贝勒。

虽然努尔哈赤规定四大贝勒共同辅政,不加区别,但代善作为新的带头大哥,倍受努尔哈赤的重视。然而,代善与继母大福晋被揭发有"私情",又因受继妻蛊惑虐待前妻之子而触怒努尔哈赤,被废除汗位继承人之位。《太祖秘史》安排阿巴亥亲自给代善暗送食盒,被皇太极阴谋告发,加之代善其他贪财情节,故而被扳倒。

代善内佐国政、外御重兵时,皇太极也因是努尔哈赤第三任大福晋孟古哲哲之子,很受努尔哈赤的宠爱,故而使之能力在诸阿哥中冒尖。《太祖秘史》中的孟古,被皇太极借储君代善和五大臣之手推上了大妃的位置,无福消受,公示当日病逝。然而在历史上,孟古死于1603年,距努尔哈赤建国还有十三年。

3

清代后继之君立储,也是深受努尔哈赤重视嫡子的影响。

皇太极的元妃钮祜禄氏所生第三子幼殇,身前唯一的皇后博尔济吉特氏哲哲只生了三个女儿。所以,皇太极没有名副其实的嫡子。

崇德元年,皇太极册封五大福晋,将他最宠爱的海兰珠安排住在东宫,封为关雎宫宸妃,为四妃之首。

第二年七月,宸妃生下皇八子。皇太极为此开大清先例大赦天下,这是立储的举措。但此子未命名,一年后夭折。

没有嫡子,但有长子。继妃乌拉纳喇氏所生豪格即为长子。豪格能征惯战,又是长子,很得皇太极宠爱和培养,二十七岁受封为和硕肃亲王,多次领命挂帅出征，战功卓著。

清史专家李治亭在《清太宗全传》中谈到豪格的争储时说："豪格作为太宗的长子，按照中国传统的嫡长子继承制度，他在太宗死后当皇帝是顺理成章的。他本人条件也不差，当时已成年，有才能，有战功。他从太祖以来就在文治武功中做出了贡献，在群臣中，也有一定威信。他没有当上皇帝的根本原因是清朝实力比较分散，诸王拥重兵，他们自己要保持权力，不愿绝对听命于皇帝。"

豪格之所以杰出，能与多尔衮势均力敌，也是与皇太极的精心培育分不开的。

只可惜皇太极死前没留下立储遗诏，导致了豪格最后在诸多叔伯及继母的倾力围攻下彻底失败，让一个六岁的娃娃成了最后的胜利者。

4

顺治生前，封过三个皇后（康熙之母的皇后名号是康熙封的，不在此列），但他不喜欢那两位博尔济吉特皇后，而最爱其追封的孝献皇后即董鄂妃。

董鄂妃曾为顺治生育一子，即皇四子，但在《清世祖实录》中顺治多次强调，这是"第一子"，顺治为此发谕吏部，祭告天坛、地坛、太庙和社稷。看来顺治视其为嫡长子，准备立为储君。

可惜婴儿薄命，生下数月未及取名便夭折。顺治追封其为荣亲王，还专门给他修了王府园寝，立碑写上："和硕荣亲王，朕嫡一子也。"

顺治长子牛钮早夭，次子福全也就成了事实上的长子。福全幼时，顺治帝问其志，他说："愿为贤王。"福全不愿为储君，故而才有了玄烨的康熙大帝。

康熙所立的太子胤礽，虽为皇二子，却是嫡长子。其母赫舍里氏为康熙第一任皇后，难产血崩，刚满周岁的胤礽就被立为皇储，由康熙亲自抚养。胤礽自幼聪慧好学，文武兼备，不仅精通儒家经典、历代诗词，而且精于弓马骑射；长成后代皇帝祭祀，并数次监国，治绩不俗，在朝野内外颇具令名，这在一定程度上减轻了康熙的负担。

康熙对胤礽过于骄纵和溺爱：默许索额图所定规格几乎与皇帝等同的皇太子仪仗、冠服（只是尺寸有些许裁剪）；康熙规定每年的元旦、冬至、千秋三大节，百官对皇太子都要行二拜六叩的礼节，并避太子名讳；为了维护太子的地位，不惜罢斥重臣明珠；纵容儿子挥霍浪费，如历次外出巡游，太子所用皆较皇帝上乘，命令当地官员搜刮民脂民膏。东宫内花销亦高于皇帝；太子脾气暴躁，任意鞭挞诸王、众臣，康熙却加以包庇，甚至"以身作则"处置忤逆太子的人；默认私生活不检的太子放肆地广罗美女、豢养面首。康熙的溺爱，最终毁了胤礽。

即便二次废黜胤礽太子后，仍有传言康熙帝会因宠爱胤礽第二子弘晳而准备第三次册立胤礽为储君。其实，这也是康熙对嫡长子万般疼爱的一个说辞。

5

雍正和乾隆这对父子，都是皇四子，都不是皇后所生的嫡子。他们登基后，都有心选择嫡子为接班人，遗憾的是爱子幼殇。

雍正在位时就一位皇后，即孝敬宪皇后，是雍正为雍亲王时的嫡福晋，生育一子弘晖，即嫡长子，八岁夭折。虽史料未载雍正对弘晖如何疼爱，但从弘晖之母后位的保持，可以看出他对皇后的尊重。孝敬宪皇后死于雍正九年，雍正虽当时已暗立弘历为储，却没将弘历之母钮祜禄氏擢为皇后。雍正只是在遗诏中命弘历继位后，尊其母为皇太后。若弘晖不早逝，或许储君和新帝未必是弘历。

弘晖去世七年后，四子弘历出生。弘历之所以能成为雍正理想的接班人，一是因为康熙喜爱好圣孙，二是因为他是弘晖之外唯一一位由满族女人所生的儿子。雍正继位时，仅存三子，第三子弘时的母亲为齐妃李氏，第六子弘瞻的母亲为谦妃刘氏。在康熙尊满的血统论面前，雍正未必没有受影响。

乾隆也曾立过太子，即皇二子永琏，母为乾隆首任皇后富察氏。雍正帝赐名，隐示承宗器之意，深得弘历钟爱，"聪明贵重，气宇不凡"，乾隆元年七月，弘历密定皇储缄其名于乾清宫正大光明匾额后。

乾隆三年，不到十岁的永琏病夭，弘历极为伤感，册赠皇太子，谥端慧。八年后，富察氏皇后生皇七子永琮，甚得乾隆疼爱，认为其"性成夙慧，歧嶷表异，出自正嫡，聪颖殊常"，欲立为太子。乾隆十二年以痘殇，方二岁。上谕谓："先朝未有以元后正嫡绍承大统者，朕乃欲行先人所未行之事，邀先人不能获之福，此乃朕过耶！"命丧仪视皇子从优，谥曰悼敏。

6

　　道光帝是清朝第一位以嫡长子身份继位成功的皇帝，其母喜塔腊氏于乾隆三十九年赐封为皇子颙琰嫡福晋，八年后生了后来的道光帝旻宁，嘉庆元年正月册封为皇后。嘉庆四年四月，嘉庆帝根据密建皇储的家法，写上旻宁的名字，藏在乾清宫正大光明匾额的镡匣之内。

　　虽道光帝继位也有几种疑云，但他以嫡长继位，还是没有问题的。人们只是对何时开启立储诏书有争议。

　　很多人认为道光帝是清朝唯一以嫡长子继位的皇帝，其实，道光之子咸丰，也算是以嫡长子身份继承大统。咸丰奕詝为道光第四子，他有三个哥哥，和妃纳喇氏生老大奕纬，道光十一年病逝，老二和老三早殇。奕纬死后，奕詝则为老大了。

　　道光生前封过三任皇后（第四任孝静成皇后是咸丰封的），首任孝穆成皇后钮祜禄氏死于嘉庆十三年，道光继位时追封，但未生育；二任孝慎成皇后佟佳氏，道光继位时封后，道光十三年病逝，生有一女，早殇。咸丰之母孝全成皇后钮祜禄氏，道光十三年进皇贵妃，统摄六宫事，十四年册封为皇后，二十年病逝。所以，咸丰出生时其母还是贵妃，但他被道光二十六年立储时，也算是皇后所生的嫡长子。

光绪为什么叫慈禧"亲爸爸"

1

　　光绪继位，也算是捡了一个漏。

他的生父是咸丰帝的弟弟、醇亲王奕譞，生母叶赫纳喇·婉贞为慈禧太后的亲妹。1874年，十九岁的同治帝早逝。两宫皇太后召集诸王公商议继位人选，有人提议从溥字辈中选，但慈禧考虑到以溥字辈中选一子过继给同治帝，那她就成了太皇太后，而同治帝的皇后即上升为皇太后。

极有权欲的慈禧，自然不情愿，她要继续垂帘执政，于是选择了四岁的载湉，过继给咸丰帝，以同治帝的弟弟即位。

现在的影视剧中，如《走向共和》中，光绪称慈禧为"亲爸爸"。

曾给慈禧做女官的裕德龄（德龄公主），曾在宫廷里居住两年，并写出了《清宫二年记》，其中有："皇帝及余等皆呼太后以男称。"她曾亲耳听到，光绪帝每次向慈禧请安时都要说："亲爸爸吉祥！"光绪帝幼小起，慈禧就要求他称自己为"亲爸爸"。

满人称父亲为阿玛，母亲为额娘。

清朝皇子称父皇为皇阿玛，母后为皇额娘。

按理，光绪以咸丰嗣子身份即位，该喊慈禧为皇额娘，而光绪被教育称慈禧为"亲爸爸"，故有人认为光绪喊慈禧为"亲爸爸"是慈禧的政治用意。

2

光绪捡漏即位，慈禧从娃娃教育抓起，让他不要以为自己为他人子而妄生其他念想。毕竟前朝发生过一场持久的大争论。

明正德十六年，武宗驾崩，没有子嗣，首辅杨廷和援引《皇明祖训》中"兄终弟及"的原则，在武宗逝世前五天以皇帝的名义颁布敕令，令其堂弟朱厚熜缩短为其父服丧时间，并承袭兴王爵位。武宗驾崩当天，杨廷和让司礼监请太后懿旨，正式宣布朱厚熜为皇帝继承人。朱厚熜即皇帝位，次年改元嘉靖，便与杨廷和、毛澄为首的武宗旧臣们就关于以谁为嘉靖帝皇考（即宗法意义上的父亲），以及嘉靖帝生父尊号的皇统问题，发生了长达三年半的大礼议之争。嘉靖帝不顾朝臣反对，追尊生父为兴献帝后又加封为献皇帝、生母为兴国皇太后，改称明孝宗敬皇帝曰"皇伯考"。嘉靖十七年九月，兴献帝被追尊为"睿宗知天守道洪德渊仁宽穆纯圣恭简敬文献皇帝"，并将兴献帝的牌位升祔太庙，排序在明武宗之上，改兴献王墓为显陵，大礼议事件至此以嘉靖帝的胜利最终结束。

嘉靖帝以成年皇帝即位，上台便开始争取其生父生母的尊号，应该对爱读史书、精通权谋的慈禧有着不小的警示。

当然，也有人以叶广芩的《采桑子》（后改编为电视剧《妻室儿女》）为依据，侄子侄女们对姑妈的称呼是"姑爸爸"，而对父亲的称呼是"阿玛"，对母亲的称呼是"额呢"。故而把"爸爸"理解为"妈妈"。原因是叶广芩出身清廷皇室宗亲，是慈禧太后的侄孙女、隆裕太后的亲侄女，所以这种观点认为她的作品里对于满人的称谓应该是不会错。

然而，有满人以书为证，指出"爸爸"并非满人对父母的称谓。

3

光绪称慈禧为"亲爸爸"，既有慈禧严定光绪记住咸丰与慈禧的嫡子，以防将来出现嘉靖帝的礼仪之争。

毕竟，慈禧只是光绪的伯母兼姨母，而且光绪的生父、生母还活着，而且其生父是皇家亲王。

不论慈禧有怎样的男性转换的渴望以及对权力的欲望，她都不好让光绪称呼自己为"皇额娘"，因为这既伤了自己妹妹的心，也难免表示光绪并非自己的亲生子（历朝历代，非皇后亲生子都须称皇后为皇额娘），但改喊"皇阿玛"，这明摆着和所有满洲男性叫板。

于是，她援引汉人对父亲的一种称呼，不伦不类，但不会引发满族男人们的强烈反感，又和光绪拉近了亲昵而伪饰的亲情关系。

慈禧不愿做母后，而要做父皇，并让臣民称其为"万岁"，但又不好直接用满人的"皇阿玛"，故而学汉人，用了"爸爸"，而且为了区别于其生父奕譞，特地在前面加了一个"亲"字。假的成了亲的，亲的倒成了非亲的。

叶广芩的"姑爸爸"称谓，未必不是从光绪的"亲爸爸"那里沿袭来的，或者这种称谓是慈禧、叶广芩所属的叶赫纳喇氏的特别称呼。

还有一种说法，满洲旗人有不同的小共同体，称谓习俗也大相同。

镶蓝旗满人一般称为伯母、叔母等上一辈女性长辈为"芭芭"。这种说法，我并没找到原始依据，不好依此做出准确的判断。若镶蓝旗满人有这种称谓，芭芭，正好与"爸爸"谐音。

慈禧被抬旗入镶黄旗之前，为镶蓝旗人，若以上说法可靠，则光绪称呼她这位伯母兼姨母为"爸爸"就好解释了，只是前面还加个"亲"，确实有些别扭。虽无多少政治上的用意，但也是费了一番特别的心思。

没落皇孙奕劻如何让慈禧走心？

1

庆亲王奕劻，爱新觉罗氏，是乾隆十七子即最幼子永璘之后。父疼幺儿，但永璘四处游荡，惹是生非，最不成器，故乾隆甚恶之。

度尽劫波兄弟在，同胞哥哥颙琰成为嘉庆帝，待乾隆死后，"嘉庆四年正月，仁宗亲政，封惠郡王，寻改封庆郡王。三月，和珅诛，没其宅赐永璘"。父亲在，儿子没得什么好处，二十五岁才被封了贝勒。

哥哥当权了，弟弟由皇帝的儿子一跃成为皇帝的弟弟了。

即便犯了过错，受了责备，但其老兄还是关照这个亲弟弟，驾崩时给了病重的弟弟一个亲王的位置。

难兄难弟，兄弟俩同年逝去，一路向西。

庆王体系逆袭的剧目不断。他们没有想到伯伯的孙子们却不待见堂兄弟：咸丰初年，内务府从永璘后裔手中收回庆王府，第二年，咸丰帝赐给兄弟奕䜣作恭王府。

永璘有六子，第三子庆良郡王绵慜，第六子为辅国公辅绵性。奕劻为永璘第六子辅国公绵性的长子，自幼过继给庆郡王绵慜为嗣。后来绵性因为行贿觊觎袭王爵，事发之后被派戍守盛京。

2

潦倒了好些年，奕劻才因王孙的血统，弄了一个辅国将军，后升为贝子、贝勒。奕劻命好，遇上了堂嫂慈禧掌权，时来运转，因字画攀上慈禧弟桂祥。

至光绪十四年，奕劻取代奕䜣，接任总理各国事务衙门大臣，继会同办理海军衙门，由一个过继的"罪宗之后"、闲散宗亲，一个距正统隔了四代的皇家远支，封郡王，晋亲王，代表清廷签订《辛丑条约》，领班军机处，理财政，掌兵权。

军政会议上，他都有了发言权。

1908年，慈禧下懿旨，庆亲王世袭罔替，成为清朝十二个"铁帽子王"之一。慈禧死后，裁撤军机处，奕劻总理"皇族内阁"。武昌起义后，其力荐被罢黜的袁世凯为总理大臣，自己退后总裁弼德院，也算是初主军机时得了不少袁氏资助的回报。

论其能耐，擅长书画，风花雪月，自是高手。而其真正所长为长于慧眼洞察官场百态，长于深谙世故人情。

在关键时刻，奕劻总是紧跟慈禧，亦步亦趋。袁世凯告发谭嗣同图谋兵围颐和园，有资料表明，奕劻知情甚早，可以说是戊戌政变的实际操盘手。他是神机营的首领，能带着枪手随便出入前朝后宫。

慈禧要利用义和团"扶清灭洋"，奕劻马上跳到前台劳军。老佛爷要对义和团痛下杀手，奕劻赶紧磨刀霍霍。

他顶着日需理万机的差使，却忙着宴客吃请，忙着把麻将引到皇宫推广普及，忙着派小女儿去逗慈禧老佛爷开心，派一个小妾赴宫中输钱买消息。

不但要逗乐慈禧老佛爷，连她身边的宫女太监都要成为赢家。大家都高兴了。这样反输为胜的投资，慈禧身边人都说他的好话，老佛爷拿着赢来的钱也乐呵，哪管宫外庆王胡乱理政、疯狂贪腐、明码卖官。

3

慈禧明知奕劻是个草包还委以军政大权，难道仅因奕劻的小妾教会了她打麻将？其实不然。在慈禧眼里，奕劻虽只是个族叔子，还不是堂叔子，但他比亲叔子奕䜣要懂事、要可心。

老六奕䜣从咸丰十一年起任领班军机大臣与领班总理衙门大臣，后来同慈禧、慈安两宫发动辛酉政变，由恭亲王加议政王，一直是实权在握，同时和曾国藩、李鸿章那些封疆大佬一起搞洋务。虽在同治四年，慈禧借故革除了奕䜣的议政王头衔，但他依旧身处权力中心。

慈禧要想做什么决定，还得问问奕䜣同不同意。

奕劻的出场，正好成了慈禧1884年决心抽去大梁后的最佳替代者。真是人才好用而不好用，奴才不好用而好用。即便光绪二十年（1894年），慈禧又起用奕䜣为总理衙门大臣，并总理海军，会办军务，内廷行走，但他毫无作为。而此时的奕劻，已经威风八面，由郡王升为亲王。

这个清史上最后的"铁帽子王"，权位渐崇，自1884年至清亡二十七年间，历掌外事、海军、财政、军机、朝政，尤在十年新政中，奕劻矫若舵手执朝政牛耳。然其庸碌无为，一手新政，一手捞钱，权财远重于前代诸铁帽子王，但其误国程度足以让地下有知的诸王捶胸顿足。

他把伙同其子载振、大臣那桐开办的老庆记公司弄得风生水起，却对朝廷国家无多少建树和实绩。

置身于晚清这场"三千年之未有大变局"中，奕劻燮理朝政，应付外事，无论是总理大臣还是军机首臣，都需要足够的本领。但破落户奕劻雀跃后，身兼数职，以机心为器，以机缘为桥，以利益为最高准则，而毫无政治责任，阳奉阴违，八面玲珑，在权位和财富的疯狂积累中，击溃了来自皇家或起于地方的诸多政敌。

段芝贵十万白银，买到黑龙江署理巡抚，孰料段氏花钱买歌妓贿赂载振被御史赵启霖告发，赴任途中被免职，闹得奕劻摔了一跟斗。

奕劻指使亲信查到赵启霖背后的瞿鸿禨曾保举慈禧深恶的康、梁的证据，拿捏准确地递话给慈禧，使慈禧本想用瞿鸿禨换掉奕劻的计划中止。

庆王善找掩体，积极推进新政，鼓吹宪政，同时身体力行推动京城餐饮业、娱乐业，带火了麻将馆、澡堂子、戏园子、茶楼、青楼的生意，而且自己不是置酒延请大大小小的官员，就是颠簸在赴大大小小的宴席的轿子里。

一个国家的行政总裁，整天忙于这样那样的宴会，哪还有时间和精力做实事？慈禧也知道，虽然奕劻就那点儿能耐，但他贴己、暖心。

奕劻也做自己的实事，他深谙官场之争，敛财聚富，一手交钱一手派位，理财也不乏超前意识。

列强凌辱国门，国人爱国情涨，耻于同西人打交道，更不消说将钱存于外国银行。庆王不然，格外青睐外资银行，尤其英汇丰银行，民族金融机构里没有他一厘钱。

《泰晤士报》驻华记者莫里循披露，庆亲王的银行存款高达712500英镑。受其引导，梁士诒、那桐、曹汝霖等都是洋银行的大客户。莫理循曾毫不客气地写道："庆亲王的所作所为，简直是在坑害这个国家。这也难怪英使想法要保他。"

奕劻眼中唯有利益，不惜踩着尚在五服内的族侄皇帝，去紧跟族弟妹太后玩权术。但有不同，慈禧弄权是想苟延清国命脉，而奕劻理政却一门心思攫财，哪怕为清朝培育袁世凯这等窃国者也不足惜。

末代皇帝溥仪在《我的前半生》中写道："奕劻受袁世凯的钱，劝太后让国，大清二百多年的天下，断送在奕劻手里。"载涛父子后来回忆，奕劻本来只认钱，至于清廷并不在他心上，得了三百万两银子就帮着袁世凯劝隆裕太后同意清帝逊位。溥仪叔侄兄弟的话不无私愤，但也足见钱财在奕劻心里远重于国家。他临阵倒戈，助"贼"说降，自是得了袁世凯的好处。而列强"不必以君主政体为是"的态度，天下诸省纷纷独立的情势，也逼着"亲贵中首领庆亲王，即是首先赞同共和的人"。

民国六年（1917年）一月二十九日，七十九岁的奕劻病死在天津租界。家人向逊帝溥仪求封谥，内务府大臣初拟谥"哲"，按谥号解，知人曰哲。溥仪不允，亲选四字"谬、丑、幽、厉"，作为对奕劻的盖棺论定。溥仪父载沣，觉同为宗室，有所不忍，劝溥仪网开一面。溥仪仍不肯。后在亲贵力争之下，才赐谥"密"字。

密者,"追悔前过"之意。谥其"密"以示"追悔前过",虽恶之程度较于"谬、丑、幽、厉"属网开一面,然亦如烟往事俱忘却,不足道哉乏趣味。即便其亲眼目送爱新觉罗的极权主义谢幕,也无须他为其政治罪错承担责任。

以"密"为皇家成员封谥者,有过前例。雍正二年十一月十四日,康熙朝的废太子胤礽病逝于禁锢地紫禁城咸安宫,就被雍正赐谥曰"密"。

雍正虽然装模作样地哭奠二哥一番,但还是冠冕堂皇地期待允礽死后悔过自新。

溥仪对奕劻,则是满满的恨,不存在丝毫叹惋。

民国六年,"清宗室庆亲王奕劻因病出缺,所遗之爵",黎元洪"大总统依待遇清皇族条件第一项,以伊长子载振承袭罔替",这都是乏善可陈的一纸虚文。

袁世凯接掌直隶和北洋无须李鸿章举荐

1

袁世凯与李鸿章的关系最初是分分合合。

甲午海战前,袁世凯因在朝鲜无所事事,就跑回国,被李鸿章安排管理前敌营务,哪知袁是一个典型的现实主义者,偷偷地找到李鸿章的政敌翁同龢那里,另谋出路。这无疑犯了官场大忌。

甲午海战后,李鸿章因北洋水师覆灭,又代表清廷签订《马关条约》,自是让人躲之唯恐不及。袁世凯更是暗中另寻靠山,惹得处在政治人生低潮的李鸿章大为光火。

但袁世凯还是清楚，瘦死的骆驼比马大，李鸿章虽然暂时失势，但他多年经营的淮系势力仍旧存在，一旦国家有事，还得请老将出马，届时李鸿章为朝廷重用，也是指日可待的事情。最高统治者慈禧还是十分信任李鸿章的，在庚子事变、局势失控后，第一时间想到的还是被安排到广东做总督避难的李鸿章。

被重新起用为直隶总督兼北洋大臣的李鸿章，虽然再次忍辱负重地完成了《辛丑条约》谈判特命全权大臣的谈判职责，但油尽灯枯，于1901年11月7日在悲愤交加中去世。

朝廷发布上谕，命四十三岁的袁世凯署理直隶总督兼北洋大臣。袁世凯此次的升迁，很多资料都说李鸿章在临死之前推荐了袁世凯。

因为李鸿章似乎说过一句脍炙人口的话："环顾宇内，人才无出袁世凯右者。"

2

对此袁世凯坦诚不讳，而此言出自哪里，却不见于李氏留存的遗折和夹片。

虽然有笔记小说和官方文书证明，清廷是接受了李鸿章对袁世凯的举荐，李氏遗折是其幕僚于式枚代为草拟的。

当然，也有笔记小说称，李鸿章举荐的是他的政治副手、《辛丑条约》谈判助手、直隶布政使周馥，并不是袁世凯，袁世凯的名字是李的另一个叫杨士骧的秘书篡改的。

事情究竟如何呢？

周馥确实是在李鸿章逝世前后守在病榻前，并为其料理后事。后来，周馥在《自订年谱》中回忆：李鸿章去世时，由于极度悲伤，自己"不能具疏稿。适于晦若（即于式枚）侍御代拟遗疏折稿。一面电奏，一面缮发遗折"。

周馥的意思是，李的死讯由周馥口述，于式枚记下后，电报奏报给回銮途中的慈禧太后和光绪帝，故而不存在引用李鸿章话语一事，更无篡改一说存在的文本。

此前，李鸿章一病不起时，曾请过十日病假。慈禧已对其病情有预感，对接任之人也有过考虑。

慈禧太后在西安回京的路途上收到周馥的电禀，内容很简单："大学士直隶总督李鸿章于本日午刻出缺。所有总署关防，敬谨封存。特电禀。"

周馥的电文不是李鸿章的遗折，当然是只字未提李鸿章对袁世凯的保荐。

慈禧太后在接到电报的当天下午，明发上谕：袁世凯署直隶总督兼北洋大臣，袁到任前由周馥护理。袁世凯的升迁，与其说是李鸿章推荐，不如说是情理之中的事情。

同时，周馥也代李鸿章上呈了一份遗折，是由自北京到开封迎驾的庆亲王奕劻带给慈禧的，而此时已是慈禧收到周馥电文和发出对袁世凯的任命的一周之后。

当时，袁世凯接任直隶总督兼北洋大臣，亦是国内外政治势力一直认准的事情，无须李鸿章的遗折举荐。也可以说，清廷对袁世凯的任命，慈禧也有充分的考虑。这样的权力中枢，慈禧也不可能因为老伙计李鸿章的遗折而马上做出回应。慈禧对李鸿章态度也是有保留的，李死了，朝廷只给了"文忠"的谥号，而没给他最高等级的"文正"。

淮军大将刘秉璋的儿子刘体智深晓李鸿章幕中机密，其民国初年的政治态度接近倒袁。刘在《异辞录》中，有一则李鸿章无意举荐袁世凯代替自己的记述颇值得玩味：李鸿章暮年染病之初，有人劝他保荐直隶总督北洋大臣继任人选。李鸿章说，继任有人在，我不想保举了。在李看来，袁世凯近年的表现突出，已深得朝廷和慈禧的信任，是接替自己的不二人选，已无必要多此一举。

3

李鸿章究竟有没有举荐袁世凯代替自己，袁世凯不予置评，但他坦然不讳地承认自己是李氏衣钵的继承人。这有袁世凯的挽联为证。

李鸿章去世后，袁世凯的挽联如下：

公真旷代伟人，旋乾转坤，岂止勋名追郭令；
我是再传弟子，感恩知己，愿宏志业继萧规。

上联是用李光弼、郭子仪并肩平定安史之乱，中兴唐朝的典故，比喻李鸿章是清朝"同光中兴"的柱石。下联用的是汉初名相曹参继承萧何开创的局面的典故，以"萧规曹随"来比喻自己是李鸿章的追随者。

不久，天津李鸿章祠堂建成后，袁世凯又撰一联：

受知早岁，代将中年，一生低首拜汾阳，敢诩临淮壁垒；
世变方殷，斯人不作，万古大名配诸葛，长留丞相祠堂。

上联仍说早年即深受李氏之栽培，再用郭子仪推荐李光弼的典故，自喻自己是李鸿章的追随者。虽然挽联与祭文一样多半是谀墓之词，但从中仍可以看出袁世凯对李鸿章的追慕和尊敬，以及对李氏知遇之恩的感谢。